普通高等教育“十三五”规划教材

学 前 教 育 专 业 系 列 教 材

学前教育科学研究

张文娟　编著

科 学 出 版 社

北　京

内 容 简 介

本书共十一章，第一章为基础理论，详细介绍了学前教育科学研究的内涵、意义、任务、类型、原则及提高学前教育科研的方法。第二、三章阐述了学前教育科研的两个重要步骤：选择研究课题、查阅文献。第四至七章探讨了从事学前教育科研的几种方法：教育观察研究、教育调查研究、教育行动研究、教育叙事研究。第八至十一章介绍了学前教育科研的几种表现形式：教育反思、教育随笔、教育研究论文、毕业论文。从结构安排上设置了学习目标、知识结构图、基础理论、同步训练等模块，中间穿插延伸阅读与案例。另外，本书配有相关知识点的微课视频，便于教师教学与学生自学。

本书可作为高等学校学前教育相关专业教材，也可作为广大幼儿教师、幼儿园园长的培训教材，还可作为学前教育研究人员的参考用书。

图书在版编目（CIP）数据

学前教育科学研究/张文娟编著. —北京：科学出版社，2016.8
（普通高等教育“十三五”规划教材·学前教育专业系列教材）
ISBN 978-7-03-049552-5

Ⅰ. ①学… Ⅱ. ①张… Ⅲ. ①学前教育-教育科学-科学研究-高等学校-教材 Ⅳ. ①G612

中国版本图书馆 CIP 数据核字（2016）第 188912 号

责任编辑：王 彦 许艳玲 / 责任校对：刘玉靖
责任印制：吕春珉 / 封面设计：东方人华平面设计部

科学出版社 出版
北京东黄城根北街 16 号
邮政编码：100717
http://www.sciencep.com

铭浩彩色印装有限公司印刷
科学出版社发行 各地新华书店经销
*
2016 年 8 月第 一 版 开本：787×1092 1/16
2020 年 7 月第四次印刷 印张：13 1/4
字数：302 000

定价：31.00 元

（如有印装质量问题，我社负责调换〈铭浩〉）
销售部电话 010-62136230 编辑部电话 010-62130750

前言

《幼儿园教师专业标准（试行）》中指出："针对保教工作中的现实需要与问题，进行探索和研究"。幼儿教师成为研究者是新形势下教育改革的重要理念，是对教师提出的更高要求，也是促进教师专业发展的必由之路。幼儿教师是教育研究的执行者、实践者，其研究有利于促进幼儿的发展，提升教育质量。提高幼儿教师的科研能力日益得到人们的重视。

"学前教育科学研究"是一门应用性学科，主要探讨学前教育科学研究活动的规律，阐明学前教育科学研究的方法、途径、研究成果的表述等问题，是学前教育专业的一门专业必修课程。"学前教育科学研究"从培养专业化幼儿教师的视角出发，以学前卫生学、学前心理学、学前教育理论为依据，根据幼儿园教师的工作特点，力求突出实践性、前瞻性、操作性，引导学生树立研究意识、形成研究态度、提升研究能力、获得研究智慧。本书每章设有学习目标、知识结构图、基础理论和同步训练等内容，其中穿插有案例和延伸阅读。理论部分吸纳了国内外先进的教育科研理论、科研成果，结合当前学前教育改革的需要，引导学生获得最新的知识；选取的案例有代表性，密切联系学前教育实践，既是对理论的说明、解释和运用，又可使学生加深对基础理论的理解；同步训练部分既紧扣基础理论，又体现了对学生科研能力培养的关注，实现了理论与实践的密切联系，让学生不仅懂得所学是什么，而且知道如何基于所学去做。

本书共十一章，各章的学时安排建议如下：

章名	理论学时	实践学时
学前教育科学研究概述	2	2
选择研究课题	4	4
查阅文献	2	2
教育观察研究	4	4
教育调查研究	4	4
教育行动研究	2	2
教育叙事研究	2	4
教育反思	4	4
教育随笔	2	2
教育研究论文	4	4
毕业论文	4	6
总学时	34	38

“学前教育科学研究”主要面向学前教育专业的学生，也可供幼儿教师进修、培训使用。本书在编写中引用了国内外许多专家学者的著述，参考了各种版本的学前教育科学研究专著、杂志、教材、论文，在此向有关作者表示衷心的感谢。由于编者知识经验所限，书中难免存在不足之处，敬请各位专家、同行和读者批评指正！

编 者

2016年4月

目 录

第一章

学前教育科学研究概述

学习目标

1. 掌握学前教育科学研究的含义及特征，理解幼儿教师做研究的优势和劣势。
2. 理解学前教育科学研究的意义和任务。
3. 理解学前教育科学研究的类型和原则。
4. 掌握学前教育科学研究的一般步骤，理解提高学前教育质量的策略。

知识结构图

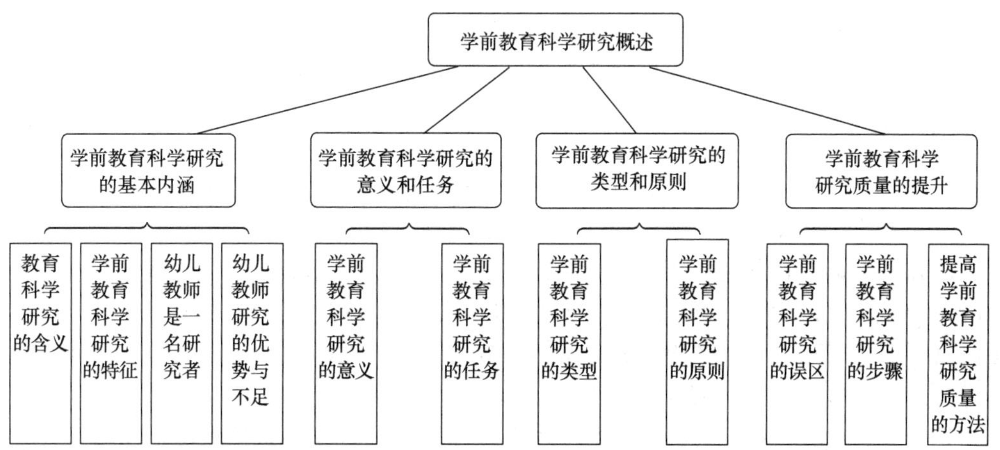

布科海姆指出：“教师拥有研究的机会，如果他们能够抓住这个机会，他们将不仅能有力地和迅速地推进科学的技术，并且将使教师工作获得生命力和尊严。”幼儿教师需要研究现实中的问题，探讨改进问题的措施，提高教育质量，因此，幼儿教师从事研究有必要的。

随着教师专业化进展的不断深入，教师成为一名研究者已经成为了共识，日益引起人们的关注。对于幼儿教育而言，研究的对象是3～6岁的孩子，于是许多人开始质疑：幼儿教师需要做研究吗？幼儿教师是研究者吗？幼儿教师研究些什么？学前教育科学研究的特点是什么？进行学前教育科学研究的意义是什么？怎样提高幼儿教师的研究质量？如果幼儿教师对这些问题不进行分析的话，将制约自己的行为，进而影响到幼儿教师专业化的成长进程。

第一节 学前教育科学研究的基本内涵

20世纪80年代以来，“教师成为研究者”的观点已经得到人们的认同。教师从事研究对于改进现实、促进自身的成长都具有不可低估的作用，其重要价值不言而喻。幼儿教师从事研究成为了教师生活的方式。要正确理解幼儿教师研究，要先从“研究”“教育科学研究”的基本概念谈起。

一、教育科学研究的含义

（一）科学

科学是建立在实践基础上、经实践检验和严密逻辑论证的、反映客观事实和规律的知识体系。它伴随着人类社会活动的产生和发展，是人类实践经验的结晶。科学分为自然科学、社会科学、人文科学，学前教育属于社会科学。科学有客观性、系统性、实践性的特点，客观性是科学的本质属性。首先，就其来源而言，科学是以客观事实为基本依据和出发点的；其次，就其内容而言，科学是对客观事物本身所具有的本质及其规律性的真实反映；再次，科学以实践为基础，结果要经受实践检验的。

（二）研究

研究这个词来源于法语 recherché（周游或调查），它是指“为发现或确立事实及关系，而采用的一种周密的、有系统性的，并且需要耐心的调查”[①]。《现代汉语词典》中对“研究”一词的解释是：①探求事物的真相、性质、规律等。②考虑或商讨（意见、问题）。[②]《辞海》上称，研究是“用科学的方法探索事物的本质和规律”，它一般由确定问题、查阅文献、进行实验、收集资料、分析资料、得出结论等环节构成。对这些解释进行分析，可得出研究的几个特点。

1）研究是一种问题解决的方式。研究总是指向一个问题，问题是研究的动因，解决问题、改进实践是研究的目的。

2）研究是有目的性的。研究需要通过理性思考来科学认识问题的性质、探讨解决问题的策略和过程、归纳事物的规律和本质。这是一种探索客观事物的创造性活动，需要掌握一定的专业知识。

3）研究是有计划的。有计划地研究，目的是追求研究过程的质量，追求研究结果的质量，科学地改进实践。为此，研究需要制定研究计划、设计研究步骤、查阅相关资

① C. M. Charles. 2003. 教育研究导论［M］. 张莉莉，张学文等，译. 北京：中国轻工业出版社.
② 中国社会科学院语言研究所词典编辑室. 2008. 现代汉语词典. 5版. 北京：商务印书馆.

料，掌握相关理论知识，按计划、按步骤来进行。

4）研究需要运用科学的方法。研究不是一般的经验总结，也不是随意地解决问题，研究者需要依靠科学的理论与方法，认真分析研究的现实状况，以此来发现问题、探讨规律，得出合乎客观规律的科学结果和结论，体现出研究“求真”的特征。

5）研究的内涵非常丰富。发现问题、提出假设、进行调查、收集资料、分析资料、得出结论属于研究，对某一事物进行深入的分析、交流观点、探讨问题的解决方案也属于研究。

（三）教育科学研究

教育科学是研究教育现象、揭示教育规律的科学。教育科学既研究教育的基本规律，也研究教育的特殊规律。

教育科学研究是对教育活动的有意识地追求和探索。它是在教育科学理论的指导下，运用科学的研究方法，分析、探讨解决教育问题的自觉活动，从而获得对所从事的教育活动的一种清晰而全面地认识。这是一种有目的、有计划地探索教育规律的创造性认识活动，是在理论指导下的思考和行动，不是基于经验的简单重复，不是随意地来解决问题。教育科学研究具有以下特点。

1. 客观性

客观性指研究者全面、真实、系统地收集资料，科学地分析资料，采用客观的态度对待研究，以探讨解决问题的方法与策略。比如研究中制定科学的研究计划、选择适宜的研究方法、设计科学的研究步骤，研究过程紧扣研究问题，得出科学的研究结论。研究中坚持以事实为依据，一切从实际出发，实事求是，用实践检验理论，用理论指导实践，体现了研究的客观性特点。

2. 系统性

教育研究的对象是人，是有意识、有思想的群体，其研究的心理观念和思想特征是非常复杂的，所以对于有些问题，很难完全仿效自然的科学方法进行极为精确的定量分析，很难采用严格的实验方法和精确的手段来进行探讨，而只能以研究的理论基础为依据，以研究的目的为方向，用发展、全面的眼光分析教育中的每一个问题，综合考虑研究的内容、方式方法、环境条件等各种因素，这样才能形成一个整体的研究过程。进行科学的研究，要按照一系列步骤、遵循一定的行为规范，选用科学的方法，才能获得科学的研究成果。

3. 创新性

科学研究作为一种认知活动，是建立在前人研究基础之上的。它要充分继承前人的认知成果，在前人已有的研究成果基础上继续探索与发展新的理论，寻求新的方法与途径，使科学研究获得突破。因此，创新性是研究的灵魂。如蔡元培是第一位提出“军国民教育、实利主义教育、公民道德教育、世界观教育、美感教育皆近日之教育所不可偏废”的观点的教育思想家，他主张“五育并举”的教育理念。他从“大学应该是研究高深学问的学府”这一思想出发，提出了“思想自由，兼容并包”这一办学原则，在行政管理中提出了“教授治校”的理念，他所提倡的“依靠既懂得教育，又有学问的专家实行民主治校”的思想，至今对于我们办好大学，仍有一定的意义。一位哲人曾说过这样的话语：从平凡中看出神奇就是天才。在一个丑陋的毛虫、一只蛋和一个婴儿身上，天才能看出一只蝴蝶、一只雄鹰和一位哲人。有“天才”的教师，才有“天才”的学生。这里所说的“天才”教师，就是其研究具有创新性特点的教师。

4. 伦理性

教育研究的直接目的是解决教育中的问题，间接目的是促进教师的专业发展，根本目的是改善教育现状，促进幼儿的发展。幼儿是活生生的、富有生命力的个体，所以，在对幼儿进行研究的时候，要以促进幼儿的身心健康为前提，坚决避免损害幼儿的发展。

“我们绝不可能用探测物理事物的本性的方法来发现人的本性。物理事物可以根据它们的客观属性来描述，但是人却只能根据他的意识来描述和定义。”[①]由此可见，教育研究不同于自然科学研究，由于受各种因素的影响，教育研究很难对事物做出精确的测量。如一名学生考上了北京大学，是教师、学校、家长、学生等多种因素相互作用的结果，至于各个因素所占的比例是多少，很难做出精确的测量。

二、学前教育科学研究的特征

学前教育科学研究就是研究者以科学的理论为指导，运用科学研究的方法，对学前教育的现象和问题所进行的研究，是人类科学研究的一个重要领域。学前教育科学研究除了具有科学研究的特性外，还具有独特的特征。

（一）研究对象的特殊性

儿童的身心各方面的发育相当不成熟，突出的特点是好奇、好问、好动、好模仿、好游戏等。他们的思维以具体形象思维为主，情绪变化大，坚持性不强，依恋性强烈，合作性较差，需要教师采用生动、形象的语言、夸张的动作引起幼儿的注意与学习兴趣。幼儿的每个行为背后都有其自我成长的阶段性意义，教师只有了解、认识幼儿的想法和情感，才能帮助幼儿在他的“最近发展区”内成长与进步。如一名教师开展了幼儿玩水的活动，在观察记录中写道：“轩轩很调皮，她总是故意把水溅到别人身上，没有按照老师的要求来做”，如果做出这样的结论，仅仅是教师的主观判断。试想一下，轩轩这么做的目的是什么？她为什么这样做？如果她发现水盆一动水就能够跳出来这种现象很好玩，对这种现象感到好奇而进行多次尝试，这时硬生生地制止，是不是会扼杀幼儿的求知欲？我们如若一味地以自己主观的判断对幼儿进行定位和评价的话，很可能会歪曲本次活动的真正目的。因此，观察幼儿、走进幼儿的心里、科学地判断是教育研究中必须掌握的技能。

《小水滴旅行记》采用了幼儿喜欢的童话形式，符合幼儿思维的特点，目的是为了

① 恩斯特·卡西尔. 2013. 人论［M］. 甘阳，译. 上海：上海译文出版社.

引导幼儿了解小水滴的变化过程，从中体会出研究对象的特殊性。

延伸阅读

科学童话：小水滴旅行记

大海妈妈有许多可爱的小水滴宝宝，有一天，他们想去旅行，妈妈答应了。小水滴请太阳公公帮助他们。他们变成了水汽，向空中飞去。小水滴飞到云妈妈的怀里，云妈妈越来越胖啦。云妈妈带着小水滴到处旅行。一阵风吹来，小水滴变成了雨，离开了云妈妈。变成雨的小水滴，又在太阳公公的帮助下飞到天上变成了云。这朵云飘呀飘，一直飘到了北极。北极好冷啊。寒冷的风让他们变成了雪花，一片一片地飘落到了北冰洋。“好冷啊，我们想妈妈了。”于是，小水滴顺着北冰洋一路游去。“妈妈，妈妈，我们旅行回来了。”他们高兴地扑进妈妈的怀抱，向妈妈讲起了旅行的见闻。

（二）研究内容的广泛性

学前教育科学研究的内容不仅涉及社会、语言、科学、健康、艺术等领域，而且涉及幼儿园的班级管理、幼儿园管理、幼儿德育、幼小衔接、家园合作等，这些方面相互作用、相互影响，使研究内容具有广泛性。具体到每一领域，都有许多问题值得研究。以学前儿童健康教育为例，增强体育活动的趣味性、在体育活动中进行适宜的师幼互动、培养幼儿的自我保护能力、如何体现午睡的科学性、离园活动的创新做法、幼儿饮食习惯的养成、提高生活自理能力的有效途径等，都是值得研究的课题。

（三）研究环境的社会性

学前教育与社会的政治、经济、文化等方面紧密联系，与幼儿园的师资、环境、特色等紧密联系，因此，在进行研究的时候，要充分考虑到这些因素，使研究更具有科学性与可行性。例如农村幼儿园的环境创设应该突出乡土特色，其环境创设不可能照搬城市幼儿园的模式，只能进行借鉴，充分挖掘农村的教育资源。

（四）研究方式的实践性

幼儿教师不同于理论研究者，他们是在真实的幼儿园情境中进行研究的，他们边工作、边研究、边探索，使得研究能够有效改进幼儿园的实际。苏霍姆林斯基在进行教育工作的同时，以顽强的毅力从事教学研究。他坚持写教育日记，先后对 3700 名学生做个案记录，能够详尽地说出 25 年中对 178 名“最难教育”的学生所做的工作及学生曲折成长的过程。苏霍姆林斯基在实践中研究，以研究促进实际工作，给我们提供了一名教师通过教育研究之路最终成为教育家的范例。上海的特级教师应彩云的《孩子是天我是云》《在墙面环境中学习》，一线教师高美霞的《爬上豆蔓看自己》，徐则民、洪晓琴的《走进游戏　走进幼儿》都是在实践中研究探索的成果，研究成果对于指导当前的教育有很大的启发意义。

三、幼儿教师是一名研究者

有人认为大学教师有资格、有能力、有条件成为研究者，幼儿教师不需要进行研究，也不值得花费时间与精力去研究，对“幼儿教师是研究者”的观点持怀疑态度。幼儿教师究竟能否成为研究者呢？

现实中，幼儿教师经常讨论教育活动的科学设计方案，探讨活动中如何针对教学现状来调整教学的内容与节奏，活动结束后如何对自己的活动开展状况进行反思并思考修改的措施；也经常会遇到一些“令人头疼”的孩子，幼儿教师一起商讨促进幼儿健康发展的有效措施；分析幼儿园环境、班级环境创设怎样体现幼儿园和班级的特色等问题。幼儿教师依靠科学的理论知识解决现实中的问题，这就是“研究”。只不过幼儿教师的研究不是以建构系统的理论为主要目的，而是以改进幼教实践为根本，以促进幼儿的发展、促进教师自身的发展为目标，所以说，幼儿教师有能力、有条件进行研究，有能力、有条件成为研究者。幼儿教师研究的对象是幼儿教育，研究的目的是促进和改进教育实践，提升保教质量。研究是一种认识问题的方式，解决问题的方式，同时也是教师学习、求知的方式，是教师的一种生活方式。

第一次正式提出“教师成为研究者”口号的是英国的课程论专家斯滕豪斯（L. Stenhouse）。斯滕豪斯认为：“教学是一种艺术，而所有的艺术都是一种探究和实验。教师作为一个艺术家也就意味着教师是研究者。”“由于教师和学生生活在课堂中，他们理所当然地拥有这种理想的教育研究实验室。课程不过是课堂行动研究和学校行动研究的实验过程中的一份计划书……教师和学生是关键的评价者，他们若能评价隐含在课程中的观念而不是停留于课程操作，他们将超越评价，到达研究。”他认为“教育科学的理想是，每一个课堂都是实验室，每一名教师都是科学共同体的成员”。[①]同时，斯滕豪斯也较早地探讨了教师研究的方法论问题，认为教师研究的目的不是追求绝对的客观真理，而是通过自我批判来检验假设、谬误、习惯以改进实践，教师研究的是自己的教育实践，是自己的课堂。从上面斯滕豪斯的论述中，我们得到的启示是一线教师，包括幼儿教师有能力对自己的工作进行审视、反思，提出贴近实际、改进实际工作的策略。幼儿教师工作的场所，也是研究、实验的场所，每一名幼儿教师都是研究的主体。

对于“教师成为研究者”这一思想，陶行知、陈鹤琴、张雪门、裴斯泰洛齐等许多教育家都进行了教育实践。苏霍姆林斯基认为，教学与科研不可分割，“创造性研究还能从根本上改变教师对自己的工作的看法。教师就不会再把教育工作看成是每天重复着同样的事情，是把完全一样的讲解、巩固等做枯燥的乏味的表演了”[②]。他还认为教师的研究对于丰富学生的精神生活、改进教育实际、提高教育质量具有重要的意义，所以提出了“如果你想让教师的劳动能够给教师带来乐趣，使天天上课不至于变成一种单调无味的义务，那你就应当引导每位教师走到从事研究这条幸福的道路上来。”正是因为研究能够沟通理论与实践，所以使得教师工作丰富多彩而富有生命力。

一线教师与理论工作者的研究尽管都有实践，都有研究，但理论工作者的实践多

---

① 闵钟. 2007. “教师成为研究者”兴起背景探析［J］. 集美大学学报（教育科学版），(3).
② 苏霍姆林斯基. 1984. 给教师的建议［M］. 杜殿坤，译. 北京：教育科学出版社.

是服务于研究和发现的，而一线教师的研究多是服务于实践和行动的。幼儿教师作为一线教师，其研究是为了服务于实践工作、改进实践工作的。由于教育实践情境具有生成性、复杂性和不确定性的特点，面对现实中的教育问题，不可能有现成的直接拿来用的知识，而必须审慎地对教育情境、教育行为以及行为背后依据的内容进行细致的考察和反思，从而达到创造性地解决问题的目的。所以，幼儿教师的研究是一种实践性研究，研究的目的是为了改进自己的教育实践，解决自己所面对的问题。幼儿教师应该对自己认为重要的工作上的困惑进行研究。幼儿教师是实践者，是实践中的研究者。

四、幼儿教师研究的优势与不足

幼儿教师研究的是幼儿教育中具体的教育现象、具体的问题，提出解决问题的具体策略。幼儿教师研究侧重对教育活动的实践操作，注重加强理论与实践之间的有效沟通与联系，实现理论对实践的指导。与专业理论研究者相比，幼儿教师从事研究有其自身的优势，有其从事研究的得天独厚的条件。

（一）幼儿教师容易掌握第一手资料

有学者指出："不管从任何角度理解教育研究，都必须承认教师职业生涯中充满了丰富的研究机会。"幼儿教师长期处在保教工作的第一线，面对的是活泼可爱的幼儿，与幼儿接触的机会较多，能够直接与幼儿开展对话、交流，很容易走进幼儿的精神世界，了解幼儿的需求。加之亲自参与、亲身体验、实践一些新的活动理念，因此，对教育活动和教育现象有着直接的、具体的感受，对幼儿园教育面临的最迫切需要解决、最值得研究的问题有着深刻的认识和体验，容易掌握大量生动的第一手资料，把握住一些有价值的科研课题，容易对教育事件做出适合的分析判断，提出科学地解决问题的方案。

（二）幼儿园是幼儿教师研究的场所

幼儿园是幼儿教师工作、生活的主要空间，也是学习和研究的主要场所。幼儿教师能够对真实环境中发生的事件、出现的问题认真地去观察、去捕捉、去探索，去实践解决问题的方案，从而提供教师研究、解决问题、验证研究结论的最佳条件。"对于某些题目，如教师的个人和职业生活以及教师工作中通常会遇到的问题，教师开展的研究常常更为深入"①通过教师自身的研究，必将有效地提高工作的质量，促进幼儿的健康发展，促进幼儿教师的自我创新、自我发现与自我发展。纵观整个教育史，福禄贝尔、蒙台梭利、陶行知、陈鹤琴、张雪门等许多卓越的幼儿教育家，都来自幼儿园保教实践的第一线，在自己的实践中不断进行研究，通过研究改进实践，他们的做法为我们的研究提供了较好的榜样。

当然，幼儿教师从事研究也有自身的弱势，表现为知识储备不足、理论知识欠缺、

① C. M. Charles. 2003. 教育研究导论［M］. 张莉莉，张学文等，译. 北京：中国轻工业出版社.

阅读资料较少、参加学术会议的时间和机会较少。另外，幼儿教师的眼界相对狭窄，常常缺乏研究意识，对存在的问题缺乏洞察力。在分析问题的时候常常感到困难重重，对教学理念和方法缺少批判性的反思，探讨问题的方法策略又不够深入细致。所以幼儿教师应不断为自己充电，广泛吸收养分，既领略、掌握教育科学理论的内涵，又要充分发挥理论指导教育实践的作用，提高研究的科学性。

第二节 学前教育科学研究的意义和任务

《幼儿园教师专业标准（试行）》中提到："主动收集分析相关信息，不断进行反思，改进保教工作。""针对保教工作中的现实需要与问题，进行探索和研究。"新颁布的《幼儿园工作规程》指出："幼儿园应当建立教研制度，研究解决保教工作中的实际问题。"可以看出，进行学前教育研究是一名合格幼儿教师所必备的专业能力，研究应该成为幼儿教师专业成长的一种方式，成为幼儿教师的一种习惯。

一、学前教育科学研究的意义

幼儿教师是影响幼儿成长和影响学前教育发展的重要他人。他们既是学习者，又是创造者，既是教育者，又是研究者，既要改变实践中不合理的现象，也要提升自己的专业能力，因此，开展教育科学研究具有自身独特的价值。

（一）开展研究能够体现教师职业的内在要求

瑞典学者爱伦·凯在 1899 年就预言："20 世纪是儿童的世纪。"幼儿是教育的主体、活动的主体，有其独特的心理特点和需求，促进幼儿的全面发展得到了前所未有的重视。《幼儿园教育指导纲要（试行）》（以下简称《纲要》）中指出："幼儿教育是基础教育的有机组成部分，是学校教育和终身教育的起始阶段。幼儿园教育应为每一个幼儿的近期和终身发展奠定良好的素质基础。""幼儿园教育应充分照顾幼儿的个别差异，为每一个幼儿提供发挥潜能的机会，促使他们在已有水平上得到应有的发展。"鉴于幼儿教育的重要性，"怎样为幼儿提供健康、丰富的生活和活动环境""面对不同性格、气质类型的幼儿，怎样进行教育""怎样提高教育质量"等一系列问题使得我们不得不认真思考。有的幼儿教师、学者对于这些问题进行过研究，但由于所面对的对象、教育情境不同，如果完全照搬，采用整齐划一、步调一致的方式教育幼儿的话，效果就不会很理想。卡西尔指出："人之为人的特性就在于他的本性的丰富性、微妙性、多样性和多面性。"[1]每一个人都有他自己独特的精神世界。相同的教育模式、教学方式不可能适用于所有的幼儿，所以善于研究，主动地探索问题、解决困惑，建构实践性知识应成为幼儿教师的专业需求，这既是《纲要》对一名幼儿教师的要求，也是现代

① 恩斯特·卡西尔．2013．人论［M］．甘阳，译．上海：上海译文出版社．

化教育对一名幼儿教师的要求。“幼儿教师的专业化发展离不开积极的教育科学研究，正是脱离科学研究使幼儿教师失去了应有的学术声誉和专业地位，这就迫切需要通过积极的教育科学研究使他们获得应有的尊严。”[①]所以，教育研究不是少数人的专利，而应该是每一位幼儿教师的工作职责。幼儿教师的工作永远充满着未知的因素，其职业生涯中有丰富的研究机会，只有不断研究才能成为一名真正称职的幼儿教师。上海特级教师应彩云成长的经历，体现了研究在促进幼儿成长中的重要性，她的做法值得广大幼儿教师学习。

延伸阅读

应彩云，上海人，生于1963年，毕业于杨浦幼师，先后进修于杨浦教育学院、华东师范大学。她获得过上海市特级教师、上海市劳动模范、上海市优秀教育工作者、上海市十佳教师等荣誉称号；参与了上海市二期课改教材、上海迎世博礼仪教程等不同地区幼教教材的编写，并担任上海市教委组织的“上海市名师高级研修班”的主持人工作。她曾在《幼教园地》《学前教育》《上海托幼》《幼儿教育》等杂志发表文章十几篇，主要著作有《孩子是天我是云》《在墙面环境中学习》等。

下面是应彩云对读者反应的感想。

很多读者看了我的第一本书《孩子是天我是云》后，给我来信或者在博客上留言，说这本书的书名很抒情，包含了我对教育理想、教育观念的追求，从中读出了我对孩子的爱，对幼教工作的执着，对教育方式方法的思索和探求。我很高兴能有读者喜欢这本书，并且能与我分享和交流。写作其实是我生活的一部分，我将生活和工作中的感悟及时记录下来，日积月累，就成了这本书。

（资料来源：山东学前教育网，http://www.sdchild.com/fczs/rwzf/2012-10-25/22363.html.）

（二）开展研究有利于提升幼儿园的保教质量

教育实践不是简单的重复性工作，而是具有较强的复杂性和创造性。幼儿活泼好动、好奇、好问、好模仿、好游戏，幼儿教师的专业生活场景具有动态复杂性和不确定性的特点，因此幼儿教师经常会遇到一些未知的、预想不到的事情。此时幼儿教师是根据已有的经验来解决问题，还是针对不同的幼儿、情境来科学地解决问题呢？比如，当前的教学活动公开课上，不少人仍然将教师设计教育活动是否完美、课堂节奏是否流畅、教师表演是否形象、幼儿配合得是否融洽作为评价公开课质量的重要尺度，却忽视了幼儿从中获得了什么，能力有没有提高，面对不同的幼儿采取的指导与评价方式是否恰当，教师的活动设计、做法是否适合本班幼儿等更重要的问题。显然，这些做法使当前的许多公开课成了表演课，许多内容都是教师预先设计好的，幼儿的主体地位没有得到充分体现，教师为了追求课堂的“完美”而一遍一遍地训练，这是不

① 邓泽军．2007．我国幼儿教师专业化问题与建议［J］．学前教育研究，（11）．

利于幼儿发展的。因此，公开课拒绝完美、回归自然理应成为我们的追求。再比如，教师怎样对待幼儿的告状行为，蒙台梭利的“纪律教育”在幼儿园中如何运用，怎样创设中班的环境使其更好地体现教育价值，怎样做好幼小衔接，幼儿园的安全教育应注意些什么等，都需要我们根据幼儿园的实际，探讨不同的教育策略，提高研究的实效性，达到最佳的教育效果，提高幼儿园的保教质量。下面淄博市实验幼儿园开展的研究，其成果有较强的创新性、实践性的特点，从最大程度上减少了幼儿的分离焦虑现象，有效地改善了幼儿园的教育实践。

案例 1-1

淄博市实验幼儿园经过研究，提出了“四步走”策略，有效缓解了儿童的入园焦虑问题。这“四步走”策略是“亲子约谈周—亲子活动周—独立半日周—独立全日入园”。第一步：亲子约谈周，即制定约谈计划，与家长确定约谈时间、地点、内容之后，请家长带幼儿来园，在轻松、自然的氛围中进行交谈，准确、全面地了解幼儿、家长的基本情况。第二步亲子活动周，即教师组织内容丰富、形式多样的一系列亲子活动，请家长带领幼儿一起参与，教师用专业的眼光，观察解读幼儿的行为表现，了解掌握他们现有的发展水平。第三步为独立半日周。教师坚持小活动、多变化、有趣味的原则，通过组织多变且富有趣味的多种活动，转移幼儿的焦虑情绪，让幼儿能够坚持天天来上幼儿园。第四步是独立全日入园。经过研究，通过实践检验，可以看到经过开展“四步走”的策略，孩子焦虑的频率减少，时间缩短，开始依恋教师，摆脱焦虑。

（三）开展研究能够促进幼儿教师自身的专业发展

“一名教师只有经常地进行科学研究，才能从平凡的、司空见惯的事物中看出新的方向、新的特征、新的细节。这既是教师形成创造性劳动态度的重要条件，也是教师工作热情、工作兴趣、专业灵感的源泉。”[①]许多地方评选特级教师、优秀名师、骨干教师，也将从事研究工作、研究成果作为一个必备的条件。可以看出，虽然研究不是教师走向优秀的充分条件，但它在很大程度上却是一个必要条件。要进行研究，需要教师主动地、自觉地加强对教育理论的学习，广泛搜集、学习各方面的资料，了解当前的研究现状，了解最新的研究成果，由此探讨其对自己工作的启示，逐步促使教师学会将自己的经验和体会理性化，实现理论的升华，也逐步促使教师形成科学的态度和探索的精神，形成科学研究的风气。从某个角度讲，研究也是一种求知的方式。“假如一个人的某种行为本身是自成目的的，并且这一行动所试图达到的结果也是一个自足价值的事情，那么，这一行动必定使他幸福。”[②]相信幼儿教师在研究的过程中，当看到研究成果时，会逐渐体验到幼儿教师职业的幸福感。

---

① 刘捷．2005．高中新课程与教师专业发展［M］．天津：天津教育出版社．
② 柳夕浪．2007．教师研究的意蕴［M］．北京：教育科学出版社．

二、学前教育科学研究的任务

根据前面对学前教育科研的分析，学前教育科学研究的任务有以下几方面。

（一）学前教育科学研究能够科学地解决保教工作中的问题

根据幼儿教师工作的性质，幼儿教师研究的内容是很多的，如幼儿的合作、交往、亲社会行为的形成，怎样表扬幼儿、惩罚幼儿，怎样创设良好的班级氛围，家园合作如何开展等。从中可以看出，研究能够改进实践工作、促进实践工作的开展，这是有效提高保教质量的一个重要途径。幼儿教师的工作本身具有研究的性质，幼儿教师需要深入幼儿的内心世界，小心地靠近他们的心灵，认真观察、研究幼儿的行为，努力做到保教工作与研究活动的有机结合，做到在工作中进行研究，在研究中促进保教工作，从而达到保教与研究的有机统一。下面的案例研究如何运用音乐活动来提高托班幼儿入园适应性，科学、可行，体现出较好的实践价值。

案例 1-2

《摘掉束缚幼儿思维的“紧箍咒”》通过列举案例，说明了同一个问题，用不同的问法，会引起孩子不同的反应。一个教师将圆形纸比作圆饼，引导孩子操作，孩子思考的结果只有一个，即只能用对折的方法将圆形纸分成相等的两份。而另一位教师的提问更具有开放性，充分调动了孩子已有的生活经验，想到了用量、称、目测等方法将饼分成相等的两份，圆饼就是圆饼，它不是圆形纸，就如同“O”不仅仅读字母“O”，还可能代表苹果、太阳、足球、鸟蛋之类的圆形东西。用圆形纸代替圆饼让孩子学习二等分，只能将孩子的思维引到一个狭窄的轨道上，扼杀孩子的想象力，折断孩子想象的翅膀。在教育活动中，我们应充分尊重孩子，相信孩子，通过科学有效的提问，激发幼儿兴趣，引发幼儿思考，拓展幼儿想象的空间，调动孩子学习的积极性，促进幼儿主动学习。

（资料来源：张红梅. 摘掉束缚幼儿思维的“紧箍咒”，中国教育报，2013 年 12 月 1 日.）

（二）学前教育科学研究有利于改进学前教育现状

学前教育是基础教育的重要组成部分，是人终身教育的奠基阶段，对人的发展极为重要。当前，学前教育得到了前所未有的重视，也取得了令人振奋的成绩。但是，由于受各方面因素的制约，当前的学前教育状况仍然存在着一些问题。如幼儿教师流动性较大、幼儿教育质量发展不平衡、农村教育状况令人担忧、农村幼儿教育的“小学化”倾向比较明显、农村幼儿教师的师资状况不容乐观、许多幼儿教师出现职业倦怠的现象等，这些无疑制约着学前教育质量的提升。因此，只有认真地分析学前教育的状况，不断研究教育中的问题，探讨合适的解决问题的方式方法，才能促使学前教育状况得到较大程度的改善。

延伸阅读

虞永平教授认为“没有质量或低质量的学前教育，是愧对儿童、家长和政府的。学前教育质量的提升是一项复杂而艰巨的工作，需要许多人尤其是幼儿教师做出艰巨的努力。教育质量的核心是教师，最关键的支撑是政府”。“衡量幼儿教育的质量，主要有结构维度、过程维度、结果维度三个方面。”“幼儿园课程结构有别于中小学课程结构。结构合理的课程不是定向化的，也不是特色化的，更不是小学化的，而是生活化、游戏化的，要符合幼儿的需要，适合幼儿的天性。”“幼儿园教师应具有六个方面的基本专业能力，这些专业能力是决定教育质量最关键的能力，即观察能力、作品分析能力、谈话能力、课程设计能力、活动组织能力、评价能力。”这些研究成果对于指导教师开展工作、指导教师培训工作有很重要的指导作用。

（资料来源：虞永平，学前教育质量问题需要三思而笃行，中国教育报，2013 年 10 月 14 日.）

（三）学前教育科学研究有利于提高教师自身的科研能力

叶澜教授认为，教师既是创造者，又是学习者；既是教育者，又是研究者；既改变旧的教育模式，也改变自己。让幼儿教师成为研究者，就是期盼幼儿教师以反思者、探究者、追问者的身份来看待教育中的一切事实和现象，善于审视、发现问题，善于思考，并利用科学的研究方法提高科学地解决问题的能力，以激发研究潜能，提高科研能力。教师作为研究者，意味着教师的生存方式和生活方式的转变，能够促使教师主动地、自觉地进行教育理论的学习，形成科学的态度和探索的精神，形成讲究科学的风气，能够将自己的经验和体会理性化，实现理论的升华，为其自身素质的优化铺垫基石。保教工作具有较强的实践性和情境性特点，在研究中，幼儿教师需要把自己的保教活动作为研究对象，沟通理论与实践，对自己的教育实践进行深刻的反思，探讨问题解决的方案与策略，体现出一定的研究性和创新性特点，无疑提高了自身分析问题、解决问题的研究能力。幼儿教师成为研究者，能够使自己的工作重新获得生命力和尊严。从以往的单纯的传授者的角色提高到具有专业性的学术层级上来，这是提升教师自身素质的需要，研究理应成为一线教师的自觉要求和自觉行为，做一名研究型幼儿教师应该成为幼儿教师努力的方向。

第三节 学前教育科学研究的类型和原则

一、学前教育科学研究的类型

随着教育学科的发展，学前教育科学研究在教育领域内也取得了很大的进步，呈现出多元化的特点。从不同的维度对学前教育研究进行划分，可分为不同的类型。

（一）根据研究的目的划分

1. 基础研究

基础研究主要是基本理论研究，是以建立和发展基本理论体系、系统地阐述并检验各种假说、原理、法则为最终目的的研究。这类研究多是描述和解释“是什么”的问题，其研究的目的是发现新领域、新规律，提出新理论、新观点。研究成果多表现为学术论文、专著等形式。基础研究虽然不解决具体的问题或特定的问题，但它研究教育理论，对整个教育领域的研究具有普遍性的指导意义。如关于教育本质、教育目的的研究，皮亚杰的“儿童发展理论”，加德纳的“多元智能理论”等，这能够使我们用发展的眼光，全面地审视学前教育，对于指导当前学前教育研究的发展有很大的借鉴意义。一般来说，教育理论工作者侧重于基础研究。

2. 应用研究

应用研究指的是运用教育基础理论中的一般原理、原则，针对某个具体的实际问题，深入考察某一个局部领域的特殊规律，解决教育工作中的实际问题的研究。这类研究多是解决“怎么办”的问题，其目的在于应用或检验理论，探讨它在解决教育实际问题中的作用。研究多以研究报告、论文、教育随笔、教育案例、课堂录像等形式呈现。应用研究要针对实际问题，力求对教育实践产生实质性的推动意义，具有较强的实用性。应用研究与教育实践的联系比较密切，例如“幼儿心理健康教育策略的研究”“家园合作共育模式的研究”“减少幼儿消极等待的现象”等，都是现实中遇到的问题。一般来说，幼儿教师多侧重于应用研究，能够解决现实中的幼儿园教育问题。

3. 开发研究

开发研究是以基础研究和应用研究的成果为基础，为工作在教育一线的教师提供能够直接运用的实践案例。开发研究能够直接服务于教育实践，将教育思想、观点、原理等体现在教育产品中，提供相应的操作程序和教育技术。研究成果多以新的教材、新的录像资料、视频资料等形式表现出来。如“对农村幼儿园园本课程的开发研究”“对生活化课程的开发研究”等，将研究成果编制成教材、音像资料，为其他教师或幼儿园提供可参考借鉴的内容。

（二）根据研究的范围划分

1. 宏观研究

宏观研究是对学前教育整体内的范围较大的问题所做的综合性、系统性的研究。宏观研究范围大，涉及面广，具有指导性、方向性、综合性的特点。如“对山东省学前教育状况的研究”属于宏观研究，其中涉及幼儿园一日生活研究、教师专业化成长、幼儿园管理、师资状况、环境创设等各个方面的问题。

2. 中观研究

中观研究是对一个范围、一个领域、一个部门进行的研究，是介于宏观研究与微观研究之间的研究类型，如“城市幼儿园户外活动开展的有效研究”“农村幼儿园区域活动创设的研究”等。

3. 微观研究

微观研究是对幼儿教育中的某个问题进行的具体、细致地研究。这种研究立足于保教工作实践，具有具体性、实践性、灵活性的特点。如图书区域规则的制订、区域活动中培养幼儿的规则意识、幼儿园环境布置需要把握的原则、讲述活动中提问策略的运用等，对于幼儿园工作的开展有较强的指导意义。

（三）根据研究的时序划分

1. 历史研究

历史研究是对过去某种教育现象、教育事件的发生、发展、变化过程进行的系统的研究。其目的在于通过对以往事件的原因、结果或趋势的研究，总结和借鉴教育的历史经验，了解现状，指导当前及未来学前教育的发展。如陶行知的生活教育理论、杜威的教育思想与赫尔巴特教育思想的比较、西欧双轨学制的特点、抗战时期的教育实习制度等，都属于历史研究。

2. 现实研究

现实研究是对当前的教育现状、教育事件、教育问题等进行的研究。其目的是帮助解决当前实际教育工作中急待解决的问题，改善教育环境，提高教育质量。如“对当前农村幼儿教师培训现状的分析研究——以某市为例”“区域活动中教师如何有效指导”“将生活元素融入备课中”等，研究的是当前的教育现实状况，属于现实研究。

3. 预测研究

预测研究是对未来的教育问题、事件、发展趋势进行的研究，以帮助人们了解事物发展及变化的趋势。如“幼儿教师的需求预测调查”“义务教育发展指标预测研究”等，这是立足于当前现状，具有前瞻性的研究，对幼儿教育有启发指导意义。

（四）根据研究的性质划分

1. 定性研究

定性研究是以研究者本人作为研究工具，在自然情境下采用多种资料收集方法对社会现象进行的整体性的研究，这是一种建立在文本资料基础上的研究，通常用文字来描述现象，揭示教育规律。定性研究的特点：第一，注重研究自然情境，强调研究在自然情境下、现场情境中进行。第二，关注事物的整体发展，关注事物的发展过程及其相互联系，强调从整体的、全面的角度描述问题、分析研究问题。

2. 定量研究

定量研究是用数字和度量来描述教育现象，分析教育问题，揭示影响因素的研究。它是一种以数字数据为基础的研究，通常要做描述性统计和推断性统计分析，以便描述样本并将结果推至总体。描述性统计包括检测集中趋势、离散趋势、相对位置和相关性；

推断性统计包括测量标准误、检验显著性。定量研究的特点：第一，采用数学分析的方法对数据资料进行运算，通过对数字进行分析、解释赋予一定的意义。第二，采用科学的方法和严格的研究程序，研究结果具有较强的客观性。

一般来说，定量研究注重研究的结果，定性研究注重研究的过程。定量研究通过数据说明研究结果，定性研究通过描述解释研究结果，定性研究与定量研究不是各自孤立运用的。通常，定性研究与定量研究在同一研究中共同使用，只是每种研究类型所占的比重和侧重点不同。

（五）根据研究时间划分

1. 纵向研究

纵向研究是指研究者在一段比较长的时间内对教育中的某种现象、问题进行系统、长期的研究，也称为追踪研究。纵向研究能够系统地反映事物变化的发展过程，揭示量变质变的规律，研究周期较长。如陈鹤琴对他的儿子进行连续几年的追踪研究，完成了《儿童心理之研究》这本著作。纵向研究的优点是能够详尽地解释事物的变化过程，缺点是时间较长，比较费时、费力，常用于个案研究中。

2. 横向研究

横向研究是研究者就某一现象、教育问题在同一时间内，对某一年龄（组）或几个年龄（组）的儿童的行为进行观察和比较的研究，也称为横断研究。如对城市、农村小班幼儿就语言运用能力发展状况进行分析、比较，分析影响其中的因素有哪些，探讨提高小班幼儿语言运用能力的策略。

教育科学研究的类型和方法是多种多样的。现实中，需要根据教育目的和研究目的，从实际出发，灵活地选择教育方法，综合运用，提高研究的科学性，体现教育的价值。

二、学前教育科学研究的原则

学前教育科学研究的原则是研究者在学前教育科学研究活动中必须遵循的基本要求，是研究工作的基本规范，它贯穿与整个研究过程中。

（一）客观性原则

客观性原则指研究者在研究过程中必须尊重事实，以事物的本来面目为依据，实事求是地开展工作。贯彻客观性原则，第一要有严肃的科学态度和严谨的工作作风，第二要尊重事实，从实际出发，实事求是，获取的数据要真实、客观，第三要运用严密的科学研究方法搜集、整理、分析材料，得出科学的结论。

（二）系统性原则

系统性原则要求研究者在学前教育科研活动中运用系统的、联系发展变化的观点来分析问题、探索规律、提出解决问题的对策。贯彻系统性原则，要求注意如下几方面。①整体性是系统方法的基本出发点，从全面的角度分析事实资料，充分认识研究活动各个方面、各个环节在工作中的相互关系，优化研究活动的各种因素，追求研究活动的整体功能。②不仅要描述学前教育发展量的变化，还要揭示学前教育发展质的变化。③从学前教育发展的内因和外因相互作用来研究学前教育，从整体的、联系的观点分析教育问题。

（三）价值性原则

价值性原则包括理论性价值和实践性价值。理论性价值是指验证、批判和发展教育理论，完善教育科学本身的理论体系。教育实践的不断发展也要求教育理论不断更新、发展与完善，这不仅是教育理论自身发展的需要，也有利于提高理论的指导性，加强对教育实践的指导力度。实践性价值是指研究的目的在于改进实践、促进实践，提高教育质量。对于幼儿教师而言，进行研究主要是侧重于实践性价值，改进幼儿园的教育工作，提高自身的教育质量。

（四）创新性原则

对于创新性原则的理解，可从四个方面来分析：①在前人提出的理论基础上，在前人的实际做法基础上，在某一问题的基础上继续探讨，提出新的看法、新的认识、新的观点。如果只是重复别人的观点，研究则是毫无意义的。②针对同一问题，提出与他人不同的观点、认识与看法，这需要教师持怀疑的品质，有良好的问题意识。③对于同一问题，从新的视角进行探讨，提出新的认识与看法。如可以从幼儿的视角、从教师的视角、从家长的视角探讨值日生制度；可以从社会学、心理学、教育学的角度阐述幼儿的攻击性行为等。④采用新的研究方法进行探究。如研究幼儿教师的科学素养，可以用分析、综合、归纳的方法，也可以用问卷法、访谈法对当前幼儿教师的科学素养现状进行调查；对于当前幼儿园园本教研的现状，可以分析园本教研主持人的素质、课题的选择、对话的开展，也可以调查当前幼儿园园本教研的开展状况、城市与农村幼儿园开展园本教研的区别等。

延伸阅读

蔡伟忠提出的“渐进式区域教学法”的口诀是“从封闭到开放，从有形到无形”。所谓“从封闭到开放”，是指物理环境原先是封闭的，但不能够永远封闭，封闭性的区域对孩子的常规管理很有效，但永远封闭不利于孩子的社会性发展，所以一定要随着孩子交往能力的提高，逐步开放封闭性，最后变成没有物理间隔的区域。“从有形到无形”，即一开始真的是有一个物理屏障，让孩子不受干扰，到后来孩子逐渐知道只要自己不打扰别人，就可以在任何地方做想做的事。

（资料来源：蔡伟忠．2010．跳出传统思维的幼儿园教师实用手册［M］．北京：农村读物出版社.）

（五）伦理性原则

伦理性原则就是要求研究工作者要以有效地提高学前教育的质量和科学性水平为

研究活动的宗旨，在研究过程中使研究活动符合学前教育的基本要求，并尽可能做到研究活动和教育活动的和谐统一，防止和避免研究工作对儿童身心发展造成不良影响。如为了了解环境对幼儿身心的影响，获得真实的数据，让幼儿处于有噪声的环境、视线昏暗的地方，结果对幼儿的身心造成很坏的影响，这是不可取的，它违反了伦理性原则。贯彻伦理性原则时，要求第一，研究活动不能损害幼儿的身心健康，不能给幼儿的身心发展造成消极影响。第二，研究活动的设计和实施要尽可能考虑研究对象的年龄特征。第三，研究活动尽量不打乱幼儿园开展的正常教育活动。

第四节　学前教育科学研究质量的提升

幼儿教师做研究是改进自己的专业工作最直接最适宜的方式，对于自身的成长与发展及改进幼儿园实践具有重要的作用。但是当前，许多幼儿教师在研究的认识、观念、操作、实施方面仍存在着较大的误区，突出表现在研究的目的不够明确、程序不够规范、研究有很大的盲目性、没有深入地探讨、没有形成高质量的研究成果等，无疑影响了研究的质量和水平。

一、学前教育科学研究的误区

许多幼儿教师没有把握住研究的正确内涵，对研究存在着很大的认识误区，表现在以下几个方面。

（一）幼儿教师研究＝科学研究

一提起研究，许多幼儿教师认为这是专家、高校研究者的事情。他们认为做研究是一门高深的学问，需要高深的理论、深邃的思维和科学的研究方法，需要经过专门的研究训练，建立假设与验证假设，得出严格规范的结论，这是高不可攀的、神秘的。专家和高校研究者主要开展的是理论研究，所以幼儿教师认为教育理论与教育实践存在着某种程度的分离现象，研究离他们很远。这种认识是错误的。幼儿教师开展的研究是日常生活实践的研究，一些随机的、偶然的、情境的、个别的问题都可能成为研究的对象，它以改进教育实践状况、促进幼儿的发展为根本目的，显然，这与发现、探索规律、揭示规律的科学研究是有区别的。

（二）幼儿教师研究＝写论文、写著作、搞课题

有的幼儿教师认为，做研究就是写写文章、做课题、写论文而已，似乎没有论文发表，就不能称之为研究。也有的幼儿教师认为，做研究就是为了评职称，为了迎接上级主管部门对教育科研工作的检查，所以做研究是教师保教工作之外的一种负担。在这种观念的指导下，幼儿教师进行研究出现了失范的现象，过于注重追求课题立项，注重教师文章发表的多少，并以文章发表的多少作为评价教师研究成果的一个重要指标。

“中小学教师自始至终是生活在教育教学的现实场景之中的，他们的所思、所想、所感、所悟常常不是论文可以承载的，论文话语方式的抽象、叙述结构的刻板、论点论据的严整，是教师所不熟悉的，同时也并不见得是教师表达自身研究成果所必需的”。[①]因此，对于幼儿教师而言，做研究的意义和实际要做的事情远不止于写论文，而是丰富、深刻和广阔得多。实际上，论文只是研究活动成果的一种表达方式，案例、叙事、日志、反思记录、教学随笔、教学设计、教学案例、教学总结等，都是教师从事研究的表现方式，都是研究活动的载体。

（三）幼儿教师研究与保教工作分离

一些幼儿教师抱怨，整天忙于幼儿园的保教工作，没有时间从事研究。有的幼儿教师说：“干了一天的工作，晚上回家后已经很累了，还要做饭，还要照顾好老人和孩子，哪有时间去思考问题、去进行研究呢？”显然，这些幼儿教师并没有把研究放到一个重要的位置上，而是将研究与保教工作分离开了。幼儿教师从事研究的目的是为了改进教育实践，幼儿教师不是做完工作后再进行研究，而是以一种研究的状态开展工作，在工作中开展研究。比如教师对不同的幼儿进行教育的时候，总结出要“采用的方式、语气完全不同”的经验；课堂秩序混乱时，有的幼儿教师忙于维持纪律、制止喧闹，而有的幼儿教师却关注如何设计问题、创设情境、激发幼儿的积极思维和讨论，并与幼儿一起共同制定和遵守规则，注重内在纪律的制定。所以说，教育工作本身就带有研究的性质，幼儿教师从事研究并非脱离保教工作实践另起炉灶，而是将研究与保教工作的有机结合，在工作中进行研究，以研究促进保教工作，这其中也包含了幼儿教师的不断学习、不断思考和不断行动。

（四）幼儿教师研究＝简单的经验总结

幼儿教师既然从事“研究”，那么就有别于一般性的经验总结或随意的问题解决。幼儿教师做研究，不是基于经验的简单重复，而是科学的研究，是理论指导下的思考和行动，更深入、更全面地研究和理解各个方面的关系和联系，总结出一些有启示的、共通性的东西。当前，有的幼儿教师认为研究就是简单的经验总结，在这种理念的引导下，研究只是停留在一般的、抽象的层面上分析问题，缺乏对具体问题的关照、具体情境的反省、具体实践的反思，所以没有透过现象揭示事物的普遍规律。研究事实上并不是简单的经验总结，它需要更深入、更全面地研究和理解各个方面的关系和联系，把握一些有启示性的、共通性的东西。有的研究者指出：幼儿教师不缺乏一般的思考，但是缺乏理论思考；不缺乏感性认识，但是缺乏通过感性认识达到的理性认识；不缺乏干，但是缺乏想，不缺乏实践，但是缺乏通过理论思考后的实践。这些问题，我们要充分认识到。

人们常说：“没有理论指导的实践是盲目的实践，不联系实践的理论是空洞的理论。”研究不等同于简单的经验总结，尽管在研究成果的表述中，经验总结是其中的一种方式。进行经验总结的时候，要源于经验，也要高于经验，要依靠科学的方法进行总

---

① 郑金洲．2005．教师如何做研究［M］．上海：华东师范大学出版社．

结，依靠理论来指导教育实践。缺少理论思考的研究，幼儿教师就不会形成对自身实践的独到透视，研究的质量也就不言而喻了。

（五）教研＝科研

教研主要是遵循幼儿教育的规律，为提高幼儿园的保教质量和幼儿教师的业务水平而进行的研究活动，研究的内容可以是别人已经做过，而自己却没有做过的；也可以把别人的研究成果进行“本土化”；强调的是研究的实践价值，不需要按照严谨的科研程序进行研究。在幼儿园教研中，幼儿教师是研究的主体。案例、叙事、日志、反思记录等，既可以成为教师教研活动的记录，也可以成为教研活动结果的表现方式。

科研主要目的在于揭示幼儿教育的内在规律，创造出有价值的研究成果，进而推动幼儿教育事业的发展。在幼儿园的科研中，高校的研究人员是研究的主体，有时也需要与幼儿教师进行合作，但幼儿教师仅仅起辅助的作用。其研究成果多是以论文、实验报告等形式表现出来，有时需要经过专家的鉴定，才能推广应用。

当然，在看到教研与科研两者之间的区别时，我们也要看到教研与科研之间的有机联系。教研需要理论的指导，在不同理论的指导下，就会有不同的教研活动、不同的教育实践。幼儿园的教研有利于科研的发展，有利于为科研提供素材，所以教研是科研的基础。幼儿园的科研活动也应该以研究中迫切需要解决的难题作为研究的重点课题，通过对课题的研究来推动教研的开展。幼儿教师进行的研究主要是教研活动，这也需要理论指导和客观现实资料的支撑，从某种意义上看，也属于科学研究。当然，幼儿教师也不能停留在教研阶段，而应该在学习现有的教育理论，掌握教育规律的基础上，提高运用教育理论分析、研究、解决实际问题的能力。

二、学前教育科学研究的步骤

研究伴随着教育活动，研究是永无止境的。教育研究是一个循环往复、螺旋式上升的系统性的探索过程，就某一个教育活动而言，其研究是有起点和终点的，具有程序化的特点。要使研究进行得科学、规范、有效，需要掌握科学的研究步骤。当然，各个步骤之间是允许有交叉、反复的，研究过程中如果发现前面的步骤存在着不足，可以进行补充完善，只有前后呼应，才能取得科学的研究成果。

（一）确定研究课题

经过选择来确定所要研究的课题，包括提出问题和确定问课题。提出有意义的、有价值的课题是进行研究的基础。选择的课题是否科学、合理直接影响到研究的质量。选择有价值的研究课题，要从实际出发，要与当前的教育实践密切结合，不断关注现实中的问题，学会观察，经常思考，提高自己的科研素养。

（二）查阅文献

查找和阅读文献目的是了解国内外对于某一内容的研究现状，学习借鉴他人的研究思路，避免做重复性的劳动，为研究做好理论准备和知识准备。教材、专著、期刊、报纸、录像视频、电影电视等，都是文献的主要来源。

（三）制订研究计划

制定研究计划是对研究过程进行整体的构思和规划，对各项工作进行具体设计和合理安排。研究计划是整个研究的行动纲领，对整个研究工作起着导向、调控作用，是研究工作评价的依据。研究计划包括研究课题的名称、研究目的、研究意义、研究内容、研究思路和方法、工作方案和进度安排、成果的表现形式、研究创新点和使用范围等，使得研究具有计划性。

（四）收集资料

收集资料要体现科学性、客观性、全面性的特点。根据研究的需要，通常将观察法、调查法、文献法、行动研究法等多种方法有机结合使用，收集文献资料和现实资料，确保研究工作的科学性。

（五）整理分析资料

收集完资料之后，要对于收集到的资料进行汇总、整理、分析。根据研究的情况，通常将定性研究与定量研究有机结合，全面分析研究成果。定量研究是研究者借助于数学，对所收集到的数据资料进行统计分析，以事实来说话，能够揭示出事物数量的特征，使事实更科学合理。定性研究是研究者采用叙述性的说明，用文字描述研究对象，依据自己的认识分析研究问题。将定性研究与定量研究有机结合，有利于挖掘研究的规律，研究成果更加科学合理。

（六）表述研究成果

幼儿教师的研究有自己独到的表达方式，如案例、叙事、日志、反思记录、活动方案、研究报告等。这些既可以成为教师教研活动的记录，也可以成为教研活动结果的表现方式。真实性、指导性、有效性是衡量研究效果的重要标准，而不是以论文或单纯以总结性的文章来判断其研究的效果。

三、提高学前教育科学研究质量的方法

提高研究的实效，提高保教工作的质量，是幼儿教师研究的追求，也是学前教育专业学生成长的需求。那么，怎样提高学前教育专业学生的科研能力呢？

（一）多阅读：为开展研究奠定基础

阅读是进行研究的基础。阅读能够为研究累积资料，打下知识基础，形成对自身实践的独特透视，提高幼儿教师发现问题、分析问题、解决问题的能力。阅读的方式通常有三种：一是针对实践中的问题而读书，向他人请教，向古人请教，在书籍的帮助下解决问题。例如，寻找课题研究的理论依据、理论支撑，了解当前的研究现状、优秀教师对于该研究问题的相关做法等。这种形式有着明确的目的和强烈的愿望，容易收到事半功倍的效果。二是广泛读书。不仅读幼儿教育专业的各种书籍，还要读教育学方面的书

籍；不仅读教育理论方面的书籍，还要读哲学、自然科学、心理学等领域的书籍，在阅读中思考，用科学的、系统的思维、联系的观点全面审视、分析教育问题，从中选择和确定研究课题，从而提升自己全面认识现象、改造实践的能力。三是读一些经典的名著。在读这些著作的时候，不能满足于"快餐式"的涉猎，而要做研究性阅读，从中有所发现，有所感悟，夯实理论功底，积淀动力，指导教育工作，为研究"加油"。所以，做好阅读计划，让阅读成为一种习惯，成为生活的组成部分显得尤为重要。

（二）深思考：提高研究的质量

卢瑟福是现代原子物理学的奠基人。一天夜里，他偶然发现一位学生还在埋头实验，好奇地问："上午你在干什么？"学生回答："在做实验。""下午呢？""做实验。"卢瑟福皱起了眉头，继续问："那晚上呢？""也在做实验"。卢瑟福大为发火，训斥道："你一天到晚都在做实验，什么时间用于思考呢？"同样，幼儿教师进行研究，也需要不断进行思考，尤其要不断地进行反思。

反思不仅是促进幼儿教师专业能力提升的关键，也是提高研究质量的关键。幼儿教师的研究是一种实践性研究。幼儿教师必须以研究的态度，审慎地对教育情境、教师自身的行为、行为背后的依据进行细致的考察和反思，反思自己设计的研究方案是否科学、可行，自己的研究方法是否合理，教育实践的效果怎样，促使自己对事物的理解更为深入。

"培养教师研究能力的第一步是培养教师的批判和反思意识。教师只有摆脱日常经验的困扰，对看似平常的教学现象保持批判的态度，才能发现隐藏在教学现象背后的深刻的教育问题。也只有通过日常教学反思，才能'以小见大'，以敏锐的眼光去捕捉那些教学中的细微之处。"①这样，将反思贯穿于教师研究的整个过程中，让反思真正为保教工作服务，保教工作才能在研究中走向新形态。

（三）勤学习：为研究开阔思路

对于学前教育专业学生来说，向高校专家及优秀的幼儿教师学习，共同探讨研究中遇到的一些问题，确定研究的内容，选择适宜的研究方法，学习撰写科学的研究方案，理清研究的思路等，经过彼此的倾听、交流、沟通、碰撞，通过多视角的对话，在交流和沟通中使自己的思维得到整理，逐渐找到解决研究困难的方法，明晰进行研究的一般操作规范与步骤，这些将成为促进保教工作开展的有效力量，为教学反思提供平台，也让智慧的火花在交流撞击中迸发，使专家、同事的指导更具针对性。

每个幼儿都是独一无二的，所以，不能用整齐划一、步调一致的方式教育幼儿，而是要采用更有效、更有针对性的方法来开展活动，以达到最佳的教育效果。教师的工作永远充满着未知的因素，只有不断研究才能成为一名真正称职的教师。

（四）常写作：将研究成果表述出来

李镇西老师说："校长与校长、教师与教师之间在学习、实践、思考方面的差距并

---

① 鲍传友．2009．做研究型教师［M］．北京：教育科学出版社．

不大，差距在于写作。”教师应将自己思考的、有价值的真实想法及时写下来，以便后期整理。尽管有些思想不够成熟，但通过记录下来，能够促使自己继续深入地思考下去，继续开展对某些问题的研究，将阅读、反思、对话、写作融于一体，增强保教工作实践的科学性和研究性。苏霍姆林斯基一生研究了几千名儿童，记录了几千页的儿童成长笔记。上海特级教师应彩云就如何了解儿童，体察儿童的需要，创设良好的人际环境进行了专题探索，就如何对学前儿童进行自主性教育等问题进行了细致的研究，撰写了《浅谈幼儿园德育环境》《拥有自己的天空》《我给幼儿讲故事》等文章。这些都是勤于研究又善于研究的典范。

幼儿教师要把每天的工作当做研究来做，做好生活的有心人，多从平时的生活中发现值得研究的问题，增强研究意识。同时，也要养成勤于动脑、动手、动笔的习惯，养成良好的写作习惯。

郑金洲教授针对教师科研提出了十条建议：“平常心态使研究成为一种教育生活；好奇心是研究的基本动力；相信研究的价值与能力；把科研当作一种教育责任；宽容他人就是支持自己；‘小学问’需要细心来‘大’做；先当好学生，后做好先生；持之以恒才能有所突破；让自己处于主动状态；教育科研最终是为了实践的改造”。[①]这十条建议对于幼儿教师从事教育科研有很大的指导意义。

在研究中，还要实事求是、尊重他人的劳动成果，遵守研究中的道德，反对抄袭等学术不端的现象，尽力提出科学的、富有创造性的想法。当然追求学术自由并不是绝对的，都是在遵守法律、道德规范的前提下进行的有目的的探索和创造，教师应扎扎实实地工作，踏踏实实地进行研究，做属于幼儿教师的“真”研究。

延伸阅读

学前教育研究的起源

1. 国际上学前教育研究缘起幼儿教育实验

1879 年德国莱比锡大学的冯特创立了心理研究室，这一举措引起了教育界人士的瞩目，用自然科学的研究手段来研究教育，这是一个全新的视角，也对学前教育的研究起到了榜样的作用。实验教育学的创立，运用观察、统计和实验的方法来研究解释教育现象，获得对教育的科学、正确的认识，为教育的科学化、教育研究的现代化提供了有意义的科学工具，也是教育研究在方法论上的一大进步。

在学前教育方面，自 1840 年德国儿童教育家福禄贝尔创立第一所“幼儿园”开始，人们就着重对幼儿教育的理论和实践加以探讨，从此幼儿教育学从教育学中分离出来。同时，受到实验心理学和实验教育学思想的影响，心理学家和教育学家纷纷把研究目光转向幼儿教育领域，运用实验的手法进行各项研究，而且获益匪浅。许多教育学家因此而获得众多的研究成果，这进一步推动了儿童教育研

① 郑金洲. 2008. 教师做科研的十条建议 [J]. 人民教育，(5).

究的开展。蒙台梭利在1901年离开意大利国立特殊儿童学校后，开始致力于正常儿童教育。她在罗马圣洛伦佐区成立了第一个“儿童之家”，并开始了系统的教育实验，设计出一套教材和教具，提出一系列方法，创立了闻名于世界的蒙台梭利教育体系。1909年蒙台梭利出版了《蒙台梭利方法》(原名为《运用于儿童之家的科学教育方法》)，由此，她将自己的研究成果、独创的教育方法向全世界推介。她提倡用科学的方法了解儿童，只有了解儿童，才能教育他们。教师只有培养自己观察儿童的愿望和能力，才能理解和追随儿童的成长。蒙台梭利设立了《儿童心理观察指南》，要求详细观察儿童的学习、儿童的行为、儿童的意志力和自律能力等。蒙台梭利的教育研究方法和指导无疑为幼儿教育者提供了一个科学的借鉴，对于后人研究儿童提供了有意义的启示。

2. 中国学前教育研究的崛起

中国学前教育实验的先驱首推陈鹤琴先生。1920年，陈鹤琴先生就开始对自己的孩子进行跟踪观察实验研究，用文字和摄影的方式记录了其儿子的身心变化和对各种刺激的反应，从中积累了大量的资料，为后人了解儿童身体、动作、能力、情绪、言语和绘画等方面的发展规律提供了最生动的素材。加之陈鹤琴先生对儿童心理的学习和感悟，著有《儿童心理之研究》，以其科学的观察、敏锐的教育视角，提出了家庭教育的原理和方法，为探索中国儿童心理的发展提供了详细的资料。陈鹤琴不仅用观察法研究儿童，还通过大量的实践总结幼儿园的课程，整理出一套行之有效的方法。1927年他将其研究成果发表在《优质教育》杂志上，这是具有中国特色的研究儿童心理的最早成果之一。陈鹤琴先生创办的南京鼓楼幼稚园，在1925年已经成为东南大学教育科实验幼稚园，它是中国第一所幼儿教育实验中心。陈鹤琴先生在科研方法上的尝试和在创立幼稚园的过程中将研究同时开展起来的做法，在中国是史无前例的，为后人开拓了研究的天地。从此时开始，中国的学前教育研究开始了漫长又有意义的道路。

(资料来源：陶保平. 2006. 学前教育科研方法［M］. 2版. 上海：华东师范大学出版社：5-6.)

同步训练

1. 什么是学前教育科学研究？其特征有哪些？

2. 学前教育科学研究的类型有哪些？试举例进行分析。

3. 从期刊中阅读一篇教育研究文章，分析体现了哪些科学研究的原则。

4. 简述学前教育科学研究的步骤有哪些。

5. 阅读下列案例，分析进行学前教育科学研究的重要意义体现在哪些方面，谈谈你认为如何提高学前教育科学研究的质量。

让孩子养成有序喝水的好习惯

尝试对班级喝水空间进行合理规划。划分不同的区域：接水区、喝水区、等待区等。

在孩子排队接水的时候，用间隔一定距离的小脚丫或小圆点提示幼儿以免发生拥挤。通过区域的合理划分，避免一些拥挤打闹的现象。

同时，在适合幼儿高度的喝水空间的墙上张贴喝水流程图，通过不同区域环境的暗示引导，如喝水不打闹、喝水打闹容易出现的危险等，逐步帮助幼儿建立有序喝水的习惯。喝水版面的布置要体现幼儿的主要参与，让版面上传递的信息更容易被幼儿理解和接受。

运用“说做一体”的方式，让幼儿自觉有序地喝水。可用喝水的小儿歌来体现“说做一体”的教育理念：“排排队，来喝水，不要推来不要挤，烫伤小手起大泡，那时后悔来不及。”“小朋友，来喝水，你先我后不拥挤。排好队伍到橱前，伸手去拿小水杯。接水接到半水杯，接好水后回座位。轻轻吹，慢慢喝，喝完水杯放回橱。”

充分利用好“今天你喝了几杯水？”“宝贝爱喝水”这样的互动版面，让幼儿正确评价自己今天的饮水量。同时，教师及时跟进，不要让互动墙流于形式。

另外，还要注意幼儿喝水的习惯的培养。比如，通过一口一口慢慢喝、小口杯怎么用等活动教会幼儿正确的饮水方法。通过多种渠道让幼儿养成良好的喝水习惯。

（资料来源：蒋静．怎样让幼儿园喝水环节更高效．中国教育报，2014 年 9 月 21 日．）

第二章 选择研究课题

学习目标

1. 了解选择研究课题的意义，明确选择研究课题的重要性。
2. 了解选择研究课题的途径。
3. 了解研究课题的类型，能够区分不同类型的课题。
4. 掌握研究课题的来源、原则和方法，能够科学地运用。
5. 了解研究课题表述的类型，明确研究课题表述的基本要求，能够科学地表述研究课题。

知识结构图

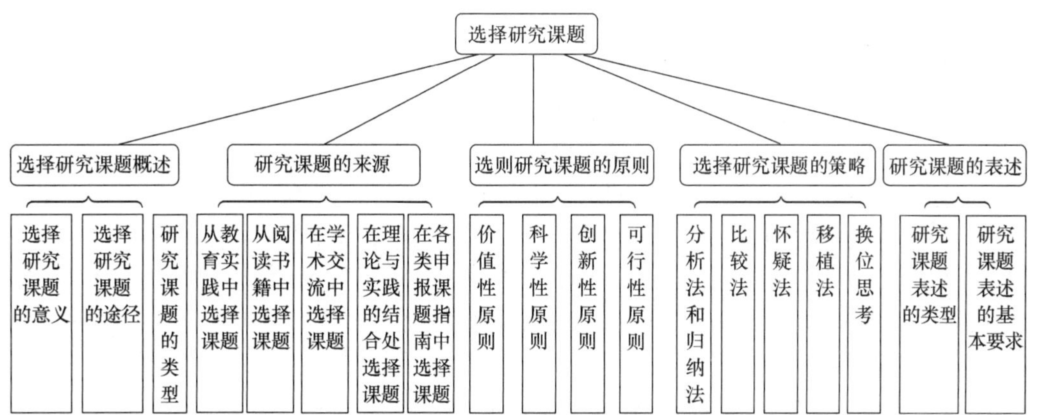

爱因斯坦说过：“提出一个问题往往比解决一个问题更重要，因为解决问题也许仅仅是一个数学上或实验上的技能而已，而提出新的问题、新的可能性，从新的角度去看待旧的问题，都需要有创造性和想象力，而且标志着科学的真正进步。”当然，这里爱因斯坦说的“问题”不是一般性的问题，而是可以进行研究的问题，即课题。幼儿教师进行研究，首先要提出一个合适的课题，这是研究的起点，是研究的第一个步骤，直接影响到研究的价值。因此，选择合适的课题，掌握选择课题的策略是必要的。

第一节 选择研究课题概述

古今中外优秀的科学家和教育家都非常重视“问题”和“问题意识”。1960年，胡适先生在国立成功大学的毕业生典礼上，给即将毕业的大学生开了一个防身救急的药方。这个防身药方有三味药，第一味药是“问题丹”，第二味药是“兴趣散”，第三味药是“信心汤”，就是建议大学生走上社会后要不断发现问题、研究解决问题的策略。作为一名未来的幼儿教师，善于发现问题、学会如何选题有利于提高研究的质量。

一、选择研究课题的意义

（一）选择课题是教育科学研究的起点

课题来源于问题。“问题”是什么？《现代汉语词典》中对问题的解释有四种：①要求回答或解释的题目；②须要研究讨论并加以解决的矛盾、疑难；③关键、重要之点；④事故或麻烦。这里指的“问题”是第二种解释，即“须要研究讨论并加以解决的矛盾、疑难”。科学研究就是一个发现问题、解决问题的过程，所以，研究问题的确定是整个教育研究过程的逻辑起点。只有发现和提出问题，确定要研究的问题，才能开始探索和研究。“良好的开端是成功的一半”，选择并确定研究问题，是推动研究不断深入的前提，也是决定一项教育研究工作成败的关键，直接影响到研究结果是否具有相应的价值。

（二）选择课题指明了研究的目标

研究就是发现问题并尝试解决问题的活动，进行研究不仅始于问题，而且也终结于问题，所以研究总是围绕着特定问题而展开的。解决这个问题能够改进工作，有助于提高学前教育的质量和效益。明确了问题，也就明确了研究的目标。例如课题《分享阅读中提问的问题及解决的策略》，研究目标是分析分享阅读中存在的问题有哪些，在此基础上，提出相应的解决问题的对策。课题《提高小班幼儿入园适应能力的策略》，研究目标是针对小班幼儿入园焦虑的问题，探讨提高入园适应性的策略有哪些，提高小班幼儿的入园适应能力。

（三）选择课题是研究取得成功的必要条件

巴丁说：“一个研究能否取得成效，很重要的一点就是看它所选择的科研课题。”科研课题不仅决定着研究者现在和今后科学研究的主攻方向、目标和内容，而且在一定程度上也规定了教育研究所采取的办法和途径。选择合适的问题是教育科学研究中很重要的一部分，它直接决定着研究的成功或失败。如果选题不恰当，比如选题过窄或者过于笼统，都会影响到教育研究的成败。例如《关于男幼儿教师在学前教育中的现状分析》，这个课题采用的是调查法，所选择的对象是全国的男幼儿教师，如果一个幼儿教师或者几个幼儿教师来做这个课题的话，是不可能完成的。

（四）选择课题反映了教师的研究水平

正确选题是教育研究工作者进行科学研究的基本功。独立地判断问题的研究价值和正确地选题，是衡量教育工作者研究水平的一个重要标志。发现、提出和形成一个有创见性的问题，是教育研究工作者敏锐洞察力的体现，是对问题的综合判断力以及自身知识经验的综合反映。有的幼儿教师在实际工作中积累了丰富的资料，但是不善于将问题提炼成研究课题，缺乏深层次的挖掘，研究成果停留于一般的经验总结，使得研究质量比较肤浅。有的年轻教师缺乏问题意识，不会捕捉问题，使得研究缺乏一定的创新。由此可见，研究者必须善于对理论本身、理论与实践之间、期待与现实之间的种种矛盾进行透彻分析，才能发现、提出和形成一个有意义、有创见的问题。

二、选择研究课题的途径

“我整天工作在保教的第一线，为什么找不出研究问题？”许多幼儿教师不知道研究什么，常感到没有题目可研究，这成为了许多幼儿教师的研究困境。的确，研究问题确定不了，研究就无法进行。“安于故常的人往往不觉得有什么问题，自然也就不会自动地提出什么问题来。”[①]对于幼儿教师来说，从事教育科学研究最大的困难是不知道从何处下手，找不到合适的研究课题，这一方面说明了选择研究课题是需要付出努力的；另一方面也说明了幼儿教师的知识经验不够丰富，缺少问题意识的敏感性。这里需要说明的是，问题就是客观事物之间的矛盾在人们头脑中的反映，课题是针对教育科学领域内具有普遍性的问题进行研究的题目。例如，“怎样对待某个儿童？”这是一个教学过程中会碰到的问题，而不是研究的问题，因为这个问题只是一种具体的个别现象。而“提高幼儿学习美术活动积极性的策略？”就是一个带有普遍性的问题，其中包括幼儿园教学活动形式、活动方法、活动内容、活动评价等方面，有待于我们从全面的角度分析，探讨影响幼儿学习美术活动的因素，探讨其中的教育策略，有利于提高幼儿学习美术活动的教育质量。

研究课题的确定，体现的是幼儿教师的科研敏感性，反映出幼儿教师的科研素质。首先，生活中需要研究的问题是非常多的，只要有一双敏锐的眼睛，注意观察、善于观察，就会发现生活中有许多问题值得研究，就会体会到研究问题就在生活中，研究问题就在保教工作中。其次，要经常翻阅学前教育的书籍、杂志，通过对资料进行分析和归类，了解当前的研究现象，了解对于某一研究问题，他人的研究成果是什么，结合自己的教育实践，提出还有哪些问题没有研究，哪些问题需要研究，哪些问题的观点与他人的观点不同，继而确定研究的课题。此外，经常与周围的教师进行交流，总结自己和身边同事的工作经验，也能够加深对所研究问题的理解，深化认识，形成自己的研究课题，构建合适的研究思路。问题是不断发展的，一个问题解决后，随着教育形式、环境的变化，又会出现新的问题，所以，幼儿教师要有一双敏锐的眼睛，养成善于发

① 李秉德．1986．教育科学研究方法［M］．北京：人民教育出版社．

现问题的习惯。

教育科学研究是一个不断提出问题、解决问题、发现客观规律的过程。科学研究始于问题，但是，并不是所有的问题都能成为科学研究的课题。如“7 的分解有几种方法？”只是一个数学问题，但不是教育研究的课题；“怎样发展幼儿的创造力与想象力”涉及两个问题，涉及的范围较大，不是合适的课题；“促进城乡学前教育均衡发展的研究”属于理论性研究，如果让幼儿教师独自来完成的话，受教师自身知识、经验的制约，会影响到研究的质量。幼儿教师可以从不同的方面、不同的角度对于实践中的问题进行深入研究，提出更新的、更有效的解决问题的策略。

三、研究课题的类型

学前教育研究的内容是广泛的。从现实的教育需要出发，学前教育研究的课题类型也是不同的。

（一）根据研究目的划分

1. 理论性课题

理论性研究课题又称为基础性研究课题，是为检验、发展某些假设或理论而从事的研究课题。这类课题是根据教育发展对理论研究的需要而提出的，通常包括教育规律的探索、方法论的研究、教育规律的揭示、教育观念的阐释、教育思想的分析、教育历史研究等。这类课题一般不针对某一具体教育现象，其研究成果具有普遍的指导意义。例如“幼儿情绪能力发展与母亲气质、教养方式的关系”“示范性幼儿园游戏活动质量评价”“幼儿教育本质的规定性及其意义”属于理论性课题。尽管理论性课题内容非常抽象，需要进行严谨的概念界定，但是它对当前的学前教育发展具有较强的指导意义，因此，幼儿教师也要努力获得新的理论知识，了解当前理论性研究课题的主要内容和观点，以此指导自己研究的课题。

2. 应用性课题

应用性课题是运用教育基础研究所取得的科学知识，针对教育的具体实践，为解决教育实践中某一个领域或某一方面具体问题而进行的研究，属于应用研究。这类课题以改进教育实践为主要目的，因此课题来源于当前的教育实践。如“幼儿园科学教育游戏化的实施策略”“提高区域活动开展的有效性”属于应用性的研究课题。要提高应用性课题研究的质量，需要理论的指导，因此，理论性课题与应用性课题是相互联系，相辅相成的。理论性课题的研究成果能够指导实践，应用性课题的研究成果也可用于理论性研究、支撑理论性研究。

（二）根据研究深度划分

1. 描述性课题

描述性课题是对教育现象做出准确、具体描写和叙述的研究课题。它要回答的问题是“什么事”或“什么情况”正在出现，或所发生的现象“是什么”，而不回答“什么会发生”

“为什么会发生”的问题。这类课题要求研究者运用科学方法收集大量的资料，充分回答研究中需要解决的问题并做出准确的描述。这类课题理论层次较低，研究难度较小。如“幼儿成长档案中的教师评语浅析”“家园合作：从‘独白’走向‘对话’”属于描述性课题。

2. 因果性课题

因果性课题是对教育现象产生的原因、机制和过程做出解释或说明的研究课题，它要回答的是“为什么”和“怎么样”的问题。它不仅能够帮助人们认识某种教育现象发生、发展和变化的外部因素、内在原因，而且从理论上说明教育现象的本质以及现象之间的规律性联系。如“教师介入游戏对幼儿参与游戏的主动性的影响”“影响幼儿参与游戏主动性的因素研究”属于因果性课题。

3. 预测性课题

预测性课题是在明确教育现象的各种关系的基础上，对教育中事物的发展趋势和状况进行预测。预测性课题主要回答“将来怎样”“应该怎样”的问题。这种研究层次最高，对实际工作和理论研究都有着重要意义。如“我国民办幼儿园的发展趋势”属于预测性课题。

第二节　研究课题的来源

研究课题是对问题做出科学分析和探讨解决策略的过程。课题来源于问题，问题是课题的前身，找出问题就是课题的开始。但是问题不等于课题，因为就解决问题而言，只是一种浅层次的工作，而将问题转换成研究课题并科学解决研究课题，是一种深层次的工作。也就是说，问题是潜在的、可供选择的课题，只有将问题上升到可研究的问题，才能转化为课题。幼儿教师进行研究的问题来源是多方面的，既有幼儿教师自己喜欢的问题，也有在工作中遇到的问题；既有在阅读文献中产生的问题，也有与他人的交流中遇到的问题。通常来说，研究课题的来源有以下几种。

一、从教育实践中选择课题

幼儿教师个人的发展是与幼儿园的发展密切相关的，幼儿教师自身素质的专业提升与幼儿园的整体变化也常常是密切联系的，幼儿教师是影响幼儿发展的重要他人，促进幼儿的发展是教师研究的目标。从研究的出发点看，可以从促进幼儿园发展、教师发展、幼儿发展三个层面捕捉研究问题。

（一）从保教工作中的疑难点选择课题

保教工作需要教师的教育智慧，需要教育艺术。工作中常常存在着许多值得认真研究的疑难问题，这些疑难问题也正是我们研究中所要解决的，值得研究探讨。幼儿教师需要分析并了解问题产生的原因，不断尝试探究各种解决问题的方案，最终解决研究的问题。下面案例的选题就是从工作中遇到的问题来选择的。

案例 2-1

听课是幼儿园组织教研活动经常采取的一种形式，通过相互观摩、研讨，教师可以从中获得许多教学方法和经验。然而，在实际中，很多教师并不会听课，大多只关注教学的形式和教学的气氛，而对许多隐含的实质性内容没有认真领悟，听课的效果也就大打折扣。那么，如何才能使教师听有所得呢？《教师如何听有所得》中写道："听，听教师的话和幼儿的话。首先听教师语言的组织、导语和提问的方式。""听幼儿的回答和幼儿之间的对话，掌握幼儿认知的状态、学习的效果。""看，看教学准备、教师的教态和基本功、教学形式和效果。""作为听课的教师，就要多想想上课的教师为什么这么做，是如何围绕教学目标设计每个教学环节的，层次是怎样分出来的，环节与环节之间是怎么衔接的，如何才能做到组织严密、思路清晰等。活动时间分配是否合理，教师采用了哪些有趣、有效的教学方法调动幼儿的积极性和主动性，激发了幼儿参与活动的愿望，同时又做到收放自如，活而不乱。"

（资料来源：谭红．教师如何听有所得．中国教育报，2014 年 11 月 23 日.）

（二）从自己的研究优势与特长中选择课题

幼儿教师主要是在实践中从事研究，幼儿教学实践为其提供了便捷有利的研究条件，而在实践中得出研究成果，又能够有效地提升教育质量，教师的实践教学与研究是相互促进的关系。下面的案例选题是幼儿教师在教育实践中不断尝试、探索出一日生活中过渡环节的一些做法，对于实践工作的开展有较强的指导价值，体现了幼儿教师在实践中从事研究的优势。

案例 2-2

《过渡"无痕"让一日生活"活"起来》将过渡环节视为一种教育资源，作为幼儿生活中的重要一环，弱化过渡的痕迹，融合保教的功能，优化一日活动。文中提到幼儿活动的建议："标记指令，内化规则；音乐暗示，削弱控制；自主游戏，有效参与"，幼儿真正需要的过渡应该是自主、宽松但又有序的，让幼儿充分体验到丰富多彩又灵动有趣的过渡方式，使过渡环节的安排与实施呈现出管而不控、统而不死、活而有序的效果。

（资料来源：查煜玲．2013．过渡"无痕"让一日生活"活"起来［J］．教育导刊，(10).）

（三）从自己的成功经验中选择课题

幼儿教师在日常的保教实践中，肯定会有做得比较成功的地方。如有的幼儿教师在家园合作方面做得特别出色，有的幼儿教师在对幼儿进行点名时有自己的独特想法，有的幼儿教师创编了别出心裁的幼儿早操，有的幼儿教师在幼儿离园方面做得较好，有的幼儿教师在培养幼儿的卫生习惯方面有好的做法等。教师可以将这些宝贵的经验、想法、做法及时记录下来，以便与他人交流，让他人有所借鉴。下面案例中提到的一些成功做法，值得学习和借鉴。

案例 2-3

《互助式园本培训的设计与思考》中写道，在幼儿园实践的基础上，教师总结了该园本培训的设计内容、具体方式和实际效能，效果显著，形成了相互支持的学习氛围，教师主动学习意识不断加强；改变了专业技能的“偏科”现象，教师综合素质明显提高；搭建了共同提高的交流平台，教师彼此尊重和赏识成为风气。

例如，互助式园本培训的基本流程是：选定专业技能培训项目—确立个体发展计划—开列教师互助培训菜单—制定个体培训方案—实施一对一指导训练课程—考评互助双方学习与指导实际。这些做法值得其他幼儿教师学习借鉴。

（资料来源：周爱萍，王云．2015．互助式园本培训的设计与思考[J]．教育导刊，（3）．）

（四）从自己或他人的失误中选择课题

教师只有通过对实践的反思，才能不断调整前进的方向，不断扫除成长中的障碍，从而实现自我超越、自我发展。反思可以是教师对自己亲身实践的失误进行反思，也可以是对其他教师教学实践的失误进行剖析。教师每一次对自己或他人实践得失的反思、利弊的剖析，都可以成为研究选题的一个内容。

案例 2-4

《慢下来：幼儿园管理的当务之急》一文中提到：“让本来应该悠闲而美好的幼儿园变得急匆匆，让本来散发着童真童趣的孩子变得急匆匆。这种急匆匆的背后掩藏着各种违背孩子成长规律的急躁心理。如何在《3～6 岁儿童学习与发展指南》的指导下回归幼儿园本应具有的淡定与从容，回归幼儿园教师本来应该拥有的恬静和舒缓，是我们每个幼教工作者都应该深深思考的问题。”文中建议：变“催一催”为“推一推”；变“盲目迎合”为“积极引领”；变“训练灌输”为“自我建构”。“在孩子面前，我们缺少的也许并不是引领，而是驻足，停下来与他们一起游戏，将是更高层次的成长”。

（资料来源：杨玉娟．慢下来：幼儿园管理的当务之急．中国教育报．2015 年 12 月 6 日．）

（五）从自己的关注点中选择课题

要想取得研究成果，有时需要教师对某个问题进行长时间的、不断的思考。因此，幼儿教师可以从自己平常感兴趣或者较多关注，或者有所思考的问题中选择研究课题。经常关注、研究自己感兴趣的课题，能够使教师在追求心灵自由、实现事业理想和人生价值中充分感受成功体验的过程。如张雪门在不断的研究中，完成了著作《幼稚园课程活动中心》《幼稚园行为课程》；陈鹤琴在不断的研究中，完成了著作《儿童心理之研究》和《家庭教育》，这些学前教育研究者不断关注自己感兴趣的话题，并在实践中形成了自己的研究成果，成为幼儿教师学习的典范。

二、从阅读书籍中选择课题

（一）从阅读专业杂志中选择课题

选择学前教育专业的杂志，认真阅读每一篇文章，了解文章都研究了哪些问题，题目是如何表述的，文章的观点是什么，进而就这一问题思考，自己实践中的做法有没有独特之处，有没有不同于他人的做法等。能使自己产生共鸣或最能使自己产生反对意见的，就是自己研究的敏感点，也是值得研究的方向。实际上，这是一个从不知道研究什么到明确研究什么的过程，也就是确定选题方向的过程。然后，根据自己确定好的研究方向和研究内容，搜集这方面的资料进行阅读、研究，了解学前教育领域内有哪些问题已经被研究过、进展情况如何、研究工作质量如何、还存在哪些问题等。通过了解这些研究动态，有利于发现和提出新问题，进行自己有创造性的研究。

（二）从阅读教育名著中选择课题

教育名著蕴涵着先进的教育思想，积淀着深邃的思想精华，传达着丰富的教育智慧，是被世人公认的优秀教育著作。如苏霍姆林斯基、杜威、皮亚杰、布鲁纳、加涅、罗杰斯、陶行知、陈鹤琴、张雪门等教育家的教育著作，都是优秀的教育名著。细细研读这些教育书籍，学习这些教育家的先进教育理念，看看他们怎样面对教育问题，怎样思考问题，他们的观点是什么，通过与书本、心灵进行对话，用教育家的观点、看法审视当前的教育问题，将会从中受到启发，继而提出富有创新性的、富有价值的研究课题。

案例 2-5

《基于陈鹤琴教育思想的幼儿园故事教学实施探析》一文对故事教学进行简析，论述了陈鹤琴教育思想与幼儿园故事教学的契合之处，提出了陈鹤琴教育思想指导下的故事教学实施策略：故事选材应遵循一定的原则、生态的故事教学环境建设、故事教学的组织要游戏化、生活化，故事教学的延伸活动不可忽视。

（资料来源：赵东群，王春燕. 2015. 基于陈鹤琴教育思想的幼儿园故事教学实施探析［J］. 教育导刊.（3）.）

（三）从阅读优秀教师的教育作品中选择课题

尽管特级教师、优秀教师不一定与自己有直接的接触，但是阅读这些优秀教师的教育作品，了解这些教师的观点能够增长我们的智慧、激发我们的灵感，拓宽我们的研究思路。在与他们的观点进行交流、碰撞的过程中，不免会引发共鸣、触发思考，产生研究的冲动，积极寻找研究的内容和确定研究的步骤。下面的案例是从阅读教师的教育作品中进行的选题。

案例 2-6

在《教师要学会情感投资》中，作者写道：“近日拜读贵报 5 月 10 日冯建军老师《做生命型教师》一文，尤为赞赏其中的一句话‘教育的重心不是知识，而是儿童的生命’。教育要关注儿童的生命，意味着教师对教学、对师生交往要投入充沛的情感，要用自己的情感去点燃学生求知的火花。引导学生学会思考，学会做人。那么，教师的感情注入要注意哪些方面呢？”

（资料来源：刘朝云．教师要学会情感投资．中国教育报．2008年5月15日．）

（四）从阅读其他书籍与杂志中选择课题

我国著名的科学家钱三强指出，“科学的突破点，往往发生在社会需要和科学内在的逻辑交叉点上，即研究的课题往往产生在两种知识的接缘上”。学习其他学科的新理论、新方法，引用或移植、借鉴心理学、社会学以及哲学等邻近学科的研究成果、研究思路来解决教育科学中的某一课题，借鉴其他学科的研究成果进行新试验，对教育改革问题加以研究，跳出学前教育来看学前教育，用全面、联系的观点看待问题，加强学科之间的联系与融合，以突出研究课题的新颖性和创造性。从下面这则案例中，我们可以受到启发，提出一些新的研究课题，如“如何培养幼儿自身的责任感”等。

案例 2-7

一次，里根在院子里踢足球，不小心把邻居家的玻璃踢碎了。邻居说：“我这块玻璃是好玻璃，12.5美元买的，你赔。”当时正是1920年，12.5美元相当于买125只鸡蛋的价格。里根没有钱来赔，所以只好回家“求助”爸爸。爸爸问：“是你踢碎的吗？”里根点点头。爸爸说：“那你就赔吧，你踢碎的，当然由你来赔。没有钱，我借给你，一年以后还。”在接下来的一年里，里根自己去擦皮鞋、送报纸、打工挣钱，终于挣回了12.5美元并还给了父亲。后来里根讲到这个故事的时候，他说正是通过这样一件事，让他懂得了为自己的过失负责。

三、在学术交流中选择课题

幼儿教师作为一线教育工作者，在知识结构、思维特征、科研经验及科研水平等方面，有其优势，亦有其不足。如果固守在自己的思维世界中，研究视野不免狭窄。通过与研究者、同事之间的交流、讨论，学习他人的观点与做法，可能会对司空见惯的老问题产生新认识，引发自己从不同角度、不同立场、不同方向看待事物之间的联系，从而获得有新内容、有价值的研究问题。

四、在理论与实践的结合处选择课题

尽管幼儿教师从事的研究从根本上属于实践研究，但这并不意味着完全放弃理论知识的学习。“教师的专业成长需要理论的支撑，没有理论支撑的实践是盲目的实践，实践经验转化为理论认识是教师专业成长的必经之路。”[①]理论知识对实践工作具有指导作用，缺乏理论指导的实践是毫无根基的。所以，幼儿教师在阅读他们研究成果时，要时

① 杨永建．2008．教育期刊促进教师专业成长的选题策划策略［J］．教育理论与实践，(6)．

时注意结合自己的工作实际进行有针对性的思考，注意运用已有的理论来分析实践中的现象与问题，通过阅读理论，在理论与实践的联系中研究问题也会越来越清晰。例如，瑞吉欧教学法的发现及引进，促进了不少幼儿园尝试进行项目教学活动及幼儿档案的研究；美国学者加德纳提出的多元智能理论，启发了不少幼儿园开展多元智能幼教课程、如何培养幼儿的多元智能以及如何将多元智能理论运用于幼儿发展评价方面的研究等。

下列案例阐释了学习故事的含义，结合幼儿园的实际做法分析了学习故事在幼儿园中的有效运用，既有理论，也有案例，体现了研究的科学性特点，是在理论与实践的结合处进行的选题。

案例 2-8

《“学习故事”蕴藏的教育精彩》中提到“‘学习故事’是一种评价儿童的方法，也是一种研究方法，由新西兰学前教育学者卡尔提出。”“实践中，对广大幼儿教师来说，最艰巨的挑战是如何适当地评价个体儿童。那么，‘学习故事’能带来什么启示呢？”“‘学习故事’是一种叙事性的观察记录方式，一个学习故事通常由三个部分组成，包括注意、识别和回应”。

“注意：描述发生了什么；识别：分析什么样的学习有可能发生；回应：如何支持幼儿在这方面的学习。”“一个‘学习故事’。的注意、识别和回应环环相扣，注意影响着识别与回应，识别决定着回应的方向，识别与回应推动幼儿的学习与发展”。

（资料来源：张亚妮，王朝瑞，钱琳娜.“学习故事”蕴藏的教育精彩. 中国教育报. 2015 年 3 月 23 日.）

五、在各类申报课题指南中选择课题

为了更好地指导教育科学研究工作，提高科学研究水平及其成效，往往在申报课题后面确定一定的教育科研课题指南。这些课题具有前瞻性和时代性，在组织申报课题的时候，可以从教育规划课题指南、各省科研计划项目、中国学前教育学会课题、学前教育刊物选题指南中选题。需要特别说明的是，各省市的科研课题指南中，有相应的学前教育类课题值得研究。对于幼儿教师而言，有些课题很难申报成功，但是关注这些课题，能够看到当前的教育问题有哪些。教师应从自己的专业特长、爱好兴趣、研究能力出发，选择条件比较成熟的课题，找到自己研究与指南要求的结合点。幼儿教师在做课题的时候，可以缩小课题范围，聚焦问题，使研究问题明确化，使研究对象聚集于某一个点，使研究更加深入。

延伸阅读

山东省教育科学“十二五”规划课题指南与学前教育相关的研究方向列举

重点课题选题指南：

山东省农村学前教育管理体制研究；山东省学前教育质量评价体系研究。

一般课题选题指南：

山东省学前教育现状及发展策略研究；山东省经济欠发达地区幼儿教育研究；

幼儿道德教育的内容、方法研究；幼儿认知发展与社会化发展水平的测量与评价研究；幼儿创新教育理论与实践研究。

中国学前教育研究会“十二五”课题指南列举：

本方向涉及幼儿园课程的现状与问题，幼儿园课程的改革和发展，幼儿园教育活动的组织形式与方法策略，幼儿园课程资源的挖掘与利用，幼儿园教育环境的创设与利用等研究。

1. 幼儿园课程方案的审核与监管研究
2. 幼儿园课程评价与监测体系建设研究
3. 农村幼儿园课程现状调查研究
4. 幼儿园与小学教学内容与方法的衔接状况与改进研究
5. 西部地区农村学前一年混龄教育课程研究
6. 幼儿园课程资源创造性开发与利用研究
7. 幼儿园集体教学活动的适宜性与有效性研究
8. 幼儿园多媒体教学手段的合理运用研究
9. 幼儿园课程管理研究
10. 不同经济文化背景下幼儿园课程的适宜性研究
11. 幼儿园活动区活动的现状、问题与对策研究
12. 运用动态评价指导幼儿学习的研究
13. 整合观念下各领域教育有机联系、相互渗透研究
14. 各领域教育实施的有效途径和方法研究

第三节 选择研究课题的原则

幼儿教师发现了问题，并不说明这个问题值得研究，也并不意味着这个问题确定为研究课题。如果发现的问题别人已经研究过，且自己的观点论述和别人的观点相同，那就没有研究的必要。所以，问题只是潜在的、可供选择的课题，由问题发展到课题还有一定的距离。什么样的问题才能够做课题呢？发现的问题要上升到值得研究的问题，需要看问题是否具有价值、是否科学、是否具有创新性、是否可行。只有符合这四个方面的原则，问题才值得研究，才能发展成为研究课题，为此，在研究中需要掌握一定的原则。

一、价值性原则

价值性原则是指所选择的研究课题必须具有一定的意义。价值性原则主要体现在两个方面：一是理论价值，指选题本身可能蕴涵着新理论、新规律。人们通过研究，能够揭示教育发展的规律，从而检验、修正和发展教育理论，建立科学的理论体系。二是实

践价值，指通过研究实践中的问题，解决教育中的问题，促进实践的发展，有助于提高教育质量和效益。教育实践中急待解决的问题，保教工作中的难点、重点、热点问题、带普遍性、整体性、全局性的客观课题、教育实践中的新发现、新创造的问题都具有较大的实践价值。

课题的理论价值与实践价值是相互联系的。有的研究课题偏重理论价值，对教育实践起着指导作用。有的研究课题偏重实践价值，但需要揭示教育理论，需要理论的指导，否则这样的研究也是毫无意义的。有的课题既具有理论价值，也具有实践价值，这些课题一方面发展理论，一方面改进实践。

需要明确的一点是，并非问题越大其价值就越大。对于幼儿教师而言，研究课题主要侧重的是实践价值。在研究的过程中，幼儿教师的自身素质也会逐渐提高。所以教育研究的过程既是研究的过程，也是学习的过程，更是不断提高的过程。下面案例的课题研究，选题来自于实践，而课题成果也应用于实践，体现了较强的实践价值。

案例 2-9

《走进游戏　走近幼儿》一书中提到“充分发挥共享交流的作用”，“分享快乐是游戏交流的前提，聚焦热点、激发思考是推进游戏发展的有效手段”，教师应“在交流中整理经验、在交流中拓展经验、在交流中传授经验、在交流中解决纠纷、在交流中征集方法、在交流中纠正错误”。这体现了较强的实践价值。

（资料来源：徐则民，洪晓琴．2010．走进游戏　走近幼儿．上海：上海教育出版社．）

二、科学性原则

科学性原则指的是选题要符合科学原理和客观实际，有理论基础和事实依据，有明确的指导思想和科学根据，也就是说课题既要有实践基础，又要有理论基础。研究问题的指导思想和研究目的要明确、立论要科学合理、事实要准确恰当。提高选择研究课题的科学性，需要做以下两点。

一是研究问题要有鲜明而正确的指导理念，以教育科学理论为依据，这对选题起到规范和解释作用。如果没有一定的科学理论依据，课题的盲目性必然大。二是事实来自于教育实践，要真实充分，数据要可靠，这是选题的实践基础。为此，幼儿教师应在综合分析现有研究成果的基础上，提出研究的思路和重点，明确要解决的主要问题。下列案例既有《幼儿园教育指导纲要（试行）》的理念，也有现实中发现的问题，既有理论基础，也有实践基础，选题有研究价值，具有较强的科学性。

案例 2-10

《幼儿园教育指导纲要》指出：“幼儿教育资源无处不在，以多种途径、多种方式开发与利用丰富的资源，才能促进幼儿全面发展。”在我们的生活中，废旧材料随处可见，它们就是很好的教育资源。那么，如何有效地利用这些废旧材料进行加工制作，让它们成为幼儿教育的代用品？同时，幼儿园花在各种玩教具上的费用越来越多，但现成的玩教具玩法单一，孩子们玩了几次后就没有了新鲜感，扔在了一边，昂贵的玩教具体现不出应有的价值。教师又如何面对这一困境？

（资料来源：赵欣．变“瓶”为宝玩出乐趣．中国教育报．2014年10月19日.）

三、创新性原则

创新是科学研究的精髓，是科学研究的灵魂。“创新”突出的是一个“新”字，即要有新意。有的幼儿教师认为，“我提不出新的观点，所以创新性的特点很难体现”。实际上，这仅仅是体现创新性特点的一个方面。研究问题的创新性主要体现在如下几点。

1）研究内容上的创新：研究没有人研究过的课题或极少人研究的课题，或者别人研究过却未能解决或未能完全解决的问题。

2）观点上的创新：以新材料论证旧的课题，或以新材料论证新的课题，从而提出新的观点、新的看法；对已有的观点提出质疑，与他人进行商榷，阐述自己不同于他人的观点；在他人经验和现代教育理论的基础上融入自己的观点和思想，最终形成自己有价值的课题研究方案。下列案例中的行为突破了传统的、一般的做法，新颖、可行，具有较强的创新性特点。

案例 2-11

《幼儿园“签到栏”的创设》一文中提到，设置“签到栏”要集趣味性、可操作性和教育价值为一体。如小班幼儿的小肌肉运动精确度需要练习，就可以将“签到栏”设计为穿小孔、摁纽扣、“贴贴乐”等；中班、大班将“签到栏”设计为简笔画、心情涂色、跳数、系带子等。

（资料来源：宋永怡，钱小芹．2014．浅谈幼儿园“签到栏”的创设[J]．教育导刊，(5).）

3）方法上的创新：采用新的研究方法来做已有的课题、处理旧有的材料；采用新的研究方法解决新问题，从而得出全部或部分新观点；采用新的研究方法去证明已有的材料和观点，从而使已有的观点得到补充。如用调查法来分析小班幼儿同伴关系的特点，用案例法分析幼儿哭闹的原因与对策，用行动研究法探讨幼儿园种植园地的创设与利用，用观察法分析幼儿对待值日生的态度等。采用不同的方法进行分析研究，将会得出不同的结论。

4）研究视角上的创新：视角就是观察、分析研究对象的特定立足点，是一种切入问题的角度。用新的角度去证明已有的材料和观点，从而赋予研究以新的内容。

案例 2-12

《农村家园沟通：问题与策略分析——基于“熟人社会”理论的思考》从“熟人社会”的角度分析了农村家园沟通中存在的问题，提出了推进农村家园沟通建设的应对措施：加强家长教育，提高沟通意识；教师应努力提高自身素养，积极适应农村社会环境；充分调动社会资源，配合家园沟通有效开展。

（资料来源：王芳．2014．农村家园沟通：问题与策略分析——基于“熟人社会”理论的思考［J］．教育导刊，(6).）

综上所述，研究问题的创新并不在于问题本身是新是旧，也不在于前人在这个基础上做了多少工作，关键是要站在前人的肩膀上，找到问题的症结，探讨出创造性的做法与思路，体现出创造性的突破，体现新颖性和独特性的特点。

四、可行性原则

可行性原则又称现实可能性原则。德国化学家席格蒙迪曾说过："真正聪明的人，应懂得如何充分运用自己的特长，而竭力避免自己的短处。"美国学者莫顿说："选题不能草率，如果根本没有实现的可能，选题就等于零。"只有根据自己的研究能力、专长、当地的实际状况确定研究课题，才能较好地完成研究，取得真正的实效。

体现可行性原则，要充分考虑课题研究的主观条件与客观条件。主观条件指的是研究者本人的知识结构、研究能力、研究专长、研究信念、研究兴趣等，客观条件指的是物质条件、资料来源、时间安排、研究经费、人员结构等因素，需要对此进行恰当的估计后再选择课题研究的内容。

有些教师认为研究就是要写大文章、做大课题，甚至写著作。其实研究没有所谓的大小，关键是研究的问题要有突破、有价值，研究要适合自己的研究能力。幼儿园是幼儿教师发现、研究问题的场所，研究的问题多侧重的是实践性的问题，是自己在保教工作中遇到的问题，多是微观层次的实践问题。如果个体进行研究的话，由于自身知识经验的局限，研究时多倾向于"小"问题，研究的内容要具体，涉及的范围要小，做到"小题大做"，即从小处着眼，大处着手，达到以小见大的目的。尽可能选择自己熟悉的、有经验、有积累、长期关注的、具有浓厚兴趣的问题开展研究，以解决保教活动中的问题、改善保教质量为目的，否则很容易陷入贪大求全、力不从心的泥潭。例如，要开展《幼儿园多媒体教学手段的合理运用研究》的课题，需要考虑到自己幼儿园的条件、自己的知识经验，如果有的农村幼儿园没有多媒体的话，根本不具备这些客观条件，则会影响课题的顺利开展，缺少研究的可行性原则。

第四节 选择研究课题的策略

一、分析法和归纳法

分析法就是将研究对象的整体分为各个方面、因素和层次，找出研究对象的本质属性和各部分之间的关系的一种方法。通过分析，能够将事物、现象、概念分门别类，概括出本质及其内在联系。分析着重于对教育现象各个方面性质的认识，是综合的基础。分析的意义在于细致地寻找解决问题的主线，并以此解决问题。教育科学研究是一个综合程度较高的整体，需要对各个要素予以描述和剖析，把握各种子课题的特点和运行规律。

归纳法是从个别性知识，引出一般性知识的推理，是对已知的事物进行分析，引出可能会出现的结论的一种方法。归纳法通常是先举事例再归纳结论。如幼儿教师在保教实践中的一些良好的做法，可以总结归纳出来。

分析法和归纳法是相互渗透、有机联系在一起的，分析的过程中包含归纳，归纳的过程中包括分析，两者构成了一个统一的整体。确定研究课题时，采用分析法和归纳法的例子是非常多的。比如，研究当前学前教育研究的焦点问题、热点问题；研究制约幼儿语言发展的因素有哪些；研究幼儿园数学活动材料提供存在的问题等，需要在分析的基础上归纳出研究课题来，为进一步探讨问题奠定基础。

案例 2-13

《一份农村幼儿园“课程表”引发的思考》对当前小学化倾向进行了剖析。文章分析了由课程表折射出的教育者对幼儿发展的漠视，漠视幼儿身心发展的客观规律、漠视生活活动和游戏活动对幼儿发展的价值、漠视幼儿在成长过程中的全面发展，提出要改变目前农村幼儿园存在的这一教育现状，首先要建构科学的幼儿园一日活动流程：农村幼儿园一日活动内容安排体现完整性、农村幼儿园一日活动程序安排体现科学性、农村幼儿园一日活动时间安排体现平衡性。应当在基本设施和幼儿园数量完成国家要求的同时，关注农村幼儿园一日活动，这是提高幼儿园教育质量、缩小城乡幼儿教育差距、促进农村幼儿教育事业均衡发展的关键。

（资料来源：王丽娟，李兰芳. 2015. 一份农村幼儿园“课程表”引发的思考 [J]. 学前教育，(3).）

二、比较法

比较法是对客观事物加以比较，通过分析比较两者之间或两者以上事物之间的相同与不同，概括出事物的本质和规律并做出正确的评价的一种方法。运用比较法时，可以从横向进行比较，可以从纵向进行比较，可以是对不同时间、不同班级、不同幼儿园的某一方面进行比较，可以是不同研究对象进行比较，还可以是不同研究方法之间进行比较。如在“小、中、大班幼儿的同伴关系比较研究”中，可以从小班幼儿的同伴关系、中班幼儿的同伴关系、大班幼儿的同伴关系分别加以比较来研究这个课题，探讨针对三个年龄班幼儿的同伴关系特点，进而采用不同的教育内容与方法。

三、怀疑法

苏霍姆林斯基说：“教师和家长任何时候都要记住，不要强迫孩子不停地读书，而是要培养孩子的智慧，发展他的智力和能力，教他学会思维。”怀疑法是对已有结论、常规、习惯行为方式等的合理性做否定的或部分否定的判断，它要求教师跳出思维定势的怪圈，从事物的对立面寻找突破口，引起人们对事物的重新审度，能够从原以为没有问题的地方发现问题，以令人信服的理由推翻、补充或完善已有结论。怀疑是创新的开端，是进行科学研究不可缺失的精神，发现问题经常是从怀疑开始的。怀疑可以是全盘否定式，也可以是部分否定式。比如有人将教师比作“壶”，将幼儿比作“杯”。针对这种比喻，我们可以否定这种观点，原因是“壶”和“杯”是静的东西，而教师和幼儿具有主观能动性，幼儿不是静静地等着“壶”来往“杯”里倒水。在此基础上，提出选题《教师岂能是“壶”，幼儿岂能是“杯”？》。当然，这里说的怀疑不是胡乱猜想的，而是有所依据的、科学的怀疑。怀疑的依据主要有三个：一是事实与经验，二是理论基础，三是科学分析。下面这则案例，采用了怀疑法的策略，在科学分析的基础上，阐述了作者的观点。

案例 2-14

《“我不知道”≠猜想止步》一文中阐述了这样的观点：猜想不是凭空想象，猜想不是越多越好，引发猜想不是随便问问。比如，在一次“早期阅读”的教研活动中，一位教师在组织绘本阅读活动《鼠小弟的小背心》时，不停地让幼儿猜想，如猜想鼠小弟遇到了谁、他们会说什么、鼠小弟会不会借背心给他穿、穿上小背心的“他”感觉怎样。每个小动物出场都要经历几次猜想。一个好的绘本故事就被一次次的猜想弄得零乱，失去趣味。针对这种情况，文章提出了关于猜想的观点。

文章提出，教师在运用猜想的策略时，要选择最佳时机，而不是从头到尾不停地猜想，就像评书每到关键处就戛然而止，说书人丢下一句“欲知后事如何，且听下回分解”，让听众欲罢不能，只能靠猜想来自我满足。无意义的猜想不仅会降低幼儿的学习热情，而且会浪费教学时间。

（资料来源：武玉玲．“我不知道”≠猜想止步．http://www.yejs.com.cn/Yjll/article/id/49649.htm）

四、移植法

移植法是将某个学科、领域中的原理、技术、方法等，应用或渗透到其他学科、领域中，为解决某一问题提供启迪、帮助的创新方法。移植法在思维品质上，往往表现为较强的迁移性和概括性。运用移植法易于发现表面上看来不甚相近的事物间的相似之处，能在较抽象的层次上对它们进行概括、比较。

案例 2-15

《绘本运用于幼儿园美术教育的可行性与策略分析》，分析了绘本与美术活动相契合的艺术特征、绘本与不同类型美术教学活动的融合点，结合案例阐述了绘本作为幼儿美术教育资源的运用策略：在集体教学活动中，结合幼儿审美心理，精心选材，挖掘绘本的美术价值，与教学内容巧妙融合；在美术区活动中，要根据绘本主题，美化美术区的环境；根据绘本主题，丰富美工区的操作材料；根据绘本主题，拓宽美工区的活动空间和内容。

（资料来源：封蕊．2014．绘本运用于幼儿园美术教育的可行性与策略分析［J］．教育导刊，（6）.）

五、换位思考

换位思考即从不同的角度、不同的层面上来认识原有的研究对象，以形成新的认识，体现出灵活性和严密性等思维品质。它需要摆脱原有的思维定势和已有知识的影响，实现意向转化，以形成关于对象的新的认识。例如，可以从园长的视角来分析如何提高幼儿园教师的教学能力，也可以从教师的视角分析如何提高幼儿园教师的教学能力；可以从教师的角度探讨如何提高改进值日生的策略，也可以倾听幼儿的观点，思考如何改进幼儿值日生的策略。这样的选题也有较高的实用价值。

案例 2-16

从前有一位画家想画一幅人人见了都感到满意的画。画毕，他满怀信心地拿到市场上去展示。他在画旁放了一支笔，并附上说明：每一位观赏者，如果认为此画有欠佳之处，均可在画上涂上记号。晚上，画家取回了画，发现整幅画都被涂满了记号，几乎是没有一笔不被指责的。画家十分不悦，对这一结果深表失望。

画家决定用另一种方式去尝试。几天后，他又临摹了一幅同样的画拿到市场上展示。不同的是这次他要求每位欣赏者，将其最为欣赏的妙笔都标上记号。当再次取回画时，他惊奇地发现，画面又被涂满了记号，所有曾被指责过的败笔，今天却都换上了代表赞美的标记。“哦”，画家不无感慨地说道：“我现在发现了一个奥妙，那就是：我们做事情，不是所有的都满意才是成功。”

上面的案例，说明了同样的一件作品，如果换个角度，就会得到不同的评价，其原因在于画家的心态发生了变化，从进行批评到抱着一种欣赏的态度去发现美，从不同的角度进行分析，就会有不同的结果。

第五节 研究课题的表述

一、研究课题表述的类型

标题是对所描述事件的高度抽象和概括，是作者以最恰当、最精炼的词语经过逻辑组合表述课题中最重要的特定内容。标题是文章的眼睛，精心锤炼的具有鲜明特色的标题是吸引读者的第一要素。一般来说，看文章先看标题，标题的好坏往往决定了文章的可读性。在表述标题时，常见的有下列几种类型。

（一）从表述的内容来看

1）直接揭示论题的标题：这种形式的标题，高度概括出课题要研究的问题，如《幼儿园生活活动中教师的有效指导策略》《数学教学活动与幼儿一日生活学习的有效融合》《综合主题教育背景下的墙饰创设》《集体教学中幼儿数学操作性学习材料的投放策略》《幼儿入园“分离焦虑”的表现及应对措施》等。

2）直接揭示论点的标题：这种形式的标题，将作者所要表达的论点直接表述出来。

如《治理“小学化”别只盯幼儿园》《教育没有捷径》《引导幼儿学会思考是幼儿教师的主要任务》等。

3）将论题与论点有机结合的标题：既突出了作者所要研究的论题，也表述了所要研究的论点，这种形式通常采用副标题来表述，即用倒装句来强调核心观点，然后再用一个副标题来说明全文研究的主要内容，整个题目给人以周密、严谨之感。如《放一放，让教师的参与更真实——以“微笑”教研活动为例》《回归自然，走向生态——谈如何利用农村的自然物开展户外活动》《多元互动，精彩纷呈——幼儿园户外活动的探索》等。

（二）从表述的形式来看

1）肯定式：即用肯定的形式表述标题，如《请勿丢失传统教学法》《让幼儿园教师也能工作得有尊严》《浅议公开教学中物质奖励手段的运用》《突破教师职业倦怠的三重门》等。

2）提问式：即用提问的形式表述标题，如《教师的幸福在哪里？》《幼儿喜欢什么样的教师？》《怎样观察幼儿？》《幼小衔接，到底衔接什么？》等。

3）反问式：即用反问的形式表述标题，如《这是所谓的尊重儿童？》《补课对于有效衔接更重要？》《农村幼儿教师培训岂能不接地气？》等。在标题表述的时候，要结合有关内容，适当选择。

二、研究课题表述的基本要求

（一）具体鲜明

真正的研究并非“大题小做”，而是“小题大做”，对局部的关键性问题脚踏实地开展研究，其产生的辐射、互动作用，要胜过贪大而缺乏深入的研究。研究时，文章题目开口较小，而文章本身应挖掘较深。标题表述时，要宜小不宜大，宜窄不宜宽。通常，大题目需要掌握大量的材料，不仅要有局部的，还要有全局性的，不仅要有某一方面的，还要有综合性的。这样的题目比较宽泛，会超过个人所能承担的范围，诸如“教育理论研究”“教学方法研究”“教学模式”之类的课题，幼儿教师很难把握住。再如，“浅谈幼儿园集体教学活动的组织与实施”“农村幼儿园开展教学活动的现状及对策”课题，里面包括好几个小的课题，课题比较宽泛。

有的幼儿教师拟定了这样的论文题目：《当前幼儿园数学教育中存在的问题及对策》《幼儿教师的专业化发展研究》《谈素质教育》《浅谈幼儿园的音乐教学活动》。很显然，这里的每一个题目都可以写成一部甚至多部宏大著作，显得过于空泛。如果根据一线幼儿教师新手的知识、时间、精力、研究的实力来分析的话，是很难完成这样的研究任务的，也往往使得许多研究成果面面俱到，没有针对性，很难驾驭。

对于学前教育专业的学生和刚刚毕业的幼儿教师而言，可以先从模仿开始，即模仿别人的研究过程，学习他人的研究方法，获得亲身感受后，再逐步提高研究水平。

（二）准确恰当

一是对于核心概念表述清楚，对于概念界定要准确。例如，幼儿的学习活动：不再局限于系统知识，不再是接受型的，而是发现型和建构型的。幼儿园教学不等于上课，上课（或集体教学）只是幼儿园教学活动的一种形式。幼儿园课程不等于幼儿园教学，课程是根据幼儿园教育目标为幼儿设计和组织的，课程要通过教学来实施，教学并不仅仅是课程的简单实施。只有将这些概念弄清楚后，才能正确地研究幼儿园的教学、课程等内容。

二是研究要紧扣核心观点，使研究问题的表述与内容的表述一致，做到能够用简洁凝练的词句表达出核心观点、总括全文，准确概括主要内容或主要教育事实，恰如其分地表达文章研究内容的宽度和深度，使得内容与标题一致合适，既不可夸大其词，也不可缩小表述范围，以偏概全。实践工作中，有的教师研究课题表述为《集体教学活动中教师的回应》，但是在文章里面主要论述“紧扣教学目标提问；根据活动重、难点进行提问；提问要具有开放性，使幼儿积极思考、充分想象”。这样就出现了标题与内容不一致的现象。而《依法保障幼儿游戏的权利》文章中提到“一日作息时间表‘公约化’，保证充足的游戏时间；空间布局以游戏为基本活动，保证充分的游戏空间；渗透于环境中的隐性指导，让儿童主动发展成为可能”①，这样标题与文章的内容表述一致。

（三）新颖独特

标题要清新脱俗，抓人眼球，给人眼前一亮、耳目一新的感觉。标题的新颖与研究视角、研究思路、研究内容密切联系。有一篇文章讲到这样一件事，一位校长要笔者为他们的学校邀请几个名人开讲座，笔者就此感触，写了《讲座何必请名家》这篇文章。后来觉得自己写得内容太肤浅，再加上了解了美国请人为学生做讲座的事例后，认为应该从正面倡导入手，换个角度着手写，于是把题目改成《不妨让普通人来校讲座》。写完后，经过思考，认为文章还有两点不足：一是思路不开阔，没有把它放在一个更加广阔的背景下展开论述；二是认识不够深刻，没有从人的发展角度来分析。经过深入思考后，对文章做了进一步修改，将题目改为《多一点平民化教育》。最后一稿具有的特征是：题目换了，内涵扩大了，内容涉及了教育思想方面的问题，从精英教育到平民化教育，观点无疑具有较强的新颖性。②这对教师做研究有两点启示：第一，文章需要深入修改和反复思考，才能站得高、看得远；第二，对于文章标题的表述，需要认真斟酌、反复推敲，使标题具有新颖别致的特点，才能提高文章的质量。

（四）突出亮点

标题要对文章内容高度概括，并概括出其亮点或特色，使读者有耳目一新的感觉。如《共享区域：幼儿园混龄教育的有效形式》《让赞美成为一种艺术》《做一名有特色的教师》等题目，体现的是论文内容的亮点和特色，置于文章开头，非常醒目。当然，幼儿教师撰写时可以从不同的角度多拟出几个题目，进行比较后来选择，来体现科学性和艺术性的特点。

幼儿教师做研究要回归自己的教育工作生活，研究的目的是改进当前的教育工作实

---

① 陈静．依法保障幼儿游戏的权利．中国教育报．2015年1月18日．

② 朱华贤．2003．从肤浅到深入，从感性到理性——谈一篇教育随笔的三次修改［J］．小学青年教师，(1)．

践。选择的研究课题要“以小见大”“以实求深”，选择一个有价值的“点”作为研究对象，以理论指导实践，将理论与实践密切结合，科学地解决问题，改进教育现状，为实现研究的目的奠定基础。

同步训练

1．访谈一名幼儿园教师，谈谈选择研究课题的意义有哪些。

2．课题的来源有哪些？选择课题的原则有哪些？结合下列案例进行分析。

教师会表扬，孩子才会进步

每次听课都能听到教师对孩子的表扬。25 分钟的课，大一班教师对孩子表扬了不下 10 次，“你真棒”“你太聪明了”“你太了不起了”，这样的词语让人感觉很不真实，再观察被表扬的孩子，也没有多少触动。课后，我和孩子们交流时，他们也没有觉得自己哪里好。很显然，教师对孩子的表扬太笼统了，表扬的激励作用没有发挥出来。那么，如何表扬孩子，怎样发挥表扬应有的激励作用呢？

多表扬孩子做事的过程。对于成长中的孩子来说，教师和家长的认可是十分重要的，而教师和家长要表扬孩子付出的努力，这比表扬做事的结果更重要。例如，孩子画了一幅关于春天的图画，如果只表扬绘画的结果，往往会误导孩子，如果说一句：“孩子，你在绘画时表现得实在太棒了，我们都要向你学习，如果有些改进，你会做得更好。”类似于这样的表扬，孩子才会产生动力，专注于自身努力，提高自己的绘画技能，在以后遇到困难时，孩子也会尝试不同的策略和办法，不断地给教师和家长“输送”惊喜。

多表扬孩子的自我变化。我们的幼儿教师有时容易给两个孩子做横向比较，这往往会给孩子带来无形的压力和烦恼。这时教师要注意，在表扬孩子时，一定不要把他和其他孩子比较，只要孩子有进步，哪怕是微不足道的进步，教师也要怀着真挚的感情表扬他。如果孩子已经因与别人比较产生了烦恼，教师应引导孩子学会自己和自己比较，把现在的自己和过去的自己比较，让孩子真切看到自己在不断成长进步，从而产生自豪感和自我认同感，增加孩子的自信心。

鼓励孩子不断超越。表扬的最终目的是为了激励孩子更好地发展，教师在表扬孩子时，既要对孩子表现出的具体细节给予肯定，让孩子明白自己“好”在哪里，更要给孩子指明以后努力的方向。例如，如果孩子在纪律上改正了缺点，教师就要表扬孩子的正确做法或者态度，让孩子明白自己的进步，同时有针对性地提出要求等。这样一来，孩子不仅会因为表扬而受到鼓舞，还能明白继续努力的方向，不断超越自己。

表扬慎用“最”字。教师不切实际地使用“最棒”“最聪明”“最好”等词语表扬孩子，不仅让孩子感觉教师在敷衍自己，还可能会让孩子自负地以为自己最聪明，所以才总表现得特别好。如果孩子发现事实并非如此，往往会厌恶教师的表扬。这样不疼不痒的表扬使用频繁了，甚至会让孩子出现对抗心理。所以教师在表扬孩子时，一定要实事求是，慎用“最”字，要有针对性地表扬，在孩子有了进步时，让孩子自己也感觉到自己得到的表扬名副其实。

及时表扬孩子的点滴进步。如果孩子某一次讲故事得到了小朋友的认可，教师要及时表扬，这些看上去琐碎的小事不能忽视，表扬孩子就要从小事着手。教师及时表扬孩子的点滴进步，会让孩子感觉到教师在关注他，会给孩子被重视和肯定的感觉。

表扬孩子要讲究流程。经过多次的实验和探索，我总结出了表扬孩子的方式：先简要描述孩子进步的关键细节，然后说出这些细节带来的好结果，最后再真切地表达对孩子的祝福和希望。

例如，孩子使用的绘图本很整洁，教师可以这样说："你把绘图本保护得这么整洁，肯定是个爱干净的好孩子，如果能多和小朋友一起玩游戏就更好了。"这带来的结果是孩子与教师之间的良性互动。

真正发挥表扬的激励作用，并不是一时头脑发热，或者一朝一夕就能改变的，这需要教师改变观念，做到尊重孩子。教师应在实践的过程中，时刻告诫自己要注重表扬孩子的技巧，只有多次实践运用，才能驾轻就熟。

（资料来源：郑素荣.中国教育报 2016 年 5 月 15 日第 3 版.）

3．选择研究课题的策略有哪些？试举例分析。

4．研究课题表述的类型和基本要求是什么？下列是幼儿教师撰写的标题，分析下列题目的表述是否合适，怎样进行改正？

（1）幼儿语言能力的培养

（2）节日教育活动与幼儿社会性发展的实践与研究

（3）如何培养幼儿对音乐的兴趣

（4）如何让幼儿愉快的唱歌

（5）浅谈幼儿教师如何提高幼儿的绘画技能

（6）初入园幼儿厌园惧园情绪的原因与调控

（7）当前幼儿教育的教育教学与管理

（8）浅谈幼儿园班级的有效管理

（9）浅谈家庭环境对幼儿成长的影响

（10）幼儿园分享阅读的开展与实施

（11）新型师幼关系对幼儿个性化发展的影响

（12）论家庭教育中幼儿行为习惯的养成

（13）浅谈幼儿园班级管理

（14）中大班幼儿"反抗行为"的原因分析及防治对策

（15）幼儿教师教学提问策略的考察与分析

（16）浅析幼儿特长教育

（17）在角色游戏中关注幼儿社会性发展

（18）浅谈幼儿教师专业发展

（19）浅谈挫折教育对于孩子的重要性以及如何进行挫折教育

（20）浅谈幼儿的社会性交往

（21）养成幼儿良好的专注习惯

（22）浅谈亲子互动游戏的价值

（23）浅谈孩子从自理到自立的培养
（24）浅论早期阅读对幼儿发展的作用
（25）幼儿的日常生活教育
（26）浅谈家庭教育对孩子的影响
（27）工笔画学习之我见
（28）发现创新火花，培养创新能力
（29）长风破浪会有时，直挂云帆济沧海
（30）怎样培养小班幼儿的普通话

第三章 查阅文献

学习目标

1. 理解文献的含义，明确查阅文献的意义，认识查阅文献的重要性。
2. 了解文献的类型，能够科学地辨别文献的类型。
3. 掌握查阅文献的来源、方法和基本要求，初步科学地查阅文献资料。
4. 掌握阅读文献、分析文献、积累文献的方法。
5. 掌握文献综述的基本格式和基本要求，初步撰写文献综述。

知识结构图

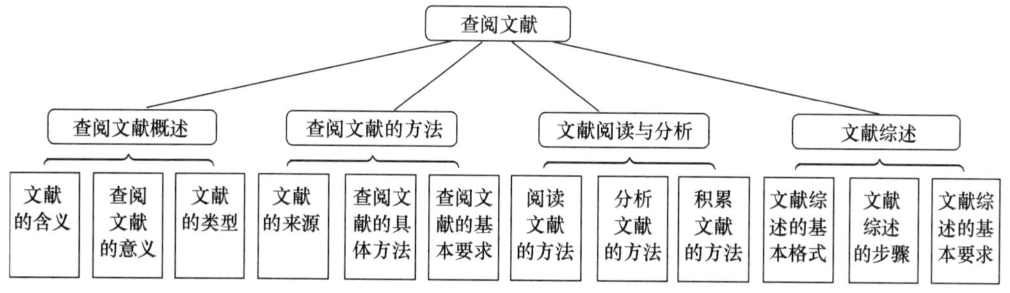

开展研究不是凭空进行的，而是在他人研究成果的基础上进行的，因此，教育科学研究的一个显著特征是“继承性”。也就是说，对于他人已经解决了的问题可以不必再花力气重复进行研究，而是以此作为研究的出发点，在查阅文献的基础上，能够从中得到有益的启发、借鉴和指导。否则，如果不了解前人的研究现状而在此基础上进行研究，将会造成人力、物力与精力的浪费。所以，在进行研究的过程中，查阅文献资料是非常重要的，是必不可少的环节。学会查阅文献，有利于提高自己的文献研究能力，为体现研究的价值奠定基础。

第一节 查阅文献概述

一、文献的含义

文献通常指以文字、图形、符号、音像等手段记录下来的有价值的人类活动或知识的一种信息载体，包括各种手稿、书籍、报刊、文物、影片、录音录像、幻灯片及缩微胶片等。教育文献是指记载有关教育科学的信息和知识的载体。生活中，一说起教育文献，许多学生马上想到教科书、书籍、报纸、杂志等种类，这些都是文献。实际上，文献所包含的内涵是非常广泛的，除了这些以外，像幼儿园中的一些保教活动、教研活动的音像资料、幼儿教师开展教育活动的课件也属于文献资料。

二、查阅文献的意义

“巧妇难为无米之炊”。资料是论文写作的基础，没有资料，研究无从着手，观点无法成立，论文不可能形成。对于幼儿教师从事研究来说，只有阅读大量的相关文献后，才能把握该领域的研究动向与研究动态。为什么查阅文献这么重要？主要从以下几个方面加以分析。

（一）了解学前教育领域内研究的问题

有的同学找到老师说：“我昨晚上苦苦思索了很久，觉得《在阅读活动中培养幼儿的创造性》这个选题很好”，然后兴致勃勃地将研究的思路、研究的观点与认识向老师介绍了一下，结果发现课题中提到的一些做法，在其他文献中已经研究过。对于研究的热点问题，如其他研究已经得出成熟的结论，那再拿来研究就没有新颖性了，也没有研究价值了。如果不查阅文献，不了解他人的研究现状，而一味地做自己的研究，将会失去研究的意义。所以，查阅文献有助于了解某一问题在本领域或相关领域中，别人已经做了哪些工作，他们的观点是什么，从而避免出现一些重复性的无效劳动，同时也有助于提高研究者汲取学科领域前沿知识的能力，寻找研究的空白点，确保研究的创新性。

（二）借鉴他人的思路和方法

教育研究是一项创新性、实践性较强的工作。通过查阅文献，能够了解他人的研究手段和研究方法、研究成果的表述等，从过去和现在的有关研究中受到启发，做到“借他山之石以攻己之玉”，为自己开展研究提供借鉴。如要探讨《如何让幼儿尽快地适应幼儿园生活》这一课题，通过阅读期刊，查阅的文献可以有《减少“无助感”获得“控制感”——谈幼儿入园适应问题》《我的迎新做法点滴谈》《以“坡度”课程促进幼儿入园适应》《谈新生入园的应对策略》《利用区域游戏缓解小班幼儿入园焦虑》《基于绘本阅读促进幼儿入园适应》《幼儿入园适应障碍的积极解读》等。可以看出，就一个研究课题而言，需要查阅多种文献，了解作者的不同做法与观点，能够从不同的角度去探索、思考，借鉴他们的研究思路。

（三）明确研究问题的理论支持

开展研究需要有一定的事实和理论支持，才能保证研究的科学性。对于幼儿教师而言，由于天天生活在研究的场所中，天天与自己的研究对象打交道，很容易发现值得研究的问题，这是开展研究的优势。但是，要科学地进行研究，需要理论知识的支持。而幼儿教师缺少的恰是研究背后的理论，因此，需要幼儿教师查找教育文献，获得相应教育理论。

案例 3-1

开展幼儿的韵律活动教学中，如果采用成人教授舞蹈的方式来对幼儿进行形体、动作规范训练的话，就是无视幼儿的身心发展。要研究幼儿的韵律活动，可以翻阅书籍，查找相应的理论："心理学家维果斯基认为，儿童在生命的早期具有其自身的发展大纲，有其内在的成长驱动力，这就要求教育的内容和方式以儿童现有的生命能量为基础"。"在皮亚杰看来，人为地推动儿童超越其自然水平就如同训练动物在马戏团表演杂技，这种做法对儿童的正常成长并无益处，反而可能导致其发展的阻滞。"只有学习了这些理论，以理论为指导，在此基础上进行研究，才能够保证研究的科学性。

综上所述，文献查阅在整个研究过程中起着至关重要的作用。不仅仅在研究前，需要查阅文献；在研究的过程之中，也要关注对于这一问题他人的研究动向是什么，及时调整和改进自己的研究方法和研究思路；在研究结束的时候，通过查阅文献，可以学习借鉴别人分析问题的方法，提出改进的策略，丰富成果表述的形式等。正如牛顿所说的，"我之所以比别人看得更远，是因为站在巨人的肩膀上"。查阅文献是学习和研究的基础，所以，研究者应注意查阅文献，逐渐养成搜集、整理、利用文献的良好习惯。

三、文献的类型

由于教育研究成果的记载和传播方式的多样性，从不同的角度划分，教育文献的种类也是不同的。

（一）按照信息的加工程度不同划分

1. 零次文献

零次文献，指未经过任何加工的原始文献，如实验记录、手稿、原始录音、原始录像、谈话记录等。零次文献对于原始文献的保存、原始数据的核对、原始构思的核定等方面有着重要的作用。

2. 一次文献

一次文献，又称一级文献，是指作者以本人的研究成果为基本素材而创作或撰写的文献。创作时不管是否参考或引用了他人的著作，也不管该文献以何种物质形式出现，均属一次文献，包括专著、期刊、会议文献、学术论文、专利文献、课题研究报告、档案材料等。一次文献具有创造性的特点，有很高的参考借鉴价值。

3. 二次文献

二次文献，又称二级文献，是对一次文献进行加工整理后的产物，即对一次文献的外部特征如题名、作者、出处等进行著录，将其内容压缩成简介、提要或文摘，并按照一定的学科或专业加以有序化而形成的文献形式，包括书目、索引、提要、文摘等。二次文献能够比较全面、系统地反映某个学科、专业或专题在一定时空范围内的文献线索，是积累、报道和检索文献资料的有效手段，包括目录、文摘、索引等在内的工具性文献。

二次文献的特点是：①具有高度的浓缩性。二次文献是原始文献中的精华，直接对有关文章或书刊进行浓缩，信息量大；②客观准确。二次文献确切地记述原始文献的重要内容，不加评论和解释，忠实于原始文献；③完整独立。二次文献是在忠实原始文献基础上，把原始文献内容浓缩成一篇短文，具有独立使用的价值。

4. 三次文献

三次文献，即三级文献，是研究者对某一范围内的一次文献进行广泛深入的分析研究之后综合概括而成的参考性文献，是经过分析、概括而成的文献。它通常是围绕某个专题，利用二次文献检索搜集大量相关文献，对其内容进行深度加工而成。属于这类文献的有综述、评论、评述、进展、动态、数据、手册等，具有较高的实用价值。三次文献具有综合性、浓缩性、参考性的特点。

（二）按照来源和适用性的不同划分

1）统计文献，即通过数字、图表反映教育状况的文献。

2）文字文献，即通过文字形式反映教育状况的文献。

3）音像文献，即通过声音和图像反映教育情况的文献，有幻灯、电影、录音、录像资料等，这种文献形象、直观，易于传播。

4）实物文献，即以实物反映教育情况的文献。

第二节 查阅文献的方法

我们经常说：“授人以鱼不如授人以渔”，说的是掌握方法的重要性。面对浩瀚的文献，从哪里查找文献？怎样查找文献？树立查阅文献的意识，明确查阅文献的范围，掌握查阅文献的方法，提高文献研究的能力，显得尤为重要。

一、文献的来源

（一）关于学前教育政策的有关文件

学前教育具有较强的目的性、计划性，“依法执教”就是教师要依据法律法规履行教书育人的职责，也就是说是教师的教育教学行为要在法律法规所允许的范围内进行。《中华人民共和国教师法》（1994）、《中华人民共和国教育法》（1995）、《幼儿园教育指导纲要（试行）》（2001）、《国务院关于当前发展学前教育的若干意见》（2010）、《教育部关于规范幼儿园保育教育工作，防止和纠正“小学化”现象的通知》（2011）、《幼儿园教师专业标准（试行）》（2011）、《关于加强幼儿园教师队伍建设的意见》（2012）、《3～6岁儿童学习与发展指南》（2012）、《幼儿园教职工配置标准（暂行）》（2013）、《幼儿园工作规程》（2016）等法律法规，为开展研究奠定了政策基础。这也是全面了解教育状况、制度沿革和发展演变的重要资料。

（二）书籍

1. 名著

名著是一个时代、一门学科、一个流派最有影响的权威著作，如卢梭的《爱弥儿》、杜威的《民主主义与教育》、苏霍姆林斯基的《把整个心灵献给孩子》《给教师的一百条建议》、蒙台梭利的《有吸收力的心灵》《发现孩子》、陈鹤琴的《家庭教育》《活教育的教学原则》、阿莫纳什维利的《孩子们，你们好》、吉姆·海诺特的《教师怎样和学生说话》、马克思·范梅南的《教育机智——教育智慧的意蕴》等。这些名著是人类文化的瑰宝，是幼儿教师开展研究工作的基础。

2. 专著

专著顾名思义，是“专门著作”，是研究者对于某一课题或者某一学科进行深入、详细的研究与论述。专著的创新性较强，具有较高的学术参考价值，如刘焱教授的《儿童游戏通论》、虞永平教授的《学前课程价值论》《多学科视野中的学前课程》、朱家雄教授的《幼儿园课程》《纪录，让儿童的学习看得见》《生态学视野下的学前教育》、刘晶波的《师幼互动行为研究——我在幼儿园看到了什么》等。专著反映了研究者多年来的研究成果，论述比较系统、形式比较规范，成为幼儿教师从事保教工作研究的重要参考资料。

3. 教科书

教科书是根据教学大纲编写的教材，它偏向于反映学术界普遍同意或较为流行的见解，具有较严格的科学性、系统性和逻辑性，如陶保平的《学前教育科研方法》、王振宇的《学前儿童发展心理学》、陈帼眉的《学前心理学》等。教科书在材料的筛选、概念的解释、不同观点或学派的介绍，以及学科知识的综合归纳、分析论证和得出结论等方面，是经过反复验证的，为幼儿教师开展研究提供参考依据。

4. 教育类工具书

资料性工具书是根据一定的社会需要，以特定的编排形式与检索方法，为人们迅速提供某方面的资料或资料线索，专供人们查阅的特定类型的图书。常用的教育类工具书有教育辞典、教育百科全书、教育年鉴等。

教育辞典，主要提供教育科学名词术语的资料，以条目的形式呈现，比较精确、准确、规范。如顾明远主编的《教育大辞典》、王忠民主编的《幼儿教育辞典》、卢乐山、林崇德主编的《中国学前教育百科全书》、陈帼眉主编的《学前儿童发展与教育评价手册》等。

教育百科全书，概括了教育科学各主要学科领域迄今为止取得的研究成果。教育百科全书由众多的专家学者撰写，其内容注重全、精、新，具有较权威的特点，如《中国大百科全书（教育卷）》《简明国际教育百科全书》《中国改革全书（教育改革卷）》等。百科全书不仅能够提供最新的学术信息和研究成果，而且能够提供较系统的知识，为查阅研究资料提供了依据。

教育年鉴，是系统编集一年内发生的重要事件、学科进展与各项统计资料的工具书。其中专题论述是教育年鉴的主体。年鉴主要以记事为主，内容翔实，项目齐全，查找方便，是了解新情况、积累资料、研究新问题、了解教育状况的信息工具书。如《中国教育年鉴》《中国教育统计年鉴》《中国教育大事典》等，可以查到各年度教育基本情况的资料。

（三）报刊

报刊由依法设立的期刊出版单位出版，分期刊和报纸。期刊的周期较短，有的是月刊，一个月出版一份；有的是双月刊，两个月出版一份；有的是季刊，一个季度出版一份。期刊和报纸的数量大、种类多，仅就期刊而言，我国现有的教育专业期刊就有 400 多种。

1. 学术性杂志

这类杂志对问题的讨论和阐述比较充分、深入，理论性强。目前，在学前教育科学领域中较有影响的是中国学前教育研究会主办的《学前教育研究》。该刊以及时反映国内外幼教研究成果为特色，以有效指导我国幼教实践为宗旨，是我国最高级别的学前教育专业期刊，是一本幼教理论刊物。《教育研究》《教育理论与实践》《教育评论》《教育学报》等也属于权威杂志，上面也刊登一些学前教育专业理论方面的文章。此外，由各个高校主办的学报，刊登的文章多是来自高校的教师和研究人员，文章的专业性强，有较强的创新意义和前瞻性。如《北京师范大学学报》（社会科学版）、《华东师范大学学报》（教育科学版）、《湖南师范大学学报》（教育科学版）等，对于当前学前教育的研究与实践也有很强的指导借鉴意义。

2. 综合性杂志

这类杂志既刊登理论性文章或研究报告，又刊登幼儿园实践研究方面的文章。这类刊物能够及时反映学前教育中实践方面的最新做法，对研究工作具有很好的参考作用，如《早期教育》《幼教园地》《学前教育》《幼儿教育》《教育导刊·幼儿教育》等。这些杂志中涉及的内容形式是丰富多彩的，如“方案研析”“教养笔记”“保育之窗”“家园互动”等，能给读者在平时的学习工作中带来一些灵感和启示。

3. 文摘

文摘是论文、文章的摘要、浓缩形式，是一种情报索引刊物，可以在有限的时间内获得比较多的信息。文摘将全国各种报刊发表的文章和研究报告按照学科汇总，编辑成册，定期出版，能够帮助研究者及时掌握某一特定课题的文献状况，判断有无阅读原文的必要性。教育类文摘有中国人民大学经过专门人员精心选编成册的《复印报刊资料》中的《幼儿教育导读》，上面的文章内容很有价值。此外，《国内外教育文摘》《教育文摘周报》《教育文摘信息报》等可以帮助研究者及时掌握关于研究课题的文献概况，是进行教育研究、提高教育质量必不可少的参考文献。

4. 报纸

报纸是以刊登新闻和评论为主的定期连续出版物，荟萃了国内外各类教育信息，反映了教育改革的动态和教育科学研究的动态。报纸有的是每天出版，有的是每周出版，有的是每月出版，上面的一些研究成果对研究具有重要的参考价值。对于学前教育而言，比较有影响的报纸有《中国教育报》《山东教育导刊》《教育时报》《教师报》以及《中国青年报》《文汇报》《光明日报》等刊登的教育专栏，都有关于学前教育方面的文章，对幼儿教师研究都有一定的帮助。这些高水平、高质量的期刊，要定期浏览，了解教育的进展状况，学习、借鉴他人的研究成果。

5. 索引

索引一般是将报刊中的内容或题目摘录下来，分门别类地编成简要概括的条目，并注明该书籍或者报刊的题目、主要责任者、出版时间、页码等信息，然后按照一定次序排列起来，以供检索的工具书。通常有期刊索引、报纸索引、论文索引、书籍索引等，如《教育论文索引》《内部资料索引》《全国报刊索引》等。

（四）学术会议文献

当前信息交流比较畅通，学前教育领域也经常组织各种学术会议，如中国学前教育学会举办的“中国幼儿园园长大会”“全国幼儿园游戏论坛”“幼儿园课程研讨”“全国学前儿童健康教育学术研讨会”等，深受研究者与幼儿教师的欢迎。从一般意义上说，参加学术会议，一是可以了解专业领域的最新研究动态，比如该领域的新成果、新方法、新观点、新方向；二是能够充实自己研究中的信息，使研究得到启示或开拓；三是可以拜访到本领域资深的专家、学者，聆听他们的讲座，了解他们的研究成果。学术会议反映了某一学科或领域的最新的研究动向和研究成果，是了解当前教育动态、从事教育科学研究的重要来源之一。

（五）录像资料

随着科学技术的发展，教育科学研究资料有相当一部分分布在以声音、图像等方式记载知识的载体中。如幼儿教师参加的教学能手比赛活动、优质课评比活动、论文比赛活动、特色活动展评等制作成的录像资料。幼儿教师查阅这些录像资料，也能够从中获得各种知识和信息。

（六）网络资料

网络资源信息丰富，检索起来十分快速、快捷，给研究带来很大的方便，如中国学术期刊网、数字化学术期刊（CNKI、VIP）、中国数字化期刊群（万方）、超星电子图书包库站、人大报刊复印资料等。此外，中国幼儿教师网、中国学前教育网、山东学前教育网、北京学前教育网等都设有幼儿园的教学、科研、教师发展等栏目，既有理论研究，也有幼儿教师的实践研究，网站上的内容经常更新，有利于把握最新的研究动态，因此也是幼儿教师学习的有效资源。

二、查阅文献的具体方法

（一）传统查阅文献的方法

1）逆查法，也称“倒查法”，即按照时间的近远顺序查找文献，先查最近的文献，再查时间较远的文献。运用这种方法，能够很快地了解当前对于这一问题的研究现状与动态，是研究中经常采用的一种方法。这是一种由近及远、由旧到新的检查方法。这种方法的优点是能够迅速查找到最新的研究成果，了解最新的研究动态，但是查阅时不太关注研究问题的历史渊源和发展的一般过程，容易遗漏部分内容。

2）顺查法，也称“正查法”，即按照时间的远近顺序查找文献，先查时间较远的文献，再查时间较近的文献。例如要研究《幼儿入园分离焦虑的表现及应对措施》这一课题，用顺查法进行查找的话，先从 2000 年开始查找文献（可以查找 2000 年以前的文献），依次查找 2001 年、2002 年、2003 年、2004 年……直至 2016 年的文献。这种方法的优点是：能够查全所有有关的文献资料，查找的结果基本上能够反映出事物发展的全貌，所需文献能够较系统全面地反映研究课题的进展状况，有利于了解课题研究的全过程，缺点是比较耗费时间。

3）引文查找法，也称“滚雪球查找法”，即先找到一篇文章，然后根据文章后面的参考文献和注释查找关于有关内容的原始文献。这种方法的优点是省时、高效，不断扩大线索，涉及范围比较集中，获取文献资料方便迅速，但缺点是查找的文献资料往往比较杂乱，没有体现时间的特点，查找的资料不够全面。

4）抽查法是选择某课题领域发展迅速、研究成果较多的时期进行重点检索，以节省时间。这种方法不太关注历史渊源和全面系统，容易漏检，多用于时间紧张的小课题研究。

（二）电子搜索

面对日益增长的文献资源，如果仅仅采用传统手工检索的话，不免会费时、费力，效率低下可想而知。此时，要想以最少的时间与精力来获取自己所要的信息，可通过网络进行检索。对于具有公认学术价值的全文数据库，可通过篇名、关键词、作者、刊名或书名等多种检索途径直接进行检索，直接阅读、下载或打印全文。当然，要注意的是，网站上的资料可信度相差很大，我们需要找整体资料可信度好的网站。

现实查阅文献时，通常是根据情况，将几种方法有机结合使用。

三、查阅文献的基本要求

梁启超曾说：“资料，从量的方面看，要求丰备；从质的方面看，要求确实。所以资料之搜罗和别择，实占全工作十分之七八。”[①]由此可知，查阅的文献要全面，要选择高质量的文献，查阅文献在研究工作中的地位十分重要。

（一）查阅的文献要全面

一个教授要求学生“读书要读三百本，论文要看五百篇”，说的是文献查找中“量”的重要性。文献是一定历史条件下的产物，由于时代和作者个人思维、认识水平的局限性，单单就某一篇文献而言，反映的观点不一定客观、全面，所以查阅文献的时候，需要把握全面性的特点。不仅要查阅学前教育中关于这一主题的文献，还要查阅其他领域中对于相关问题的看法；不仅要搜集相同观点的文献，还应搜集不同观点、甚至相反观点的文献；不仅要查阅国内的文献，也要根据情况，查阅国外的文献。

案例 3-2

要探讨《幼儿科学活动中教师的提问》这一课题，在查阅文献的时候，除了查找“科学活动中的教师提问”这一内容外，还要查阅探讨相关领域中的提问文章，如“看图讲述中的教师提问方式”“幼儿集体活动中教师的提问方式”“教师提问的策略和有效性”等，另外，也要查阅国外关于教师提问的相应做法。这样，有利于教师从全面的角度分析研究问题。如果在素材的搜集过程中，缺少了某一方面的材料，论文的论述往往不全面，有时会出现重复研究，或由于证据不足而使得研究结论不够科学合理。

（二）查阅的文献质量要高

当前，教育类的期刊、杂志较多，刊登的文章也多。面对这种情况，在有效的时间内，需要选择一些高质量的文章。对所选择的研究领域的经典著作、核心期刊及一些教育家的教育思想、观点与著作，需要认真研读。如卡罗尔·格斯特维奇的著作《发展适宜性实践》（教育科学出版社）、学前教育家文库《陶行知文集》《陈鹤琴文集》《黄人颂文集》《赵寄石文集》《汪爱丽文集》《卢乐珍文集》《屠美如文集》《唐淑文集》《王志明文集》《张慧和文集》冯晓霞的著作《幼儿园课程》及《早期教育》《学前教育》等杂志。认真查阅权威学者及期刊，其研究结果、研究观点比较科学、合理，有利于开展研究时加以借鉴。

（三）注意查找第一手材料

研究中注意搜集第一手资料，这是最主要的，也是最根本的。第一手资料既包括与论题直接有关的文字材料、数字材料、图表材料、统计材料、典型案例等，还包括研究者在实践中获得的经验材料。这是研究中提出论点、主张的基本依据。没有这些资料，撰写的论文就只能成为毫无实际价值的空谈。第一手资料是最接近原始事实的材料，能够科学地反映出事件发生的时代背景和当时的发展状态，因而有较大的说服力。获

① 王琪. 2010. 撰写文献综述的意义、步骤与常见问题［J］. 学位与研究生教育，(11).

取第一手资料要注意其真实性、典型性、新颖性和准确性，里面涉及的事件、材料、数字要经得起质问和推敲，结论才让人信服，这是进行研究的出发点，也是论文质量高低的反映。

（四）查阅的文献要典型

所谓资料的典型性就是指这种材料对于它所证实的理性认识来说具有充分的代表性。幼儿教师搜集有代表性、典型性的资料，通过对这些材料进行归纳、整理，得出规律性的结论，容易让人信服。幼儿教师一方面要查阅高质量的文献资料，选择高质量、典型的案例；一方面要注意关注最近几年的文献，要尽量搜集新的文献，因为随着教育的不断发展，新的文献比旧的文献资料中提出的观点更新、更全面、更可靠。

学前教育科学研究没有终点。一个科研课题的结题并不是科研的结束，而往往是另一研究的新的开始。所以，资料搜集是一个长期积累的工作，需要掌握查阅文献的要求，获取高质量的文献资料。

第三节 文献阅读与分析

研究者对于自己将要研究的问题，需要搜集到大量的文献资料。但由于受时间的限制，不可能对每一篇文献都仔细阅读，所以我们还需要对文章进行筛选，掌握阅读与分析文献的方法与技巧。

有些研究，需要收集的资料比较多。面对成堆的资料，幼儿教师首要的任务就是在初步阅读、进行简单分析的基础上做适当的筛选。筛选的主要目的在于“去伪存真”“由表及里”，即只保留对本课题研究有参考价值的资料而删去没有价值的资料。通常，我们要关注具有可靠性、正确性、权威性的文献资料，关注具有真实性、典型性、浓缩性的事实资料，这些资料将为研究提供参考借鉴。

一、阅读文献的方法

有的研究者拿起一篇文章，就开始认真地读起来，结果一上午，才读了五篇文章。如果关于同一主题的文章有 400 篇，按照这样的阅读速度，得需要读 80 个上午。这说明研究者没有掌握阅读文献的方法。正确的阅读文献，应该做到浏览、泛读与精读的有机结合。通常的做法是，首先要浏览一下，确定哪些内容要精读，哪些内容要泛读，然后再对需要泛读和精读的资料分类阅读。只要坚持阅读，就会积累相关的知识，进行研究的时候，会游刃有余，得心应手。

（一）浏览

对于搜索到的文献，首先采用浏览的方法进行筛选。浏览的时候，主要是看文章的题目、摘要、关键词、文章各部分的观点、文章的结论部分。通过浏览，就能够知道这篇文章研究的内容、研究的方法、研究的思路、研究的结论对自己的研究是否有用，是否有参考价值。然后再看后面的参考文献，如果文章中引用的参考文献中近几年的文章占的比例很少，说明这些文章没有关注研究的动态与进展，这样的文章就不值得去阅读了。如果参考文献中引用的多是一般性的文章，而经典的著作、权威著作、核心期刊上的文章很少，那么这样的文章也不值得仔细阅读。

（二）泛读

泛读即广泛的阅读，要求在有限的时间里广泛阅读较多的材料。泛读的目的在于扩充知识面，吸收更多的信息。用泛读的方法，有利于在短时间内了解文章的研究内容、研究方法、各部分的观点、研究结论等，同时也为精读文章起到了筛选作用。

（三）精读

精读即精研细读，是指对文章仔细、深入、透彻地阅读。对于有价值的文章，不仅要读懂它，还要读透它。不仅要掌握文献中的信息，还要掌握文献的立意、论证方式、提供的材料、文章的创新点等。因为通过阅读这些文章，将会有很大的启发并获思路。精读可以是整个文章，也可以是文章中的 部分，比如对于文章中概念的解释、一些数字的引用、观点的引用、作者的一些做法、思路、观点、自己感兴趣的内容、对研究可能有用的内容等。适当的时候，也可以将有价值的文章打印、或者复印下来进行保存，以便“精读”。

二、分析文献的方法

在搜集科研资料的实践过程中，我们采用各种方法搜集了大量的资料。然而，这些原始的事实、数据毕竟还是粗糙的材料，并不能说明问题。实际上，学前教育科学研究是有计划、有系统地搜集、分析并解释资料的活动，而不是资料的简单堆积。因为研究工作不是照抄照搬原始文献资料，而是要对其进行去粗取精、去伪存真的分析和鉴别，从而找出真正符合客观事实和规律的信息资料，并在此基础上进一步深入研究。常用的分析文献的方法有：分析与综合、比较与概括、演绎与归纳等。

（一）分析与综合

分析与综合的方法，在分析文献时通常是有机联系在一起的。分析指的是研究者将所要研究的某一份或某一类资料抽取出来，对相关内容进行分析，是一种暂时孤立地对资料进行的研究。它着重研究某份资料或某一类资料所代表的事件产生的背景、原因、功能以及所蕴藏的意义、价值。综合是在分析研究资料的整体上，将所有资料的各个组成部分联系起来认识和研究。综合是将资料变得“有序”，寻找各个部分之间有机联系的过程。

常用的分析与综合的内容有：学前教育领域研究中的前沿问题；文献对于研究问题的理论支撑；关键词的含义；现实中就某一方面而言存在的问题是什么；文章中教师的做法是否合适、恰当，能否借鉴使用；文章的创新点体现在什么地方等，以便确定需要借鉴和学习的内容，从而确定将要研究的问题，确定将要研究的切入点和突破点。

例如在查阅文献的基础上，采用分析的方法了解幼儿教师对于园本培训的看法及其原因，然后采用综合的方法从整体上去概括，可以得到全园教师对于园本培训的看法。分析与综合是有机联系的，如果没有分析作为基础，综合就会是“笼而统之”。所以，为了避免单独分析与综合的局限性，研究者应该采取在分析之中综合，在综合之中分析的辩证统一的方法。

（二）比较与概括

比较指的是按照一定的标准，找出资料之间的差异与共同点，以此来揭示资料所代表的教育现象之间的内在联系。通过比较，幼儿教师能够避免孤立地分析和理解某一份资料或资料的某一方面，从而更好地揭示所有资料的内在联系。运用比较的时候要注意：①资料要具有可比性，这是事物之间进行比较的前提。②明确比较的具体内容，在比较的基础上，概括出事物之间的不同。

在阅读文献后，幼儿教师进行比较、概括的内容是很多的。比如，农村与城市在户外活动材料的选择上有什么不同？小中大班幼儿拍球活动的组织策略有哪些不同？中美在学前教育模式上有哪些不同？同样的“教师提问方式”，不同的教师在运用时并非完全相同，他们的不同点在什么地方？我们应该学习什么？如果完全照搬教师的做法是否可行？我们应该怎样做？通过比较与概括，有助于形成事物的概念和规律性的认识，具有重要的认识价值。

（三）归纳与演绎

归纳是关于个别事物或现象的判断，是从个别到一般的认识的飞跃。归纳得到的结论只是某一类教育活动的共同性，是从个别到一般，属于普遍性的判断。例如，通过调查了解到某幼儿园 65 名教师中有 60 人认为采用“骨干教师引领的教研方式”很好，那么，就可能得出“这是一种比较受教师欢迎的教研方式”的结论，这一过程就是归纳。演绎则是从一般性的前提推出个别性的结论，是对一般性原理的应用，主要目的是从普遍性的原理中引申出关于个别事物的结论。虞永平教授指出：“游戏化不是改改教案，不是增加一些游戏活动时间，也不是在教案里加几个游戏环节就可以。游戏化是一个系统工程，从明晰理念开始，到诊断目前的课程建设水平和问题，再到完善活动、挖掘资源、组织多种形式的活动、确立评价的立场，这些必须整体考虑。”[①]幼儿教师需要在教育实践中适宜地运用这些理念。归纳与演绎是密切联系的，一方面，归纳是演绎的基础，没有归纳就没有演绎；另一方面，演绎是归纳的前导，没有演绎也就没有归纳。现实中，通常要将两者有机联系在一起运用。

三、积累文献的方法

对于阅读过的文献，不要丢在一边不管，而要不断地积累、整理文献资料，为研究奠定基础。搜集文献，不应只是在有了具体的研究任务以后才开展搜集工作。作为一名

① 纪秀君．访虞永平教授：课程游戏化只为更贴近儿童心灵．中国教育报．2015 年 6 月 28 日．

幼儿教师，平时养成搜集、积累文献资料的习惯是非常重要的。因为，没有广博的知识，即使有价值的教育问题、现象展现在面前，也很难被发现，很难激发灵感。常用的积累文献的方法有摘录、做卡片、札记、摘要四种。

（一）摘录

“好记性不如烂笔头”，教师在阅读过程中不妨将一些经典的句子记录下来，供以后参考、学习和引用。摘录的时候，要将详细的书目资料记录完整。如果从书籍中进行摘录的话，需要将作者的全名（包括原作者和译者）、书的题目、出版社、第几版、出版地、摘录的内容在第多少页写清楚。如果是从期刊中摘录，要将文章的作者、期刊的名称、日期、引用文章的页码记录清楚，以便日后需要的时候能够再次找到它，同时也证明了引用文献的真实性。在摘录的时候，要养成读、记、写有机结合起来的习惯，做到边读边记边写，将多种方式有机结合使用，可以极大地加深记忆，有利于提高研究的效率。摘录的时候要注意资料的准确性，不能改动原文中的字词和标点符号，不能加上自己的观点，而要整段整句地、原原本本地摘录原文的重要论述和数据资料，保持资料的原始性。

（二）做卡片

采用做卡片的方式搜集资料，有利于分类、保存和查找，便于搜集整理。通常是将一个问题写在一张卡片上，如果一个问题涉及的内容太多时，也可以按顺序标记写在几张卡片上。记录下来的卡片要随时整理、分类，不然，越积越多，混放在一起，用时就会很麻烦。经常积累、整理素材，有利于知识的积累，这是撰写论文必不可少的步骤。例如，一篇文章的文献索引卡片可包括以下内容。

作者： 文章名称： 期刊： 页码： 主要内容：

作者： 书名： 出版社： 出版日期： 页码： 主要内容：

（三）札记

札记是对阅读的文章进行总结和评述，即做读书笔记。对于一些有价值的文章，可将文章的题目、观点、结论部分记录下来，再分析文章的创新点，有没有需要改进的地方，对自己的研究有什么启发；摘录部分是自认为有价值的观点、句子或者一段话。摘录的时候要将句子的出处、作者、书名（或文章标题）、出版社、出版年、页码等表述清楚，以便以后引用。另外，对于工作中的点滴记录、思想火花、个人的心得体会，也可以随时记录下来，这都是进行研究的素材。“教育研究文献的各种报告在其质量及综合性方面有很大的差别。因此，研究者在阅读报告时，就应带有某种程度的批判性。”[①]写札记，可以扩大教师对概念的理解，通过点评或发表看法，可以锻炼教师的思考能力，加强自己的理论素养，形成自己的理论观点。所以，对于搜集到的文献，我们不能盲目地赞同其中的观点，要学会以批判性的眼光分析文献，从中汲取有用的信息和资料。

（四）摘要

摘要通常是用自己的语言对原文的基本观点、事实、方法、结论要点等加以概括。摘要使用简明的语言精确地反映出原文作者的主要观点，不能曲解原意。一般来说，撰写摘要的时候，要遵循原文的结构、逻辑顺序和作者的主要观点。

此外，拍照、复印、下载也是积累资料的主要方式。在进行学前教育研究中，可以将几种方式有机结合使用。

值得注意的是，文献检索不仅是课题研究的一个环节，也是一种研究方法，即通常我们所说的文献法。这种研究方法主要用于搜集、鉴别、阅读、整理文献，并通过对文献的研究形成对事实的科学认识。

第四节 文献综述

文献综述是在对文献进行阅读、比较、分析和归纳的基础上，对所研究的问题或专题在一定时期内的已有研究成果、存在问题、发展的趋势等进行系统、全面的叙述和评述。文献综述是高度浓缩的文献“产品”，是从事研究的前提，通常由“综”和“述”两部分组成。

一、文献综述的基本格式

文献综述不是对以往的研究成果进行简单的介绍与罗列，也不是大量地引用作者的原文观点，而是在精心阅读后，介绍与主题有关的动态、进展、展望等内容并做必要和扼要的评述。文献综述一般包含前言、主体、总结和参考文献四部分。

（一）前言

前言主要是对课题的研究目的、研究意义、研究内容、研究现状、主要观点、研究意图或争论焦点等有关信息做简要说明，使读者对全文所要综述的问题有一个初步的轮廓，为下面进行综述的内容奠定基础。

① 威廉·维尔斯曼．1997．教育研究方法导论［M］．袁振国，译．北京：教育科学出版社．

（二）主体

主体主要阐述有关研究的历史发展、研究现状、研究方法、研究结论等内容并进行总结评述，这是文章的主体部分，需要进行详写。需要明确的一点是，并不是将所有的要点都一一列举出来，而是要根据研究的需要有所侧重即可。在写主体部分的时候，没有固定的格式。通常来看，常见的撰写方式有以下几种。

1）按年代顺序综述：指围绕某一专题，按照时间的先后顺序撰写，对各个年代的关于这一问题的发展动态做简要的描述，探讨已经解决了哪些问题、取得了哪些成果、还存在着哪些问题及今后发展的趋向如何等。

2）按发展阶段综述：主要是对这一专题在各个阶段的发展动态做简要的描述。

3）按不同专题进行综述：指对某一专题的研究现状、各派观点、各种方法、各自成就等加以描述和比较，进而提出进一步研究的课题。例如，《师爱问题文献综述》①一文，对"师爱的内涵""师爱的性质""师爱的功能""师爱的问题与归因"等相关的文献进行了横向综述，并且提出自己的看法。这是按专题进行综述的。这样的横式综述，有利于传递信息，从而起到借鉴、启示和指导作用。

当然，对于时间跨度较大、研究背景资料较复杂的文献综述，可以将上面的几种写作方式有机结合起来。比如，整篇文献综述从总体上看是按年代的顺序进行撰写的，在每一部分中，又按专题的方式介绍各个内容的状况。这样，通过"纵""横"交叉的撰写，做到"纵横交错"，能够全面系统地认识某一现象或理论及其发展方向，推导出新发现、新见解和新结论，为以后新的研究工作选择突破口或提供参考依据。值得注意的是，在撰写这部分的时候，思路要清晰，把内容讲述清楚，以便为后面的总结奠定基础。

（三）总结

总结即将综述的主要观点、结论、研究水平、存在问题和发展趋势等进行概括和总结，能够在充分肯定已有研究成果的基础上，就研究的不足和有待解决的问题、下一步值得研究的问题提出自己的观点和建议。

案例 3-3

《校外教育研究》文献综述

……以上观点无论是在理论上还是在实践上，对"校外教育"的建设及发展都具有很好的导向作用（肯定已有研究）。但是他们的思考都较偏向于"校外"这个活动区域，没有联系到学校教育来考虑"校外教育"（点出研究的不足）。笔者认为要更好地开展"校外教育"，必须还要依靠学校教育。尽管两者在本质上具有不同的特质，但是两者在对学生教育这个前提上，是相辅相成，缺一不可的（提出进一步研究方向）。

（资料来源：陈玉云．2009．教育教学文献综述的撰写［J］．教学与管理，（6）．）

① 梁永刚．2008．师爱问题文献综述［J］．教育教学研究，（12）．

（四）参考文献

参考文献通常放在文本的末尾。其编排要做到条目清楚，内容准确无误，格式规范。一般所引用的文献，数目以20条以内为宜，最多不超过30条；以近10年的文献为主。列举参考文献的目的，一是表明了撰写文献综述的依据，二是表明作者对所引用文献的尊重，同时也为读者的进一步探讨提供了条件。

二、文献综述的步骤

（一）确定课题

明确撰写综述的目的、综述给谁看、准备解决哪些问题。文献综述的课题要体现实践价值，具有实用性的特点，目的是在此基础上进行研究，对于实践工作提出具有指导性的策略。

（二）搜集文献

围绕着研究主题，搜集到的文献要具有全面性、客观性、新颖性的特点，注意搜集最新的观点、经验、方法、技术、进展，特别关注近五年的研究成果。搜集文献的方式，可以从书籍、杂志、报纸等文献中追踪，可以利用计算机进行检索，可以手工检索，尽可能搜集一次文献，也要关注二次文献、三次文献。

（三）阅读文献

采用浏览、泛读、精读有机结合的方式，对于文献的观点进行分析、归纳，批判性地阅读，找出文献中存在的问题，探求哪些地方值得注意，会产生哪些新的思路。

（四）撰写综述

按照文献综述的基本格式进行撰写，文献综述的每一部分要科学、明确、条理性强，重复的观点尽量不引用或少引用，只需要将重复的内容进行归类提出即可。转述的语句要忠实于原文，不能歪曲作者的意思，在“述”的基础上客观地进行“评”。

三、文献综述的基本要求

（一）评述性

在文献综述时，幼儿教师需要将文献整理的内容采用书面的形式表现出来，对一定时期内某一研究专题的发展历史、当前现状及发展趋势进行比较系统、全面的概括和评论。文献综述对于总结过往、启发将来、提出理论和指导新课题的开展起着重要的作用。

“文献综述不是对以往研究成果的简单介绍与罗列，而是经过作者精心阅读后，系统总结某一研究领域在某一阶段的进展情况。”[①]文献综述的重点在于“综”，要点在于“评”。需要客观而又简明扼要地表述文献资料的内容，并做出相应评价，避免大量引用原文。

① 王俊芳．2004．撰写文献综述的基本要求［J］．教育科学研究．（6）．

（二）客观性

综述要全面、准确、客观地加以评论，论据最好来自一次文献，尽量避免使用别人对原始文献的解释或综述。因为受个人知识的影响，他人对文献的阐述不免带有个人的主观色彩。引用文献的观点最好是最近5～10年的，这样能够把握住当前的研究状况。综述的时候要用自己的语言把作者的观点说清楚，从原始文献中得出一般性结论。

（三）全面性

围绕课题，搜集的资料要全面，将有代表性的资料完全纳入查阅研究的范围，做到资料翔实，而不是仅仅根据自己的喜好选择材料，这样才能够全面地把握研究现状，全面地理解他人的研究结果，在此基础上进行研究，体现研究的创新性特点。否则，自己的研究可能会重复以往他人的研究，会变成一种重复性的劳动。

下列案例在阅读大量的关于研究专题文献的基础上，既“综”，又“评”，体现了评述性、客观性、全面性的特点。

案例3-4

通过对相关研究文献的统计和分析，可以看到新中国成立以来我国有关农村幼儿教师的相关研究取得了一定的成绩，同时也存在着一些有待进一步改进的问题。

1）从研究数量上看，呈现出逐年递增的趋势。尤其是在2000年以后，对农村幼儿教师的相关研究迅速增加，相关的硕士论文近年来明显增加。笔者认为这与2000年以来我国政府对农村经济发展和农村教育的重视程度的提高有很大关系。这些研究从不同的角度对农村幼儿教师进行研究，为以后的研究者提供了宝贵的经验。

2）从研究内容看，现有研究主要集中在农村幼儿教师的专业成长途径和职后培训上。对于农村幼儿教师自身应当具备的专业素质的专门研究相对较少，现有关于农村幼儿教师专业素质的研究也很少针对农村幼儿教师的“农村”性来说。笔者认为既然是农村幼儿教师，就应该具有一些与城市幼儿园教师不同的专业素质，关于这方面的研究可以更加深入。

3）从研究方法看，现有研究多采用文献法、问卷调查法、访谈法，只见到了两位研究者采用叙事研究的方法对农村幼儿教师进行研究。笔者认为以后的相关研究可以尽量采用更多的研究方法，如观察法、实物收集法、叙事研究法等。此外，关于农村幼儿教师的研究大多停留在静态层面，缺乏对农村幼儿教师专业成长的动态过程的关注。

4）从研究主体看，现有研究主体以高校研究者为主，高校研究者掌握一定的理论知识，有利于研究者站在较高的层面对研究问题进行分析。随着越来越多的高学历（本科、研究生）毕业生加入到幼儿教师的队伍，我们希望更多的农村幼儿教师能够在日常工作中加强教育科学研究，能够拓展现有研究中有关农村幼儿教师的研究的视野。

［资料来源：母远珍，雷永丽，刘东东．2014．建国以来有关农村幼儿教师的研究综述——基于对CNKI文献资料的分析．现代教育科学［J］．普教研究，（1）．］

文献综述是一项研究成果，可以独立的文献呈现，以论文的形式进行发表，也可在课题研究中为自己的研究做铺垫，是研究准备的一个重要环节。文献综述有利于提高研究的科学性，也有利于提高研究者的科研能力。

同步训练

1．分析查阅文献资料的意义有哪些。

2．阅读不同类型的文献，结合文献分析各自的特点。

3．自己确定一个研究课题，分析从哪些文献中查找，采用什么方法阅读文献，采用什么方法分析文献。选择两种方法，积累相关的文献知识。

4．阅读一篇文献综述，分析文献综述的科学性，探讨提高文献综述质量的策略。

第四章

教育观察研究

学习目标

1. 掌握观察法的含义和特点；了解观察法的优点与局限性。
2. 明确观察研究的意义，了解观察研究的类型。
3. 掌握观察研究的常用方法，能够运用适宜的方法对幼儿的行为做好观察记录。
4. 了解观察研究的一般过程，能够科学地开展观察研究。

知识结构图

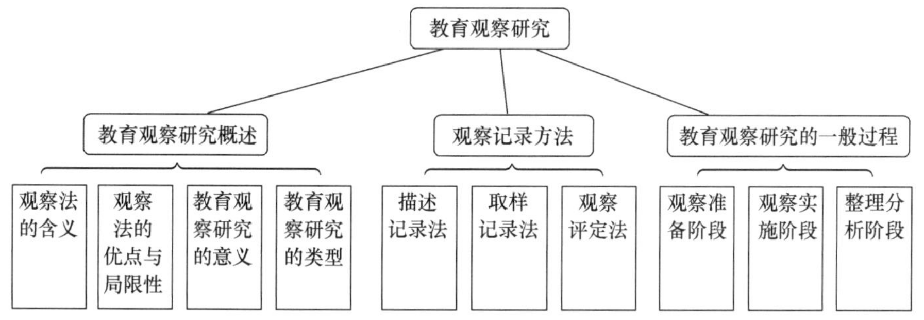

苏霍姆林斯基说："对儿童的认识首先是由观察构成的。教师必须善于在儿童的脑力劳动与体力劳动过程中，在游戏、参观、休息时间内观察儿童，而且善于把观察结果转变或体现为对儿童施加个别影响的方式和方法。"达尔文也曾经说过："我没有突出的理解力，也没有过人的机智，只是在觉察那些稍纵即逝的事物并对他们进行精细观察的能力上，我可能是中上之人。"《幼儿园教师专业标准（试行）》中指出："在教育活动中观察幼儿，根据幼儿的表现和需要，调整活动，给予适当的指导"；"有效运用观察、谈话、家园联系、作品分析等多种方法，客观地、全面地了解和评价幼儿"。从中可以看出，观察对于研究工作的重要意义。观察幼儿是教师的职责，是获取现实资料、发现问题的重要途径，是从事研究的重要手段。观察也是了解幼儿的重要途径，能够了解幼儿的行为表现，有利于采取适宜的方法策略。

第一节 教育观察研究概述

观察法源于人类学的研究，后来逐步走进了心理学和教育学的研究领域。幼儿教师需要提高自身的观察能力，促进自身的专业发展。观察研究时应该注意些什么？首先要从观察法的概念谈起。

一、观察法的含义

顾名思义，“观”是看，“察”是思考。《辞海》对“观察”的解释为：“有计划有目的地用感官来观察现象的方法，是对某个对象或事物有计划的知觉过程，常与积极的思维结合”。有效的观察需有具体而明确的观察目的，对于所观察对象的相关知识，对客观事物的分析与综合能力，记录和整理材料的具体方法。《现代汉语词典》对“观察”的解释为“仔细察看”。可以看出，“观察”包括“观”和“察”，观的同时需要思考，如果缺乏了思考，观察也只能观其表面，却不能透过现象看到本质。根据这些解释，可以总结出，观察法是研究者通过感官或借助一定的仪器，在教育活动的自然情境下，有目的、有计划地对教育对象进行系统、持续的观察研究，从而收集、分析事物资料，获得事物的某种特征和规律的一种方法。

在这个概念中，“通过感官或借助一定的仪器”指的是观察不仅借助于眼睛、耳朵等器官，而且根据需要，可以借助于照相机、数码摄像机、电视装置等现代技术手段和科学仪器等获得客观资料，有利于克服人类感官的局限性。

“自然情境”指的是研究者对观察对象不加控制和干预，不加以人为的影响，使本来的面目得以真实地呈现。“有目的、有计划”表明科学的观察不同于人们的日常观察，它是根据科学研究的任务，对观察对象、观察范围、观察条件、观察进程等做出明确的规定。

教育科学研究中的观察不同于日常观察。日常生活中的观察是无计划、无目的、不系统的，而教育科学研究中的观察法具有以下特点。

1）直接性：观察者与客观事物直接联系，深入到研究对象的生活情境中进行观察，因此所获得的资料是感性、真实而可信的。

2）选择性：观察者要紧紧围绕着观察的目的来选择观察的内容与方法，使得观察具有科学性、目的性。

3）重复性：根据研究的需要，观察者能够做到对教育现象进行反复多次的详细观察，为客观分析教育现象、教育问题奠定了基础，从而避免了观察的表面化和片面化的现象。比如，持续观察某一年龄班幼儿的语言发展，分析幼儿语言发展存在的问题，继而探讨解决问题的相应策略。

二、观察法的优点与局限性

观察法可以作为一种独立的研究方法，也可以与其他方法一起使用。观察法在研究中有其独特的作用，其作用是不可替代的。

（一）观察法的优点

1）观察者通过眼睛、耳朵等感觉器官直接获得第一手资料，不需要中间环节，获得的信息客观、真实。

2）观察过程中可以借助录音、录像等设备，获得生动的资料，观察具有主动性的特点。

3）观察者能够有选择地集中在某一观察对象或观察目标上，尽量排除外界无关因素的干扰，体现出观察具有选择性的特点。

4）观察者能够收集到非语言行为的资料，便于对行为进行研究，特别适合于学前儿童的研究。

5）观察操作简单，容易实施。

（二）观察法的局限性

1）观察者获得的只是外在的、外显的信息和行为，所获材料具有一定的表面性，如幼儿的行为、言语、活动表现等，只能解释“是什么”的问题，对于“为什么这样思考”“为什么这样做”等内隐的知识无法获得。因此，只凭借观察获得的资料难以探讨事物之间的因果关系。

2）观察者所获得的只是现在、当前的信息资料，对于过去和未来的教育现象则无法观察。

3）观察者由于受人力、经费的限制，只能对少数个体进行研究，研究样本较小。由于受时间和空间的约束和限制，不是任何时候都可以进行观察的。

4）观察要受人的感官的生理限制，有时很难观察到一些现象。

正因为观察法存在着局限性，才需要我们在运用观察法的过程中扬长避短，充分发挥其自身的积极作用。

三、教育观察研究的意义

“在研究过程中，有关研究对象在自然条件下的具体状态，研究对象或事态变化过程的第一手资料，研究对象的个体差异与课题研究中所需要的更为细节和带主观性的资料，以及对事实的最直接的认识等，大多数可通过观察获得。”[①]观察法是学前教育研究中获取资料的基本方法。在学前教育中，观察研究的作用主要体现在以下三个方面。

（一）观察研究是了解幼儿的重要手段

为什么要观察儿童？蒙台梭利这样回答：“生命本身在于运动，为了研究它，探索

---

① 林宝妹．如何搜集幼教科研资料．http://www.cnsece.com/article/2874.html，2015.3.8.

它的秘密，指导它的活动，就必须观察它，不带先入之见地去了解它。”[①]从事学前教育一个很重要的目的是促进幼儿德智体美等诸方面全面发展，培养一个“完整的幼儿”。幼儿教师要选取适宜的内容、采取适宜的方法、进行适宜的教育，促进幼儿富有个性地全面发展，首要的前提是观察幼儿、了解幼儿。对于这一点，许多教育家早已论述过。蒙台梭利曾说：“唯有通过观察、分析，才能真正了解幼儿的内在需要和个别差异，以决定如何协调环境，采取应有的态度来配合幼儿的成长需要。”“观察儿童的一个基本目的就是加深成人对儿童需要的了解与理解。”[②]观察是认识幼儿的窗口，是了解幼儿个性差异的有效手段，所以幼儿教师需要有一种开放性的心态，充分了解儿童的发展水平、行为特点、兴趣倾向和学习风格，在此基础上制定出符合幼儿特点的活动方案。下面这则案例中，教师认真观察幼儿，走进幼儿的心理，了解幼儿的一些表现，科学反思自己的行为，在此基础上，为教师进行适宜性教育奠定了良好的基础。

案例 4-1

一名教师对班里的小朋友沛沛喜欢动手打人这一现象产生“怀疑”，“沛沛为什么喜欢打人呢？”这位教师通过认真的观察，发现“沛沛打人是因为她语言发展比较迟缓，明显落后于动作发展，在她对别人有不满情绪时只会用动作代替语言表达。找到了原因，就要‘对症下药’了，我首先到沛沛家进行了家访，把情况反馈给家长的同时还引导他们平时采取一些方法发展沛沛的语言能力”。

（资料来源：陶萍．2006．观察的力量［J］．山东教育（幼教版），(7-8).）

（二）观察研究有利于研究课题的形成和研究问题的解决

幼儿教育研究具有实践性的特点，即课题选题、课题内容来源于实践，研究成果用于指导实践。幼儿教师在开展活动的过程中，将会发现有许多问题值得研究。比如，观察幼儿的用餐情况，分析幼儿用餐存在的问题，探讨“怎样培养幼儿良好的用餐习惯”；观察幼儿的入园焦虑问题，探讨“帮助幼儿顺利入园的策略”；观察当前幼儿教师的培训状况，探讨“什么样的教师培训方式是有效的”；观察幼儿在图书区阅读的情况，探讨“怎样指导幼儿阅读图书”等。观察是教师确定研究课题，采取行动的基础，观察也是解决问题的一种有效方法。教育家苏霍姆林斯基为了研究道德教育问题，先后为 3700 名左右的学生做了观察记录。赞可夫特别重视后进生的发展问题，他提出的“使全班学生包括后进生都得到发展的”教学原则，就是在长期观察儿童、积累材料的基础上提出的。要检验某种研究方案是否可行，也要通过观察进行分析。所以，观察有利于研究课题的形成，也有利于科学解决研究问题，提出适宜的研究策略。

（三）观察幼儿是促进教师专业化发展的有效手段之一

有研究者指出，新手教师和专家型教师的一个重要区别就在于是否具有观察意识与

① 蒙台梭利．1993．蒙台梭利幼儿教育科学方法［M］．任代文，译．北京：人民教育出版社．
② Sheila Riddall-Leech．2008．观察：走进儿童的世界［M］．潘月娟，王艳云，译．北京：北京师范大学出版社．

观察能力。专家型教师在面对教育情境时不会冲动地做出教育决策，而是客观冷静、全面深入地观察幼儿，然后依据观察到的信息理性地做出判断与行动。正如美国学者丽莲·凯茨指出，“培养教师的观察能力是帮助教师从新手成长为专家的必要条件和重要途径”。

案例 4-2

下面是上海特级教师应彩云开展活动的一个片断：

“为什么有的人剪了一条长长的纸条，还剩下一张小小的报纸，而有的人只剪了一条短的纸条就已经把报纸用完了？”

“一张报纸就这样不断地剪出一条长长的纸条是有奥秘的。今天，我们用长边和短边连起来剪了一条长长的纸条，能不能将长边和长边连起来剪呢？下次你们到区域里去剪剪看。”

这里，应彩云老师在整个活动中不停地观察幼儿、追随幼儿，根据情况及时调整活动的内容和活动的节奏，所以整个活动开展得自然而流畅，表现出了师幼关系的和谐、教学过程的和谐、学习方式的和谐、教学方式的和谐，体现出教师对幼儿的尊重。

（资料来源：钱芬. 2008. 教学是一种自然和谐的美 [J]. 山东教育，(3).）

四、教育观察研究的类型

（一）根据观察的情境划分

1. 自然观察

自然观察又称现场观察，指在自然状态下，在对观察环境不加改变和控制的状态下进行的观察。比如观察开展幼儿游戏的状况、观察幼儿开展区域活动的状况、观察材料的投放问题、观察教师指导幼儿自主游戏的情况等。自然观察的优点是收集到的资料客观真实，具有生态效应。但这种观察常常需要花费较多的时间，观察难免带有主观性，往往只记录观察者感兴趣、所关注的行为表现，容易忽视一些细节，影响研究的客观性。

2. 实验室观察

实验室观察又称控制观察，指在专门的实验室内，在人工控制的条件下采用标准化手段进行的系统观察。比如教师透过单向玻璃，对幼儿在实验室内开展活动的情况进行观察，分析幼儿注意力的情况、影响幼儿注意力的因素有哪些。控制观察是在控制的条件下进行的观察，它能够有效克服误差。但是由于对环境条件的人为控制难度较高，实施起来比较困难，影响研究的推广范围。

（二）根据观察时研究者是否借助仪器划分

1. 直接观察

直接观察是研究者凭借观察者自身的眼睛、耳朵等感觉器官直接感知外界事物的方法。直接观察时，研究者在现场中，亲自观察幼儿的行为表现，了解事件的发展进程，获得的信息比较直观。比如，观摩幼儿教师的教学活动，观察教师和幼儿的行为，分析在教育活动设计中教师的提问与回应存在的问题与对策。直接观察有利于对观察对象进行直观、具体的认识，非常适合一线幼儿教师。存在的问题是被观察的行为不能完整地保存，容易遗漏一些细节，难以全面再现原始情境。

2. 间接观察

间接观察是指观察者对被观察者的一些信息不能直接获得，而是借助录音机、摄像机等工具观察研究对象、获得信息的方法。比如，通过单向玻璃，观察幼儿的活动表现，被观察到的幼儿却觉察不到在被观察，因此，这种观察也被称为隐藏观察。间接观察能够克服人类感官的局限性，获得的感性资料更加全面、精确，有利于提高观察研究的科学性。

（三）根据观察者是否参与观察对象的活动划分

1. 参与观察

参与观察是观察者不同程度地参与到观察对象的活动中，在与观察对象共同进行的活动中进行的观察。比如教师扮演游戏中的某一角色，参与到活动中，与幼儿共同开展游戏。由于教师的适时支持与干预，能够保障游戏的顺利开展，有利于提高游戏的质量。参与观察使研究者能够深入观察对象的内部，能够了解深层的信息和问题。但是观察者参与其中，如果没有摆正自己所扮演的角色，往往会影响到观察的客观性。

2. 非参与观察

非参与观察是观察者不参与到被观察者的活动中，完全以局外人和旁观者的身份对活动进行观察。比如学前教育专业的学生到幼儿园去见习，观察学习幼儿教师在开展活动时如何导入活动、如何提问、如何评价幼儿，分析教师的教育行为是否适宜。非参与性观察的优点是观察者不易受被观察者的影响，得出来的观察结果比较客观。但有时通过非参与性观察得到的结果带有表面性和偶然性，不易深入。

（四）根据观察是否有严格的设计划分

1. 结构观察

结构观察是在观察前根据研究目的，设计好详细的观察计划、明确的观察指标，在观察时严格按照计划进行，能够对整个观察过程进行系统的、有效的控制和完整的记录。结构观察能够进行定量分析与处理，具有较强的科学性。

2. 非结构观察

非结构观察，大多没有周密的观察计划和观察提纲，观察目的也只限于对客观事物的一般性了解。非结构性观察通常不进行定量分析和处理，而是进行定性分析。比如对于活动中的一些突发事件，及时进行观察，观察幼儿的反应，观察教师的处理方法，体会教师的教育机智。学前教育专业学生去幼儿园见习，观察幼儿园的环境设施设备，观察幼儿教师开展保教活动的状况，也属于非结构性观察。非结构观察在自然的教育情境中实施，方法比较灵活，有较好的可行性。

第二节 观察记录方法

幼儿教师进行观察的目的是增进对幼儿的理解，提高活动的质量，促进幼儿的发展。所以，幼儿教师作为观察者应具有明确的目的，明确“观察什么”“怎样观察”“反映了什么问题”“以后应该怎么办”等问题，掌握科学的观察研究方法。

一、描述记录法

描述记录法是在日常生活中对幼儿在自然状态下的行为状况进行记录并加以分析的方法，包括日记描述法、轶事记录法、实况详录法和连续记录法等。

（一）日记描述法

日记描述法又称儿童传记法，是对同一个或同一组幼儿的心理和行为进行长期的、反复的观察，以日记的形式记录幼儿生长和发展变化过程的一种观察方法，属于一种纵向观察记录的方法。运用日记描述法记录的时候要详细、具体，将背景与情节阐述清楚，以便通过现象分析教育问题或规律。日记描述法是研究儿童发展问题的一种最古老的观察方法。最早运用日记描述法的是瑞士哲学家、教育家裴斯泰洛奇，他于 1774 年出版了《一个父亲的日记》。在日记中，裴斯泰洛奇记录了自己的孩子的生长过程，对母亲在儿童生活中的重要作用及影响儿童生理和心理发展的因素进行了分析。德国心理学家普莱尔在对自己的儿子观察和实验的基础上，用日记的形式记录了婴儿在心理和行为上的一些变化，完成了著作《儿童心理》，于 1882 年出版，标志着第一本儿童心理学教科书的诞生。现代儿童心理学家皮亚杰也用日记描述法记录了自己的孩子的认知发展情况，划分了幼儿认知发展的阶段，推动了儿童心理学的研究。我国最早采用日记描述法进行观察研究的是教育家陈鹤琴先生。他对他的儿子从出生起，进行了 808 天的追踪观察，做了详尽的观察日记并拍了几百幅照片，在此基础上，分析揭示了婴儿的心理发展特点与规律，最后完成了《儿童心理之研究》一书。

日记描述法分为两种类型：一种是记录儿童的发展情况的综合性日记；另一种是专门记录儿童的某个特定的心理或行为特征的专题性日记，如专门记录儿童语言方面的发展、专门记录儿童注意力方面的发展、专门记录儿童思维方面的发展等。

运用日记描述法时要注意的问题是：记录观察对象的名字、性别；记录观察的日期、地点和观察对象所处的环境；记录原始的情景及对话；记录情景的发展顺序等。

日记描述法的优点是：通过长期地、不间断地记录，能够全面详细地了解儿童发展的顺序、历程，且对儿童的观察是在真实的情景中进行的，获得的第一手资料翔实，能够揭示事物发生发展的变化，为研究提供了科学的依据，记录起来比较简便。

日记描述法的局限是：研究对象只是少数幼儿，观察的案例有限，研究结果缺乏代表性，很难从中概括出一般规律。日记描述法需要长时间地持续观察，因此比较费时费力，需要花费大量的时间和精力。

案例 4-3

陈鹤琴日记描述法记录选登

第 38 个星期

第 260 天

（88）近来他喜欢上下跳跃：你抱他立在膝上，两手扶着他的两腋，并提他一提，他就上下跳跃，以后一抱他立在膝上，他就要跳了。

（89）它能独自坐了。

……

第 48 个星期

（104）要匍匐了：到了生后 10 月底他就不做上下跳跃的动作，他喜欢爬了。

……

第 49 个星期

（112）身体的发展：①他能受人提着行走。②他能从仰天而睡的姿势翻到背天的姿势。③他能扶着东西站起来。④他能稍微运用手臂拉抽屉出来。⑤他能匍匐自在。

……

1 岁 2 个月

第 58 个星期

（133）1 岁 2 个月总述：①爬的动作减少了。②独自要走了。③扶着东西（如桌椅等）能站起来。④他知识增进些了。⑤喜欢与人游戏。⑥语言上没什么增进，还是只能发出各种异样的声音。⑦不怕生疏的人，不过不愿意亲近他们。⑧喜欢用手触人的颈项作痒取乐。

……

（资料来源：北京市教育科学研究所．1987．陈鹤琴全集（第一卷）[M]．南京：江苏教育出版社．）

（二）轶事记录法

“轶事”是指独特的事件。轶事记录法是研究者将感兴趣的、并且认为有价值、有意义的事件记录下来，以便进行分析使用的一种方法。这种方法记录的多是活动开展中的典型事件，一旦发生，可随时记录下来。轶事记录法记录的事件要详细，将事件发生时观察对象的行为、言语、背景、与之联系的教师及其他幼儿的活动都要如实地记录下来。轶事记录法通常不受时间、地点的限制，也不需要特殊的情境与特殊的步骤，可以在观察现场随时记录下来，也可以是事后加以记录。轶事记录法记录的行为必须是观察者本人直接观察到的，而不是听别人所说的。

采用轶事记录法记录生活中的事件时，要注意以下几点。

1）记录的事件是原始的：记录的内容应该包括事件开始、发生发展的过程和结尾，将行为事件发生时的情境、时间及基本活动、当时情境中人们之间的对话等准确如实地记录完整。

2）记录的情节要完整、丰富，为客观而深入地了解幼儿的行为、认识事物的方式奠定基础。记录的事件尽可能包括时间、地点、环境、场所、当时的状况等。

3）突出观察的侧重点。

4）阐述观察者的理解与观点，分析要具体，措施要可行，使观察具有针对性和可行性。

轶事记录法的优点是：不受时间条件的限制，不需要特殊的情境和步骤，实施起来较为简单易行。轶事记录法能够把握重点，记录当时发生的真实情境，能够准确分析幼儿的表现，为教师提供了一种记录幼儿行为变化的手段。

轶事记录法的局限是：轶事记录法是记录观察者认为有意义的事件，所记录的事件常常带有主观倾向。轶事记录法是事后回忆的，回忆的内容与事实可能不完全吻合。

下面的案例采用轶事记录法，记录了幼儿在进餐环节中的说话行为，分析了这一行为现象，提出了相应的教育措施，为改善幼儿的不良行为提供了参考。

案例 4-4

观察对象：中班幼儿天天。

观察时间：12 月 2 日 11:20～11:40。

观察内容：幼儿进餐环节中的说话行为。

观察实录：天天取完餐盘后，坐在小椅子上，并没有拿勺子吃饭，而是将头偏向一侧，开始和旁边的小朋友说话："你爱吃大虾吗？今天的大虾有点小，我家里做的大虾比这个大多了！"旁边的幼儿不理他，拿着筷子夹起自己的大虾。但天天仍然不停地和旁边的幼儿讨论这个问题。忽然，天天离开座位，对教师说要去厕所小便。如厕后，他一蹦一跳地回到座位上，开始吃饭，刚吃了两口，又开始和另一边的小朋友说话了……

观察分析：从观察中可以看出，在天天进餐的 20 分钟内，同周围幼儿说话 4 次，每次说话的时间为 30 秒至 1 分钟不等。该幼儿这种行为表现的原因主要有：天天是这学期刚刚从其他幼儿园转来的，以前的幼儿园教师没有这方面要求，因此他觉得想说什么就可以说什么；天天对同伴的习惯、特点有强烈的好奇心，寻求主动交往，想以此获得同伴的认可。

教育措施：通过个别教育，帮助天天尽快学会遵守班级规则；在晨间体育活动及游戏活动中，增强天天的规则意识；与天天的家长取得联系，交流他在园中的情况，争取家长的配合，如建议家长在家庭生活中，帮助天天养成良好的进餐习惯。

（资料来源：于冬青．轶事记录法：抓住幼儿有价值的行为．中国教育报．2015 年 5 月 3 日．）

（三）实况详录法

实况详录法指研究者详细地、完整、翔实地记录观察对象在某一段时间内的行为及情境，然后对这些资料进行分类、分析的一种方法。实况记录的内容包括观察对象、观察对象所处的背景、人与人之间的互动、每个人所说的每句话等。在实况记录时，可以运用录音、录像等设备，将被观察者的事件和行为全部摄录下来，再转化为文字进行分析。

实况详录法的优点是：观察记录的信息比较详尽，可以更为深入地分析幼儿行为发生的原因、现状，在此基础上，提出解决问题的策略。由于实况详录法提供的信息比较翔实，可以永久保存。

实况详录法的局限是：要详尽地记录幼儿的行为表现，需要花费大量的时间和精力。同时，对教师的观察能力和文字表达能力也提出了较高的要求。真实地、客观地、恰到好处的描述可以使人阅读或观看后如同身临其境一样，感知当时发生的事情。反之，会使很多人产生歧义。实况详录法要求观察者注意力高度集中，避免产生疲劳，因此，连续记录的时间最多在一小时左右。

案例 4-5

加拿大蒙特利尔市某幼儿园教师 Belinda 在 2008 年 12 月 3 日下午 2 时 30 分对 Edmund 做的观察记录（当时 Edmund 正在音乐区兴致勃勃地欣赏《狮子王》）：当出现小狮子王辛巴洗礼的一幕时，Edmund 随着音乐很合拍地做着舞蹈动作，说："我很喜欢这一段……"他一边对我说，一边将左手举向头顶上方，脚下先做了一个滑步，接着又弯了一下膝盖，和屏幕中出现的动作极为相似，表现出了较强的艺术天赋。随着剧情发展，当辛巴的爸爸遇害时，Edmund 的眼神变得无限忧伤。这并不奇怪，Edmund 生活在一个单亲家庭，或许他从小狮子身上想到了离他而去的父亲。我走过去紧紧抱住了 Edmund，亲切地说："宝贝，每个小孩都是天使，上帝通常要派两个大人看管每个天使，只不过有的小天使很聪明、很勇敢，就像你一样，辛巴也是如此。上帝只派了一个大人就够了，让多余的大人去照看其他小天使，他们可没有你和辛巴能干……"Edmund 笑了笑说："有一天我也会去帮助其他小天使，我能行……"

点评：教师适时适度地对幼儿的表现做出了记录，并以敏锐的判断力洞察了幼儿的内心，对幼儿的情绪波动做出积极、主动的反应，且以合理的方式诠释了幼儿在该年龄阶段所不能理解的社会问题。

（资料来源：姜劳娟. 2009. 观察记录须找准问题的"眼"[J]. 早期教育，(6).）

（四）连续记录法

连续记录法是在一段时间内对观察对象的心理、言行举止进行连续、完整、详细的记录，并分析幼儿的行为特点及发展规律的方法。观察时，根据需要和幼儿开展活动的情况，可以不断地变换时间、地点进行观察。比如，观察某一儿童在自由活动时间内都选择了哪些活动，在一项活动上都花了多长时间，从中分析该儿童对活动的专注程度，分析对该活动的兴趣如何。当然，要对幼儿的行为做出准确判断的话，需要多次追踪。例如幼儿对某活动不专注，可连续观察幼儿一天的身体状况、行为表现，分析问题产生的原因。连续记录法可以是描述性的叙述，也可以是用图表将结果表述出来；可以连续观察某一幼儿的行为表现，也可以连续观察开展的某一活动。

连续记录法的优点是：能够详尽地记录幼儿的行为表现，在记录完整的事件后，再对记录的事实进行解释和评价。这种记录法获得的信息比较翔实、真实。

连续记录法的局限是：这种方法对记录的技术要求较高，通常采用录音、录像等设备，有时也可以采用笔纸记录，由于需要连续记录，需要花费较多的时间和精力。

下面的案例采用了连续记录法，记录了幼儿寻找蜗牛、探索蜗牛的家在哪里、蜗牛喜欢吃什么的整个过程，从中体现出教师尊重幼儿、发挥幼儿主体性的理念。

案例 4-6

蜗牛，你的家在哪里

雨后的下午，精彩的户外活动时刻到了，孩子们像往常一样做好各项准备活动后，选择自己喜欢的运动项目和运动器械，进行着各种运动。正当孩子们玩得兴奋的时候，在山丘寻宝的孩子们突然惊讶地喊了起来：“这有蜗牛！”孩子们停下手中的活动，纷纷跑过去看蜗牛。

看到雨后蜗牛探出头在呼吸新鲜空气，我顺势将户外自由体育活动改为“寻找小蜗牛”的游戏。

寻找蜗牛

孩子们纷纷跑到山丘上，睁着大大的眼睛，认认真真地观察着周围哪里有蜗牛。不一会儿，就有小朋友高高地举着手里的蜗牛高兴地说：“我找到了，我找到了！”“我在树叶上发现了小蜗牛。”看着越来越多的伙伴都找到了蜗牛，文豪好奇地问：“我们找到这么多的蜗牛，可是小蜗牛的家在哪里呢？”“对呀”，我对孩子们说：“我们一起找找蜗牛的家吧。”

蜗牛的家在哪里

“蜗牛的家在哪里呢？”正当孩子们认真思考，蹲在地上仔细地寻找蜗牛的家时，文菲忽然噘着小嘴，伤心地说：“我找到的这只小蜗牛死了。”这句话又引起了孩子们的注意，目光都朝向了文菲手里的小蜗牛，孩子们脸上都是惊讶、伤心的表情。新的思考开始了，“小蜗牛怎么死了呢？”“我们想办法救救它们吧。”永浩说：“蜗牛可能是饿死的。”文豪说：“小蜗牛可能口渴了没找到水喝。”我们班最喜欢观察小动物的梓睿大声说道：“你们俩说得都不对，我知道蜗牛是怎么死的，它是被太阳晒死的。”小朋友们似懂非懂地点点头，说道：“也许你说得对，因为下雨天小蜗牛才出来。”

我在一旁顺势说道："为什么下雨的时候，蜗牛会出来呢？因为蜗牛喜欢阴暗潮湿、隐蔽的环境，对强光刺激很敏感。"最后孩子们决定给蜗牛安个"新家"。孩子们找来了一个透明的鱼缸给蜗牛当"新家"，在鱼缸里注入了少量的水后，孩子们认真地继续在山丘上寻找蜗牛，请它们到"新家"里居住。

蜗牛喜欢吃什么

户外活动结束后，到了小朋友们吃餐点的时间，我们带着蜗牛回到了教室。孩子们在做餐前准备的时候还对蜗牛念念不忘，时不时地看上几眼。正当小朋友们吃点心的时候，俊宇拿着点心放进了小蜗牛的家，嘴里念叨着："小蜗牛，你们也饿了吧，快吃吧。"有的小朋友制止说："蜗牛不喜欢吃点心。"新的问题又来了——蜗牛喜欢吃什么呢？小朋友们说："蜗牛喜欢吃叶子，因为我是在树叶上发现的小蜗牛。""我在积水边发现的蜗牛，蜗牛应该喜欢喝水。"孩子们激烈地讨论着。最后我决定，把这个问题留做观察任务，让孩子们回家后和父母一起在书中找答案。第二天，孩子们带来了各种各样的蔬菜叶、水果等。看来孩子们已经找到蜗牛喜欢吃的食物了。此后，孩子们每天都会去观察蜗牛，给蜗牛喂食，并将自己的观察记录下来。

分析：《幼儿园教育指导纲要（试行）》中指出，学习的过程应该是幼儿主动探索的过程。教师要让幼儿运用感官，亲自动手动脑去发现问题、解决问题；鼓励幼儿合作，并积极参与探索活动。顺势而成的探索活动，给了幼儿自由的空间和时间，让幼儿亲自探索和发现，主动思考，亲身体验和感受。在活动中我明白了，贴近幼儿生活，回归于自然的学习，更能激发幼儿积极探索、发现问题并主动借助各种力量想办法解决问题的兴趣。

（资料来源：李云．蜗牛，你的家在哪里．中国教育报．2015年11月22日．）

二、取样记录法

取样记录法兴起于20世纪20年代。它"不是详细描述事件或行为，而是将观察的行为或事件进行分类，把复杂的事物或行为转化为可数量化或可限制的材料进行记录。由于取样记录对事物进行了分类、具体化与可控制性处理，因此较之描述性记录具有更好的客观性、可控性和有效性。"[①]取样记录法通常包括时间取样法和事件取样法。

（一）时间取样法

观察者事先确定所要观察的对象，然后有选择地在某些时间段内观察某一特定行为或发生的事情，并把所观察到的结果记录到事先准备好的表格上，或用书面语言直接描述出来。

时间取样法有一定规律的时间间隔，不是连续地记录。作为一种观察方法，"时间取样方法只适用于经常发生或出现的行为，平均来说这些行为至少要每 15 分钟能出现

① 李冲锋．2012．教师教学科研指南［M］．上海：华东师范大学出版社．

一次。这样才能保证在确定的观察时间内观察到预定行为。”①

时间取样法是在规定的时间间隔内，观察对象的特定行为表现和相关事件的一种教育方法。适用的范围通常是幼儿经常出现、容易被观察的行为。运用时间取样法，可以随机选择时间，也可以选择可能发生典型行为或事件发生相对集中的时间。时间取样法有明确的观察目的，能够对观察内容、观察过程进行较为有效的控制，使研究者在较短的时间内获得大量的信息，省时省力，在一定程度上能够保持研究结果的精确性和客观性。

运用观察法应该注意的问题：①根据观察的目的来确定观察研究的行为；②根据观察的目的来确定每一观察单元的时间的长短、间隔及数量，保证观察单元内幼儿所表现的行为具有代表性；③要事先制定好系统的观察记录表格，对表格中的行为类型做出具体的规定和详细的描述。

时间取样法的优点是：只需在预先规定的时间段内，观察记录行为是否发生、发生的次数、持续的时间等，观察的结果能够进行定量的统计分析，操作简便易行、省时省力。

时间取样法的局限是：研究范围受限制，只适用于观察一些外显行为，只能观察发生频率较高的行为或事件；只适用于观察经常发生或出现的行为，不适宜观察内隐的行为，如心理活动、思维活动等，不能确定行为之间的因果关系。通常来说，每 15 分钟至少发生一次的行为，才适用于时间取样法。

运用时间取样法的典型研究是帕顿（M．B．Parten）在 20 世纪 20 年代中期进行的一项关于学前儿童在游戏中社会参与程度的研究。帕顿观察的对象是 2～5 岁儿童，根据儿童在游戏中的社会参与程度，他将游戏分为 6 种活动类型：无所事事、旁观、单独游戏、平行游戏、联合游戏、合作游戏，并对每一类型赋予操作意义，设计了观察量表。帕顿在规定的时间内，依次观察每个儿童一分钟，根据儿童社会参与程度，结合 6 种游戏类型的操作定义（见表 4-1），判断每个儿童在这一分钟内的活动属于哪种游戏类型，记入观察记录表中（见表 4-2）。

表 4-1　6 种游戏类型操作定义

游戏类型	操作定义
无所事事	儿童没有做游戏，只是碰巧观望暂时引起他们兴趣的事情，如没有可注视的就玩弄自己的身体，或走来走去、爬上爬下、东张西望
旁观	儿童基本上观看其他儿童的游戏，有时凑上来与正在做游戏的儿童说话，提问题，出主意，但自己并没有直接参与游戏
单独游戏	儿童独自一人游戏，只专注于自己的活动，根本不注意别人在干什么
平行游戏	儿童能在同一处玩，但各自玩各自的游戏，既不影响他人，也不受他人影响，互不干涉
联合游戏	儿童在一起玩同样的或类似的游戏，相互追随，但没有组织与分工，每人做自己想做的事情
合作游戏	儿童为某种目的组织在一起进行游戏，有领导、有组织、有分工，每个儿童承担一定角色任务，并且相互帮助

① 林磊，程曦．1992．儿童心理研究中的时间取样观察法［J］．心理发展与教育，（2）．

表 4-2 时间取样法观察记录表

游戏类型 / 被试代号	无所事事	旁观	单独游戏	平行游戏	联合游戏	合作游戏
1						
2						
3						
4						
5						

（二）事件取样法

事件取样法是研究者以特定的行为或事件为取样标准，记录某些预先确定的行为表现或事件完整过程的记录方法。采用事件取样法，观察前选定所要观察的行为或事件，观察中要进行现场判定并将事件完整地记录下来。目的是“记录下所有事件，记录下事件发生之前和发生之后有什么现象，看看事件的发生有什么模式，从而为制定有效的策略来矫正儿童的不良行为提供帮助”①。比如观察幼儿的告状事件，记录告状前发生的事件、告状的幼儿、告状时的具体行为、告状持续的时间、告状的结果和后果如何等内容。事件取样法不受时间的限制，只要事件一出现，便可记录，且可伴随着事件的发展过程进行持续记录。运用事件取样法记录幼儿的行为，比较详细具体，能够在自然情景中观察行为事件的全貌，有利于了解行为的发生、变化及终结，有利于分析事件的前因后果。同时，事件取样法不需要在固定的时间段内记录，不受时间限制，因此可以研究多种行为和事件。例如，达维（H. C. Dawe）在 20 世纪 30 年代初进行的一项有关学前儿童争执行为的研究。该研究的观察对象是幼儿在幼儿园内自由活动时间内自发产生的争执事件，观察对象是 40 名 2～5 岁的儿童，其中男童 19 人，女童 21 人，观察过程是争执事件一发生便用秒表计时，按照事先拟定好的观察记录内容填写观察记录表（见表 4-3）。

表 4-3 幼儿争执事件记录表

儿童代号	年龄	性别	争执持续时间	发生背景	行为性质	做什么说什么	结果	影响
1								
2								
3								
……								

① 莎曼，等．2008．观察儿童：实践操作指南［M］．单敏月，王晓平，译．上海：华东师范大学出版社．

事件取样法的优点是：事件取样法只记录预选确定的行为表现或事件过程，通过对样本的观察推断出这种行为或事件的一般情况。这种方法没有规定的时间限制，省时省力，资料集中，整体化程度较高。同时，事件取样法不仅注意了行为和事件本身，还保留了事件发生的情节和相关的背景材料，为研究幼儿的行为和事件的发展规律提供了深层次的信息。

事件取样法的局限是：这种方法一般只适用于定性资料，难以进行定量分析；同时，事件取样法只注重观察特定的事件，不利于了解行为事件的全貌，无法保持行为的完整性，观察记录和结果分析带有一定的主观性。

三、观察评定法

观察评定法是研究者在观察的基础上对行为或者事件做出评判，通常包括等级评定法和行为检核法。

（一）等级评定法

等级评定法是研究者根据一定的标准编制等级评定量表，采用量表对所观察的行为或事件进行数量化的评定的方法。观察者不仅可以运用等级量表来显示观察对象出现或未出现的行为，而且还可以自己决定观察对象呈现的行为等级，并评价这些行为的质量，通常是评定者根据实际情况在量表上适合的数字或相应的点上标记号。等级评定法是事后根据观察者对被观察者行为的记忆进行记录，严格说，不是一种直接的观察方法，而是一种评估的方法。

评价的方式可以用等级（如优、良、中、差）、字母（如 A、B、C、D）和数字（如 1、2、3、4）来表示（见表 4-4），也可以用词语（如合格、基本合格、不合格；达到、基本达到、没有达到）等来描述。

表 4-4　教育活动适宜性评价表[①]

（以幼儿在教育活动中的表现为指标）

评价项目	等级得分		
	2	1	0
1. 对新内容的兴趣	高	中	低
2. 主动参与的程度	高	中	低
3. 内容的接收和理解程度	高	中	低
4. 学习中的独立性和创造性	高	中	低
5. 互动与合作性	高	中	低
6. 常规与秩序	高	中	低

等级评定法的优点是：量表比较容易编制和使用，便于迅速做出判断，容易进行量化分析，常用于测量其他方式所不及的行为特征，用于评价那些难以量化的行为及品质。

① 冯晓霞．2000．幼儿园课程［M］．北京：北京师范大学出版社．

等级评定法的局限是：这种方法只对行为进行查核，不能记录分析行为的细节和产生的背景；运用等级评定法评定资料时易出现主观的偏见，再加上评定等级时观察者对所用术语理解不一致，所以容易产生评定等级的误差。所以，观察者要正确理解等级评定量表中每个等级所赋予的内涵，防止出现评分过高、过低或都打平均分的现象。

（二）行为检核法

行为检核法又称清单法，是指将一系列行为项目进行排列，标明这些项目是否出现，观察者判断后选择其中之一并做出记号的方法。通常来说，记录的方式从“有”或“无”、“是”或“否”、“对”或“错”中选择，以此来确定观察的行为。

行为检核法只是记录所要了解的行为是否出现，并没有告诉观察者该行为出现的频率、行为发生时间的长短或行为的性质，也没有给予行为具体的描述，属于一种封闭性的观察方法。其步骤是列出主要项目、列出具体项目、将观察项目按照逻辑顺序排列成观察表格（见表 4-5）。

表 4-5 幼儿“学习与发展”评价与分析参考表①

幼儿姓名： 评价分析者： 评价时间：

领域	评价项目	主要表现	评价等级		
			☆	☆☆	☆☆☆
健康	适应能力	能在较冷的户外勇敢地参加体育锻炼			
	动作发展	能听游戏指令在指定范围内四散跑，会躲闪，能留意在游戏中躲避他人的碰撞			
		能按游戏要求做动作			
		会走、跑交替			
	生活习惯与生活能力	户外活动前后知道穿脱外套、帽子			
		会扣纽扣			
		在成人的帮助下，能自己穿、脱外套和鞋子，叠衣服			
语言	倾听与表达	会口齿清楚地朗诵简单的儿歌、童谣等			
		愿意向成人、同伴表达自己的需要和想法			
	阅读	喜欢听成人讲故事、读图书，能持续保持安静和注意力集中			
		能听懂短小的故事、儿歌			
		喜欢模仿作品中角色的语言、动作等			
社会	人际交往	愿意与同伴一起游戏，体验集体活动的快乐			
		知道过年的一些风俗活动、民间传统活动，喜欢参加节日庆祝活动			
		遇到困难时知道寻求帮助			

① 方明．2013．山东省幼儿园课程指导教师用书小班（上）[M]．济南：明天出版社．

续表

领域	评价项目	主要表现	评价等级		
			☆	☆☆	☆☆☆
社会	社会适应	能遵守游戏规则，初步理解活动常规			
		对自己的物品（如玩具、图书、积木等）玩完后，能放回原处或进行分类整理、摆放			
		喜欢自己的家，爱父母，爱长辈，知道爸爸、妈妈很爱自己			
		能说出自己家所在的小区名称			
科学	科学探究	能关注到下雪、结冰等自然现象，喜欢探究、提问			
		知道青蛙、蛇、小熊、小兔等几种动物的过冬方式			
		能感受冬季周围植物与人类衣着的明显变化			
	数学认知	能正确感知上下空间方位			
艺术	感受与欣赏	喜欢用撕、搓、粘等纸工技能，进行物体局部的装饰			
		喜欢随音乐做简单的身体动作或模仿动作			
	表现与创造	会简单使用剪刀			
		喜欢玩泥或面团，会团圆、压扁、搓长			
		会随音乐节奏简单地敲打锣、鼓等乐器			

综合分析：

注：1. ☆：发展中。指幼儿行为尚未达到该发展指标。
☆☆：基本符合。指幼儿的行为接近该发展指标，但不稳定。
☆☆☆：非常棒。指幼儿的行为达到或超过该发展指标。
2. 您可根据幼儿的行为，在相应的栏目内打“√”。

行为检核法的优点是：①能够让观察者快速、有效地观察记录行为是否出现，可以做量化处理。②既可以用来诊断幼儿身心各方面的发展状况，也可以用来测量进行教育干预后产生的效果。教师可以根据情况，对儿童的行为表现做出观察记录，并将教育干预前后的表现进行比较。③行为检核法可以与时间取样法、事件取样法、调查法、测验法等方法有机结合使用，操作简便易行，可以进行量化处理。

行为检核法的局限是：这种方法只观察记录行为是否出现，至于这种行为在什么情况下发生、如何发生、如何发展等，缺乏详尽地情节描写，因此，行为检核法需要与其他方法有机结合使用，弥补其不足。

第三节　教育观察研究的一般过程

观察不仅进行信息收集，还要对信息做出分析判断。观察研究的过程一般包括三个阶段：观察准备阶段、观察实施阶段、整理分析阶段。

一、观察准备阶段

（一）确定明确的观察问题

教育研究中的观察属于科学观察，应该围绕着明确的观察目的和观察目标来确定观察问题。“目的是对你将要观察什么和完成什么的表述，是观察的全部意图，目标是对将要观察或评价的具体技能或能力的表述。”“目的应该是以儿童为中心的、聚焦的、准确的、明确的、”“目标应该给出观察的具体原因，是可以达到和测量的，是有依据的，或依据发展里程碑或依据发展常模，或依据某种理论或观点。”①在观察中，“教师一定要清楚自己需要观察什么内容，要始终把观察的内容与所要研究的问题联系起来，根据观察的目的去选择观察内容”。②因此，教师首先要明确观察的目的和目标，在此基础上，选取合适的观察角度去发现自然情境下有价值的问题，去了解幼儿的真实发展状况。

（二）制订明确的观察提纲

提纲是以纲要的形式使观察的项目内容具体化。制订观察提纲时，可以先确定观察的具体内容，然后将这些内容进行分类，分别列入观察提纲。

观察提纲一般应回答六个方面的问题：①谁？（有谁在场？他们是什么人？）②什么？（发生了什么事情？在场的人有什么行为表现？）③何时？（是什么时候发生的？持续了多久？）④何地？（在哪里发生的？这个地点有什么特色？）⑤为什么？（为什么这些事情会发生？促使这些事情发生的原因是什么？）”③

提纲的表述要清晰、条理、明确，为下一步的观察研究提供条件。

（三）做好充分的准备

观察研究需要做好两方面的准备。一方面是知识准备：查阅文献，了解与观察课题相关的知识背景、研究成果、具体行为表现等；另一方面是物质准备：包括选择观察对象、确定观察地点、确定观察时间。在观察中，根据情况，往往使用一些仪器设备，如单向玻璃、录音、录像设备、照相器材、电脑等，如果计划使用这些器材，应提前准备好。

二、观察实施阶段

（一）体现观察的客观性

观察的目的是对幼儿的行为做出科学判断，进而寻求适宜的教育方法和教育措施，获得真实而具体的信息，促使幼儿的行为得到改进。观察的客观性表现为两方面。一是观察记录要忠实于所发生的行为，需要依靠实事求是的科学态度进行观察，不掺杂个人的主观倾向性，使得观察所获得的经验事实能够正确地反映客观事实。二是在不影响被观察者的常态的情况下，观察者要适当调节自己的观察位置，与被观察者保

---

① Sheila Riddall-leech. 2008. 观察：走进儿童的世界［M］. 潘月娟，王艳云，译. 北京：北京师范大学出版社.
② 吴为民，李忠. 2007. 教育叙事与案例撰写［M］. 上海：华东师范大学出版社.
③ 陈向明. 2000. 质的研究方法与社会科学研究［M］. 北京：教育科学出版社.

持合适的观察距离，使被观察者处于观察的最佳视野，获得全面丰富的信息资料。根据条件，可以适当地借助摄像机、录音笔、照相机等辅助设备，使获得的资料信息更详细。

（二）做好观察记录

记录的方式多样，比如可以事先将观察项目细化为不同的指标体系，按照一定的方式列出表格，在观察时研究者只需依据判断在表格上划上记号；也可以是以行为为样本对重点项目做重点的记录；还可以是将观察到的现象、感觉、体验等做全面描述性的记录。

做观察记录的时候要客观、具体、明确。在对观察内容进行描述的时候，不要用深奥的语言、专业的语言，也不要用带有文学色彩的修饰语言，只需要用最简单朴素的语言即可。教师要善于观察和倾听幼儿，不要对行为者的动机、目的、感受直接进行揣测。在观察的时候如果不方便记录的话，可在观察后整理记录，避免出现漏记的现象。

教师做观察记录的时候，要注意以下几方面。

1. 教师的评价要科学

有的教师记录道："明明在做手工的时候，注意力一点也不集中。"这位教师在有限的时间内对幼儿做了间断的观察后，就草率地给其贴上了"注意力不集中"的标签。"注意力一点也不集中"是教师的一个评价判断，到底注意力怎样不集中？有什么表现？并没有将细节表述清楚，出现了教师观察不全面，用主观印象描述行为的问题，导致观察记录结果可能出现偏差。

2. 分析部分与案例相一致

观察者需要对被观察者的行为进行分析、解释，这部分要与记录的案例一致。教师在对幼儿的行为下结论的时候要慎重，不能仅凭一两次的观察就直接得出结论。如"浩浩上课不爱回答问题，看出他是比较胆小的。""轩轩开展活动的时候爱说话，他一点也不懂礼貌。""这个幼儿很聪明""这个教师素质太差"等。一次观察不可能对存在的问题把握深刻，也不一定能发现真相，只有经过多次科学的观察才能从最大程度上接近事实。

3. 观察记录中突出的措施要具体、可操作性强

有的教师在描述采取的措施时经常会出现"要尊重幼儿的个体差异，有针对性地进行教育""以后要加强对幼儿爱的教育，多关心孩子""要进行家园合作，共同进行教育"等表述。这些阐述的是教育观念，而不是具体的教育措施，这样的措施也是很空泛的，对于案例的指导意义不大。

（三）观察记录的形式

观察记录的形式，可以用文字直接描述，也可以用表格式的方式表示（见表 4-6）。

表 4-6　观察记录表

<table>
<tr><td colspan="2">观察对象：中班幼儿　　观察时间：11 月 2 日下午 3:00～3:10　　观察地点：××市实验幼儿园</td></tr>
<tr><td>观察记录
时间：下午 3:00～3:05
聪聪看见壮壮在玩积木，很开心地跑过去大声说："我可以跟你一起玩积木吗？"壮壮听见了也没有理聪聪，聪聪就坐在地上也玩起了积木。突然，壮壮站起来也不说话，找别的玩具玩去了，聪聪看见了，嘴里一直嘟囔着，"壮壮怎么走了，他不喜欢和我一起玩……"
时间：下午 3:05～3:10
壮壮找到了没人玩的拼图，拿到角落里，自己玩了起来，这时候，聪聪又跑过来了，什么也没说，坐在地上和壮壮一起玩。突然，壮壮很生气很大声地冲着聪聪喊道："你怎么总碰我的东西！我不喜欢和你一起玩！"</td><td>评价
聪聪两次看见壮壮自己在玩，就跑过去和他一起玩，可是壮壮却不愿和聪聪玩，喜欢自己一个人玩，不愿与他人交流。对于自己喜爱的东西不愿意与别人分享。需要通过开展游戏，在教学活动中，引导壮壮养成良好的亲社会行为；与壮壮家长取得联系，交流他在园中的情况，争取家长的配合，建议家长在家庭生活中，帮助壮壮养成良好的行为习惯</td></tr>
</table>

三、整理分析阶段

（一）整理观察资料

观察后所得到的事实资料有多种形式，如书面笔记、照片、录音、录像等。这些材料一般是零乱、分散的，因此，在观察后，必须及时进行整理与补充。①核对：即对资料是否有助于达到观察的目的、资料是否准确、是否完整进行核对；②归类：把资料按照一定的标准进行分类，在此基础上进行编码，将资料进行分类整理，使之条理清晰，为分析观察资料做好基础。

（二）分析观察资料

观察的目的是对事实进行分析研究，探求各种教育现象间的相互联系，通过观察来反思自己的教育教学行为。观察时对资料进行量化处理、定性分析，依靠的经验和科学理论知识越丰富，体现的思想越深刻，能够保证对事物的判断、推理的客观性，对事物的认识也越深刻，行动才会得到改进。分析的时候，要认真思考："这是一种什么性质的行为？为什么会出现这种行为或事件？行为背后体现了幼儿什么样的特点？从哪些方面下手可以有效解决观察到的问题？"依靠相应的教育理论，能帮助幼儿教师对具体的现象进行深入的剖析，从而发现问题的原因所在，探讨相应解决问题的策略。在分析的时候，要紧紧围绕幼儿出现的行为进行解释，分析行为背后的因素，避免将分析泛化、扩大，不能草率地对幼儿的行为做出正式的结论。

（三）运用观察结果

观察的目的是分析现状，改进策略。因此，要善于利用观察结果，进一步改善幼儿发展的条件，改进教育工作，提高教育质量。如通过观察，分析"幼儿的知识经验不够丰富，影响游戏开展的深入"这一问题，可以进一步丰富幼儿的知识经验。如发现幼儿在游戏活动中表现出意见不一致、玩具不够分配的现象时，教师可以引导幼儿讨论"很多人都想玩，怎么办？”“意见不统一时，怎么办？”等，帮助幼儿获得解决问题的有效方法。

卢梭指出：“教育是随着生命的开始而开始的，孩子在生下来的时候就已经是一个学生，不过他不是老师的学生，而是大自然的学生罢了，老师只是在大自然的安排之下进行研究，防止别人阻碍他对孩子的关心。他照料着孩子，观察他，跟随他，像穆斯林在上弦到来的时候守候月亮上升的时候那样，他极其留心地守候着他薄弱的智力所显露的第一道光芒。”①卢梭明确提出在幼儿教育中要观察幼儿，因为只有这样才能立足于儿童自身的本性及其发展的特点开展幼儿教育。教师作为观察者，可以是旁观者，也可以是亲身参与者。只有学会了观察，才能对幼儿的学习和活动进行正确的解读、分析和反思。因此，教师需要树立观察幼儿的意识，掌握观察方法，提高观察能力，不断促进自身的专业成长。

同步训练

1．什么是观察法？观察法的特点是什么？

2．分析观察法的优点与局限性。

3．访谈一名幼儿园教师，谈谈观察研究在幼儿园工作中的有效运用。

4．观察研究的类型有哪些？试举例说明。

5．下列案例是一名幼儿教师所做的观察记录，分析其中存在的问题是什么，如何改进。

案例一：

在班里我注意到一位叫宋雨轩的小朋友。每次他吃饭特别慢，而且下午放学的时候很爱吐。我又注意他上课时的情况，总是注意力不集中，而且也不大合群，在班里也没什么好朋友，喜欢一个人独自玩耍，睡觉的时候也不老实，有时候我故意去靠近他，他也在躲避。

行为分析：我把我观察到的现象告诉老师们，通过和老师们交流，我发现雨轩的父母离异了，而且有姑姑和奶奶的思想影响雨轩，对妈妈有敌意，有时候他的妈妈去看他，雨轩一点也不亲近。我认为正是雨轩的父母离异的特殊环境让雨轩感觉不到母爱的温暖，在姑姑、奶奶的影响下更是对妈妈有偏见，我认为父母之间的恩怨是大人的事，孩子是无辜的，通过和老师们交流，她们也说会在以后的日常生活中多照顾雨轩，但是父母的爱才是雨轩改变孤僻不合群的性格的根源。

案例二：

时间：上课时间

地点：幼儿园教室

对象：杨锦麟

年龄：中班

① 卢梭．1994．李平沤，译．爱弥尔［M］．北京：商务印书馆．

今天上课的时候，教师交给小朋友一首儿歌的一段歌词，并且教小朋友打拍子。带小朋友打过几遍以后，教师就让个别的小朋友尝试一下，单独打拍子。杨锦麟受到了老师的表扬。老师让小朋友伴着音乐演唱，杨锦麟一边打拍子一边唱歌，直到老师提醒才停下来。

行为分析：杨锦麟在学习过程中受到了老师表扬，这明显给了他极大的鼓励，所以他上课时更加认真。

6．利用教育实习的机会，选择适宜的观察方法，做好观察记录。

7．利用教育实习的机会，确定一个合适的观察课题，开展观察研究，做好观察记录。

第五章 教育调查研究

学习目标

1. 理解调查法的含义，掌握调查法的特征，明确调查法的优点与局限性。
2. 了解调查研究的类型，能够根据实际情况合理地进行分类。
3. 了解调查研究的一般步骤。
4. 掌握总体、样本、抽样的基本含义，掌握抽样的基本原则和基本方法。
5. 理解问卷调查的含义，明确问卷调查的优点与局限性。
6. 掌握问卷的基本结构、问题的类型，能够初步科学地设计问卷。
7. 理解访谈法的含义，明确访谈法的优点与局限性。
8. 了解访谈的类型和一般步骤，能够初步科学地进行访谈。

知识结构图

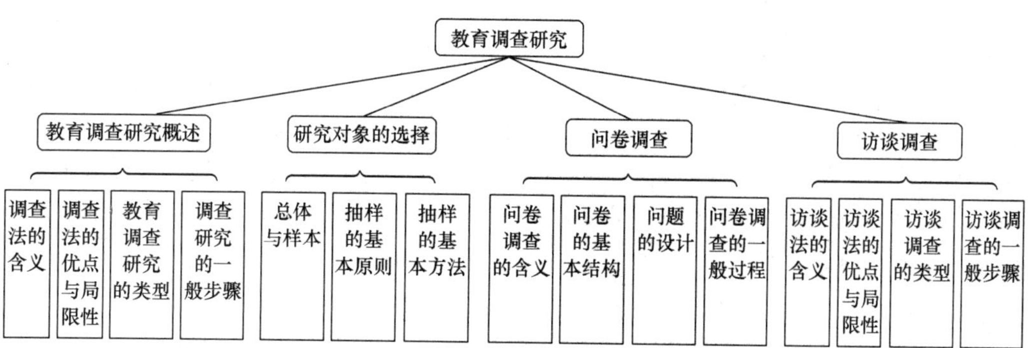

现实中，我们经常会遇到并思考这样一些问题：当前农村幼儿教师的培训状况怎样？当前幼儿园对幼儿教师的需求状况怎样？幼儿教师在科学素养方面存在着什么问题？幼儿园需要什么样的幼儿教师？农村幼儿教师的师资状况怎样？要解决这些问题，需要开展教育调查研究，在现实生活中获得第一手事实材料，通过对这些材料进行整理和分析，探讨解决问题的方法策略。适当的时候，为当地的教育规划、教育改革提供事实依据。为此，我们说："调查是走进社会之门的钥匙。"①

第一节　教育调查研究概述

一、调查法的含义与特征

调查法是指在教育理论指导下，运用观察、问卷、访谈、个案研究、测验、作品分析法等各种方法和手段，有目的、有计划地收集研究资料，从而了解教育状况，揭示教育规律的一种研究方法。调查研究属于一种描述性研究，既要"调查"，也要"研究"。"调查"是收集资料，"研究"是分析资料，通过收集资料、分析资料，从而做出价值判断。调查法在学前教育中经常采用，通过教育调查研究，幼儿教师能够了解学前教育现实中的状况，分析教育中存在的问题，从中发现教育规律，得出教育结论。

调查法具有以下基本特征。

1. 调查范围的广泛性

调查法不受样本容量大小和时间空间的限制，范围可大可小，可集中可分散。从调查的人数来看，可以对某个人、某个组织进行个案调查，也可以对某个区县、某个市、某个省的幼儿及幼儿教师进行调查；从调查的内容看，可以调查农村中的幼儿教育状况，也可以调查城市中的幼儿教育状况；可以调查幼儿教师专业发展中存在的问题，也可以调查幼儿园中的环境创设、教学、游戏开展状况、家园合作等教育现象。调查法的内容广泛存在于教育的各个领域中，体现出调查范围广泛的特点。

2. 调查手段的多样性

在研究中，根据研究课题的大小、性质、研究问题、研究范围等不同，可以适当地选用问卷调查、访谈调查、测验调查、成品分析法调查等手段，在自然的状态下，对研究对象不加以任何干预与控制。每一种调查研究手段既可以单独使用，也可以将其中的几种调查手段有机结合起来运用。如《农村幼儿教师的培训现状与对策——以×××市为例》，将问卷调查与访谈调查（访谈幼儿教师、幼教干部）有机结合起来，能够获得丰富翔实的资料。

3. 调查方法的实用性

调查法对设施设备条件、环境控制、时间空间没有太多的要求，能够在较短的时间内收集到大量的数据资料，方法经济适用，比较简便易行。幼儿教师开展的调查研究，通常属于实践研究，是为改进实践状况服务的，所以对收集到的数据资料，不是停留在一般性、定性式的分析上，研究结果具有较强的科学性与客观性，因而能够为提高教育质量提供有力的依据。

① 李学农，王晓柳．2001．教育研究的理论与实践［M］．南京：南京师范大学出版社．

二、调查法的优点与局限性

调查法可以作为一种独立的研究方法，也可以与其他方法一起使用。调查法在研究中有其独特的作用，其作用是不可替代的。

（一）调查法的优点

①调查法采用间接的方法，能够从多个方面收集资料，考查教育现状，简单易行，容易操作；②调查法不受现场条件、时间和空间的限制，运用比较灵活，应用范围广泛；③调查法不需要任何复杂的设备，在短期内收集到不同性质、类型的原始资料，获得的资料丰富翔实，能够为课题研究提供事实依据。

（二）调查法的局限性

1）调查法通常是在常态的教育过程中通过问卷调查、访谈调查、作品分析等方式收集资料，其主要目的在于描述“现在事件”，了解现实问题，体现出间接性的特点，难以确定现象之间的因果关系，因而无法对事实做出深层次的原因分析。

2）调查者的主观倾向、态度可能影响被调查者，影响调查内容的客观性。所以要获得客观性和真实性的资料，被调查者与调查者的合作态度与实事求是的精神尤为重要，这也决定了收集材料的可靠性。

3）问题的设计水平受设计者知识经验、专业素质等因素的直接制约，能够影响调查研究的质量。

在研究中，调查法与其他的研究方法不是截然分开的，往往需要相互补充、综合运用。例如，要开展《幼儿教师职业倦怠现状的调查——以×××市为例》这一课题，首先需要通过文献研究查阅，分析职业倦怠的含义、已有的研究状况、解决研究问题的策略；然后通过问卷调查和访谈调查，结合观察法，获得一手材料，确保资料获得的真实性和客观性。

三、教育调查研究的类型

（一）根据调查的目的和问题的性质划分

1. 现状调查

现状调查指对某一教育现状或教育对象的当前状况和基本特征进行调查，其目的是对当前教育现象的真实情况做出描述，了解现实状况，发现问题，从而改进当前的教育工作，使其更为科学有效。例如“×××市幼儿教师的教学能力调查”“农村幼儿教师的科学素养调查——以×××镇为例”“×××市农村幼儿教师心理状况的调查”等，都属于现状调查。

2. 比较调查

比较调查是一种对比性的调查，主要调查两个或两个以上群体、地区和幼儿园等的教育情况，对比分析不同对象间的差异及规律。目的是弄清不同类型、不同性质的教育现象之间的差异性、相似性及其内在联系。如“城乡家长对幼儿园期望的比较调查”“新手与专家型幼儿教师的观察活动记录比较调查”“不同性别儿童对科学活动兴趣的比较调查”等。

3. 相关调查

相关调查是对两种或两种以上的教育现象展开调查，分析判断他们之间是否存在关联，其程度和性质如何。目的是通过寻求不同教育现象的相关因素，探讨出解决问题的办法和有效途径。如“幼儿的责任心与亲社会行为的相关因素调查研究”“幼儿行为问题与幼儿教师心理健康水平的相关调查”等。

4. 预测调查

预测调查是预测未来某一时期的教育发展趋势和动向。预测调查属于前瞻性的研究，可以通过预测调查了解未来教育发展的动向和方向，以制定相应的教育策略。如“×××市对幼儿教师未来五年需求状况的调查”等。

（二）根据调查的手段划分

1. 问卷调查

问卷调查是借助相关问卷，让被调查者通过回答相关问题，从而了解其对教育活动的看法、建议以及其自身的发展状况，通常有书面纸质问卷、电子问卷等形式。调查时，可以当面向调查对象发放问卷，也可以通过邮箱、QQ、邮寄等形式发送问卷。由于幼儿还不具备文字书写能力，如果想了解幼儿的表现，往往通过家长、教师等开展问卷调查。

2. 访谈调查

访谈调查是通过对被调查者进行访谈，从而了解其对教育现象、教育活动的认识、建议等，通常有当面访谈、电话访谈等形式。访谈调查的过程和形式比较灵活，对问题的调查比较深入，获得信息的方式比较直接，是幼儿教师开展调查研究常用的一种方法。

3. 测验调查

测验调查是借助于相关量表，对教育领域中的某一现象或问题进行测量，了解该现象或问题的现状、存在的问题，从而为提高教育质量打下基础。如利用研究制定的量表对大班幼儿的语言能力进行测验，利用量表测验幼儿教师的气质类型等，属于测验调查。

4. 作品分析法

作品分析法是对调查对象的各种作品进行分析研究，从中了解情况，发现问题，把握特点和规律的方法。如通过调查小班幼儿的美术作品，分析小班幼儿的想象特征；通过幼儿教师撰写的教育笔记，分析幼儿教师的观察能力；通过调查幼儿教师开展的教研活动，分析教师的科研能力等。

（三）根据调查的范围划分

1. 全面调查

全面调查又称普遍调查，是为了了解总体的一般情况而对较大范围的地区或部门的所有研究对象进行调查。全面调查的主要目的是了解基本情况，把握总体调查状况，得出具有普遍意义的结论。调查的对象可以是全国性的、全省性的，也可以是某个单位。例如，“山东省幼儿教师师资现状基本情况调查”“×××市学前三年入园率的调查”“×××校毕业生的就业去向调查”都属于全面调查。全面调查涉及的面很广，由于它对其中的每一个个体都要进行调查，获得的资料比较准确、全面，误差较小，有利于了解某省、某市在调查主题方面的实际情况。但是，全面调查由于涉及的面很广，需要大量的人力、物力和财力，工作的实效性较差。

2. 抽样调查

抽样调查又称取样调查，是从研究对象中选取有一定代表性的样本作为调查对象，并根据调查的结果推断总体情况的研究方法。抽样调查能够节省人力、物力、财力和时间，使调查更深入、更具体，在实践工作中经常采用。这种调查方式容易存在一定的误差，所以为了使样本更精确地代表总体，需要采用随机抽取的方式，选择代表性强的样本，提高抽样调查的质量。

3. 个案调查

个案调查又称典型调查，是指有目的、有意识地从研究对象中选择一个或若干个具有代表性的典型对象进行深入、细致的调查研究的方法。个案调查能够深入、细致地研究、描述某一个具体的单位（如个人、群体、学校等）的生活方式、行为习惯等，获得的信息比较具体、可靠。但由于样本少，很难推断出总体特征，因此个案调查研究的代表性不强。例如“幼儿语言发展障碍的个案研究”“矫正幼儿攻击性行为的个案研究”“一名特级教师的成长经历”属于个案调查。

（四）根据问题和回答内容的标准化程度划分

1. 结构性调查

结构性调查要求被调查者按照预先设计好的问题来回答，结果多用数据分析的方式来处理。例如，利用量表来进行调查，这种方式多有标准化的问题、标准化的答案和计分的标准方法，要求被调查者从答案中选择即可。也有的研究者自编问卷，设计若干个调查题目和相应的答案，只需要被调查者从中选择，这也属于结构性调查的一种方式。

2. 非结构性调查

非结构性调查是允许被调查者自由地回答所调查的问题，回答的方式多为描述性的，对于获得的资料也难以用数量化的方式来处理。例如，在“对农村幼儿教师的培训现状调查”中，设计这样的题目：“你最希望参加什么内容的培训？”“你认为影响培训的最大障碍是什么？”属于此类调查。

四、调查研究的一般步骤

（一）确定调查课题，明确调查目的

幼儿教师多是从自己现实的生活、工作实践中确定调查课题，通常要体现一定的实践价值，考虑是否有一定的创新性和可行性。根据课题的研究性质和研究任务，首先要明确调查的目的是什么，在此基础上开展调查，使调查研究具有科学性与目的性。

（二）弄清调查对象，选择调查方法

根据调查的目的和任务，弄清楚调查的类型，是抽样调查、典型调查，还是重点调查？确定总体、样本的含义，从中选择具有典型性和代表性的样本作为研究对象，通过采用相应的问卷调查、访谈调查、作品分析调查的方式获取现实材料。

（三）拟定调查计划，明确调查步骤

为了保证调查研究有计划地开展，需要制定合适的调查计划。通常来看，调查计划包含以下内容。

1）调查课题的名称和目的。

2）调查的对象和范围：写明在哪个省哪个地区进行调查、调查对象的情况怎样、选取样本的容量是多少。

3）调查的方法：根据调查目的，明确调查的方法是问卷调查、访谈调查、测验调查还是作品分析调查，是采用哪一种方法或是综合运用哪些方法开展调查，

4）调查的步骤和时间安排：调查分为哪几步进行？每一步完成的内容是什么？在时间上是如何安排的？

5）调查成果的呈现方式：调查计划要详细、具体、清晰，具有较强的可操作性。为了提高调查的质量，可以请有关专家进行指导。

（四）设计调查问题，做好调查准备

根据调查的目的和调查的性质，做好调查的准备工作。如对关键词概念的把握、设计好调查问题、编排和印制工作、准备好调查的量表等。根据需要，如果是进行访谈，还要准备好访谈所需要的工具。为了检测调查问题设计的可信度如何，还要选取少部分被试，做好实验性的问卷调查或访谈。根据被试的解答情况，对调查问题的设计进行分析并做出适当的修改。

（五）正式开展调查，掌握第一手资料

为了保证调查的信度，在开展调查时应注意：调查者实事求是地获取材料，不带任何主观偏见和倾向性，尽可能保持材料的客观性。研究资料的收集可以通过不同的方式进行，如问卷调查、当面访谈、电话访谈等。如果调查的课题要求多个调查者完成这项调查任务，需要对调查者进行培训，掌握统一的调查要求、标准和方法，提高调查的信度。

（六）分析调查材料，了解教育现象

调查材料要体现客观性的特点。如果发现材料不够准确，则需要重新调查。对收集到的原始材料进行归类、综合、分组，进行汇总。分析的时候要将定量分析与定性分析有机结合起来。对于一些选择题、量表题等，可以利用数据分析的方法进行统计。对于一些开放性的问题，则要进行定性分析，在理论的指导下，提出相应的解决问题的策略。调查研究的科学水平不仅体现在质的分析上，而且还反映在量的精确描述中。只有把这二者有机地结合起来，才能得出科学的结论。

（七）撰写调查报告，改进教育现状

根据调查的实际情况，在相关理论的指导下，对调查结果进一步分析，得出结论，撰写调查报告。调查报告没有严格统一的格式，通常由题目、引言、研究问题、研究方法、讨论和分析、结论和建议、参考文献和附录几部分组成。调查报告是调查研究的成果，可以为幼儿教师开展工作提供借鉴，可以为当地教育部门提供参考，用于指导教育实践、改进教育实践，体现调查研究的实践价值。

第二节　研究对象的选择

开展某项教育调查，我们经常要思考一些问题，如选择哪些研究对象，选用哪些研究方法，怎样选择样本使研究具有典型性等，要回答这些问题，就需要了解总体、样本、抽样等这些基本概念。

一、总体与样本

总体又称全体，指调查对象的全体。总体研究的对象可以指某范围内、具有某些规定特征的全体教师或者全体幼儿、家长等。总体研究的优点是：能够获得全面、可靠的资料；获得的资料精确度高，不存在抽样研究中的抽样误差。一般来说，需要获得全面、可靠而精确度高的资料的课题，尽可能采取总体研究。总体研究存在的局限性是：由于研究对象的范围、数量很大，研究的可行性降低，加上费时费力，容易影响研究的深度，甚至有时无法进行，不适宜进行追踪研究和实验研究。

样本是从总体中抽取出来的调查对象的集合。从总体中按照一定的方式抽取样本的过程，称为抽样。例如，《×××市农村幼儿教师科学素养的现状调查》课题中，总体是某市的所有农村幼儿教师。这里的“农村幼儿教师”，指的是“乡、镇、村各级公办民办大小幼儿园从事幼儿教育工作的教师和园长”。从总体中抽取的农村幼儿教师称为样本。抽样的目的在于通过样本研究的结果推断某市总体农村幼儿教师的科学素养状况。

抽样研究的优越性是：能够节省研究的人力、物力、财力，获取资料的手段灵活多样，研究效率高。这种研究可做深层次的研究，有利于提高研究的深度。

抽样研究的局限性是：存在抽样误差。由于抽样研究中只抽取总体中的一部分作为研究对象，然后根据样本研究的结果去推断总体，这种推断与总体的实际总有一定的偏差。要减少抽样误差，需要遵循一定的原则进行抽样，使选取的样本具有代表性，提高研究的效度和信度。

一般来说，在抽样研究中，样本数越多，代表性越好；样本数越少，代表性越差。在调查研究中，为确保调查研究的科学性，样本数量最好要大于100。

二、抽样的基本原则

（一）方向性原则

方向性原则指进行抽样时，要以研究目的为依据，从研究课题的实际情况出发，综合考虑运用哪种抽样方法能够契合研究对象和研究内容，达成研究目标。抽样方法没有好坏之分，每一种方法都有自己适用的范围，使得选择的方法与研究内容与目标一致。

（二）随机性原则

随机性原则指在抽取样本时，总体中的每一个单位都有被抽取的均等的机会，保证研究的科学合理。贯彻随机性原则，能够使样本和总体尽可能保持相同的结构，最大可能地使总体的某些特征在样本中得以表现，从而保证由样本推论总体。如《×××市小班幼儿同伴交往的特点分析》，总体是×××市的小班幼儿，根据随机原则，×××市小班幼儿被抽取为样本的机会是均等的，而不是专门抽取某些幼儿或某一幼儿园的幼儿作为样本。抽样的随机性原则，能够有效避免主观倾向性或人为因素带来的偏差。

（三）代表性原则

抽样的代表性是指抽取的样本要代表总体。当然，这里的代表性原则，并不意味着样本是总体的缩影，也不是说样本要具备总体的所有特征，而是指在统计意义上获得总体特征。只有样本具有代表性，由抽样特征推断的总体特征才具有一般性，对总体的研究成果才具有推广价值。

三、抽样的基本方法

抽样的方法多种多样，通常分为概率抽样和非概率抽样两大类。

（一）概率抽样

概率抽样是以概率论原理为基础，按照随机原则抽取样本的方法。在概率抽样中，全体中的所有个体都有被抽中的机会，体现出随机性的特点。概率抽样又可细分为以下几种类型。

1. 简单随机抽样

简单随机抽样又称单纯随机抽样，是从总体中直接抽取样本的方法。在简单随机抽样中，总体中每一个体被抽中的机会是均等的，这是最简单、最基本的方法。这种抽样方法的优点是简单、易行，能够确保总体的每个个体都有同等被抽取的机会，比较公平。这种抽样方法的局限性是选取的样本代表性不强，样本可能比较分散或者比较集中，容易出现抽样误差较大的现象。常见的简单随机抽样有以下三种。

1）直接抽样法：直接从研究对象中抽取样本的方法。如从小班的幼儿中随机抽取部分幼儿作为调查对象，了解幼儿语言能力发展的状况。

2）抽签法：将总体的每一个体编上号码，每个号码做一个签，将所有的签混合后，随机从中抽取，被抽取到签的个体作为样本。

3）随机数目表：由随机生成的从 0 到 9 十个数字所组成的数表，每个数字在表中出现的次数是大致相同的，它们出现在表上的顺序是随机的。当前，研究人员使用的各种随机数目表多为电子计算机编制的。较大的随机数目表是美国兰德公司（The RAND Corporation）1955 年编制出版的 100 万数字表。

2. 系统抽样

系统抽样又称等距抽样、有规律抽样，即将所有的个体按一定的顺序进行编号，然后依据固定的间隔抽取一个样本。间隔的大小由样本容量和总体中个体数目的比率而定。系统抽样的具体方法是，设总体共有 N 个，现需要从中抽取 n 个作为样本。首先确定取样间隔，用 K 表示，计算公式为 K=N/n，在此基础上决定起点。抽样的起点有多种，可以从 1 开始，也可以从 2 开始，也可以从 3 开始，这就需要根据具体情况来决定。

例如，要在 200 名幼儿中抽取 40 名幼儿作为调查对象，首先算出 K=200/40=5，然后将全体学生编号分成 40 组，每组 5 名幼儿，接着用随机抽取的方法决定每组学生中选取的幼儿。如果抽样的起点，即选取的是第 3 名学生的话，那么编号为 3、8、13、18、23、28……193、198 的学生为被抽取的调查对象。如果抽样的起点，即选取的是第 4 名幼儿的话，那么编号为 4、9、14、19、24、29……194、199 的幼儿为被抽取的调查对象。系统抽样能够在总体范围内有系统地抽取样本，与简单随机抽样比较，抽样误差要小。另外，系统抽样简单易行，容易操作，因此在抽样调查中常被采用。

3. 分层抽样

分层抽样又称类型抽样，即先把总体按一定标准分为不同的类型或层次，然后从每一类型或层次中随机抽取若干单位组成样本。常见的分层方式如按学习水平、学习成绩、地区、性别、年级等进行的分层方式。分层抽样适用于层内差异小、层间差异大的现象，能够有效地提高样本的代表性。在分层抽样时，第一步是了解和确定对象的特征差异，即分层标准，确定每一层对象的数量在总体中的比例；第二步，根据样本容量，计算每一层次的样本抽取数量；第三步，采用随机抽样法或系统抽样法，在总体的每一层对象中，随机抽取出样本来。分层抽样的过程较麻烦，但由于所选取的样本代表性高，能够有效提高抽样的质量，在现实工作中经常采用这样的方式。

4. 整群抽样

整群抽样又称整体抽样，即将各单位划分为若干群，然后以群为单位从中抽取一个群或一些群作为样本进行研究。例如从大班中随机抽取两个班的幼儿作为调查对象，了解幼儿的阅读兴趣。随机抽取某个农村幼儿园，了解农村幼儿的饮食习惯问题。这种抽样方法的样本是个体的集合体，或者是子群体。抽取到的调查对象比较集中，可降低抽样成本，研究中不易打乱其他班级，开展调查时比较方便，但是样本分布不够均匀，代表性较差。

（二）非概率抽样

非概率抽样又称为非随机抽样，它不是严格按随机抽样的原则来抽取样本，而是调查者根据自己的方便或主观判断抽取样本。非概率抽样虽然根据样本调查的结果能够在一定程度上说明总体的性质、特征，但不能从数量上推断总体。非概率抽样通常在规模较小的教育研究中使用。常见的非概率抽样方法有如下几种。

1. 目的性抽样

目的性抽样是根据研究的目的抽取样本，使其能够为研究问题提供最大的信息量。在目的性抽样中，研究结果的效度不在于样本数量的多少，而在于样本是否可以比较完整地、相对准确地回答研究者的问题。

2. 随意性抽样

随意性抽样是根据自己的意愿或判断，去抽取最有可能研究的对象作为样本的抽样方法。如随意选择某些幼儿教师进行调查，了解教育活动设计中存在的问题。这是非概率抽样中最简便、费用和时间最节省的一种方法，能够及时取得所需的资料。但是，如果总体中单位差异较大时，抽样的误差也较大，可信程度较低，它的样本没有足够的代表性。

3. 定额抽样

定额抽样是了解总体的性质，确定在某一总体中具有某种属性的人数所占的比例，然后从具有此种属性的人中搜集数据，并按各类人在总体中的比例赋予其适当的比重的抽样方法。定额抽样与分层随机抽样很接近，最大的不同是分层概率抽样的各层样本是随机抽取的，而定额抽样的各层样本是非随机的。

4. 滚雪球抽样

滚雪球抽样的做法是：首先选取符合要求的样本作为最初的调查对象，然后通过他们提供一些调查对象，再由这些人提供第三批调查对象……依次类推，样本如同滚雪球一样由小变大。例如，要研究幼儿教师的假期阅读情况，可以先选择认识的幼儿教师作为样本，再通过他们结识其朋友，不用很久，就可以确定很多幼儿教师作为研究对象。这种方法偏误也很大，那些不认识的幼儿教师，就很难把雪球滚到他们那里去，不能将他们确定为调查研究的对象。滚雪球抽样多用于总体单位的信息不足或观察性研究的情况。

一般来说，概率抽样能够确切地定义样本，能够从样本推断总体，体现研究结果的准确性和可靠性。非概率抽样使用方便，灵活性较强，但是主观性较强，缺乏代表性。因此，只要条件许可，应尽可能采用概率抽样。

第三节 问卷调查

一、问卷调查的含义

问卷是研究者把研究问题设计成若干具体的问题，按照一定的规则将问题排列，从而形成的书面的调查材料。这是为了获得统计数据或事件信息而设计的收集资料的手段。问卷调查是研究者将事先设计好的问卷交给被调查者填写作答，继而回收、整理、分析问卷，了解调查对象对某一教育问题或教育现象的看法的过程。问卷调查是研究者收集资料的一种方式，也是调查研究中最常用的一种方法。在学前教育领域中，问卷调查更适合于幼儿家长和幼儿园教师等成人。

（一）问卷调查的优点

1）调查方式的灵活性：问卷调查不受时间、空间的局限，调查方式比较灵活。可以现场发放问卷，可以通过网络调查或者以邮寄的方式进行调查，有效地节省了人力、物力、财力。

2）调查过程的匿名性：开展问卷调查，一般不要求署名，能够消除被调查者的思想顾虑，有利于被调查者客观、公正、真实地回答问题，提高了调查的信度和效度。

3）调查范围的广泛性：问卷调查可以是小规模的调查，也可以是大范围的调查，获得的资料信息快，这是一种省时、省力、效率高的研究方法。

（二）问卷调查的局限性

1）收集到的资料往往是表面的，不能够深入了解被调查者深层次的状况。

2）被调查者的合作态度与调查结果有直接关系。如果被调查者不合作，将直接影响到问卷调查的效果。

3）问卷调查不适合于文化程度低的群体，灵活性也不强。所以在开展问卷调查的时候，通常与其他调查形式有机结合在一起。

二、问卷的基本结构

一份问卷通常由四部分构成，分别是标题、指导语、主体、结束语。

（一）标题

拟定的标题，既要简明概括，又要体现出调查对象和调查内容，以便让被调查者明白要调查的主题。如《幼儿饮食状况问卷调查》《幼儿家长玩具购买行为调查》，能够清楚地将调查的对象和调查的内容表述清楚。

（二）指导语

指导语是写在问卷前面的一段话。指导语是为了向调查对象说明问卷的填写方式，使被调查者愿意并按要求作答，以获得真实、准确的信息资料。同时，消除被调查者的顾虑，引起被调查者的重视，争取他们的合作和支持，使被调查者实事求是地答题。

指导语包括以下内容：①调查的目的和意义；②填写调查表的要求和说明；③研究的用途，让答者明白无需署名，消除被调查者的顾虑；④调查者的身份。

指导语在设计上要简洁、明了，文字要简明、通俗，让人一看就知道该怎样作答，避免用抽象的语言和专业的语言填写。必要时，可以给出样题，说明回答方法。

案例 5-1

尊敬的老师：

您好！

为了总结当前农村幼儿教师培训的经验，发现培训过程中遇到的实际困难与问题，促进教师的专业发展，现就一些相关问题做一次问卷调查。填写的方式可单选，也可多选。此问卷仅仅为课题研究分析使用，无需署名。我们将对您的答案保密，希望您实事求是地填写。谢谢您的配合！

《促进农村幼儿教师的有效培训模式研究》课题组

2011 年 1 月

（三）主体

主体是问卷的主要组成部分，包括问题、答案、回答问题的方式以及对回答方式的指导语说明等。

问题设计的科学性、针对性如何，直接决定着问卷的质量。问题设计前，往往首先要根据实际情况，了解调查对象的基本情况，比如年龄、性别、教龄、所在幼儿园的性质、名称等基本的自然情况。有时根据需要，也可以填写工资、学习环境等。例如：

填表人的基本情况：

所在幼儿园的名称 ________________ 学历 _____________ 年龄 ________

教龄____________ 职称__________ 是否有幼儿教师资格证 ________

答案的设计，要简洁明了，与问题相对应，涵盖所有可能的答案。答案设计要彼此独立，避免出现相互重合、相互包含的现象。有时问题无法也没有必要列出全部答案，可以列出几个主要答案，然后加上“其他”一项。回答问题的方式，通常写在问题的后面，如选择答案的数目等。例如：

1. 工作以来，您参加过培训吗？ ________

A. 参加过　　B. 没有参加过

2. 您参加培训的目的是 ________（可多选）

A. 提高学历　　B. 扩大学科专业知识　　C. 提高教学技能方法

D. 学习先进的幼教理论知识　　　　E. 其他 ________（可注明）

（四）结束语

结束语的表述，一是列举征求被调查者意见的问题，二是对被调查者的合作再次表示感谢。如“您对此次调查有什么感受？A. 很有意义 B. 有些意义 C. 没有意义 D. 说不上”“对于本次调查，您还有要补充的吗？如果有，请填写在下面 ________。”“再次感谢您的参与”等。

三、问题的设计

（一）问题的类型

1. 封闭式问题

在拟定问题的同时，提供与该问题相对应的答案，让被调查者从中选择相应的答案。封闭式问题的优点：调查对象从答案中选择合适的选项，无需花费过多的时间和精力，回答简便快捷，容易配合调查，有利于问卷的回收，增强了调查对象回答的一致性。封闭式问题的缺点是：设计问题难度大，需要花费很多的时间和精力。封闭式问题的常见类型有下几种。

1）选择式：提供问卷调查的几种答案，调查对象根据自己的情况进行选择。通常包括单项选择题和多项选择题。选择题是问卷调查中最常用的方法之一。

① 单选选择题：在提供的答案中选择一个答案。例如：

您所在幼儿园录用幼儿教师的最低学历需求是 ________

A. 中专　　B. 大专　　C. 本科　　D. 研究生

② 多项选择题：在提供的答案中选择多个答案。例如：

您认为哪些因素制约着培训的开展？ ________

A. 上级教育部门没有组织安排　　B. 培训名额有限

C. 幼儿园资金缺乏　　D. 时间

③ 是非题：只有两个可供选择的答案：“是”或“否”、“正”或“误”等，调查对象只需在相应的答案后面打“√”或标上其他符号加以表示。这种形式的问题回答简明、容易操作，不足是得到的信息量太少，不能细致地了解答案的层级，这属于单项选择题的一种方式。例如：

你每天做教育活动反思笔记，从未间断过吗？ ________

A. 是　　B. 否

你每天都读专业书籍吗？ ________

A. 是　　B. 否

2）排序题：要求调查对象按照某种标准，从备选答案中按照一定的顺序重新排列的一种回答方式。排序题往往用于调查个体或群体对某一问题的态度。例如：

按照由易到难的顺序排列，您认为教师开展教育活动中存在的问题有________

A. 活动目标制定不科学　　B. 活动教具不实用

C. 活动重点把握不住　　D. 活动难点没有突破

E. 活动过程没有条理

3）等级式：答案是具有等级意义的词汇或数字形式，回答问题是只能从中选择一个。等级式常见的答案数是奇数，通常是3、5、7个答案。回答量级有：非常好、好、一般、差、非常差；非常满意、满意、一般、不满意、非常不满意；有意义、一般、无意义等。例如：

您认为园本教研对于促进自身的专业发展有帮助吗？________

A. 有帮助　　B. 一般　　C. 没有帮助

您对本次省级骨干教师培训满意吗？________

A. 非常满意　　B. 满意　　C. 一般

D. 不满意　　E. 非常不满意

4）表格式：设计表格，根据调查的内容和问题，将问题的答案填写在表格里面（见表5-1）。

表5-1　假期幼儿在家看电视的情况调查

时间	电视节目	看电视的时间

2. 开放性问题

开放性问题与封闭式问题不同，它只拟定问题，不提供任何答案，要求调查对象根据调查题目实事求是地写出问题的答案。例如：

1）您认为当前幼儿教师在教学活动中存在的问题有哪些？

2）您为什么选择学前教育这个专业？

3）怎样提高农村幼儿教师的素质？谈谈您的看法。

开放性问题的优点是：对信息了解得比较深入，能够全面了解到调查对象的真实想法。其缺点是：开放性问题的答案很多，对答案的整理比较麻烦。对其结果不能进行定量分析，往往作为定性分析的参考性答案。

3. 半封闭半开放性问题

有的问卷往往是在封闭式问题的基础上，根据需要加上若干个开放式问题，给调查对象一定的回答自由。所有开放性问题都出现在问卷的后面，数量不宜过多，能够给调查者一定的自由度。这种设计问题的方式，能够综合封闭性问题与开放性问题的优点，并弥补其不足。通常研究者对于比较确定的问题，用封闭式问题提出，而对于尚未明了的问题，或深层次的调查，便采用开放式问题。例如：

1）您认为教学比赛对于提高教师的教学能力起作用吗？有什么作用？

2）您假期带领孩子外出旅游过吗？写出您去过的地方。

3）您希望参加培训吗？您希望参加什么内容的培训？

（二）设计问题时应该注意的事项

1）主题鲜明：所有设计的问题都要与研究目的、研究内容有关。

2）每个题目只能涉及一个问题或问题的某个方面，避免涉及多个内容。例如“您的园长教学能力强、善于与教师沟通交流吗？”“您经常外出听学前教育专业讲座和参观幼儿园吗？”这些问题就包含多个方面，使被调查者无法选择。

3）问题表述力求简洁。问题用陈述句表述，避免使用双重否定句表述，避免使用含有贬义的词句，避免出现专业用语，也不要使用抽象的概念。如“您是否认为幼儿教师不应该进行教学改革吗？”这样的表述让人很难理解。“您孩子在家出现攻击性行为吗？”对于大多数家长来说，不知道“攻击性行为”的含义是什么，也就无法作答。

4）问题设计要适合被调查者的知识经验。问题不要超出被调查者的知识与能力，不要过于抽象。如“您认为当前的学前教育体制怎样？”“谈谈将来的学前教育的发展”等问题，让许多教师不知怎样作答。

5）问题是价值中立的，避免社会认可效应，不要带有任何倾向性，不带心理暗示。如“您不赞成幼儿园开兴趣班吗？”容易诱导别人产生倾向性，可改为“您是否赞成幼儿园开兴趣班？”

6）问题安排要有逻辑性，涉及相同内容的问题放在一起。容易回答的问题放在问卷的前面，较难回答的和开放性的问题放在后面。把客观的、具体的、容易回答的、事实性的问题放在前面，对于涉及态度的、涉及回答者的主观因素的问题放在后面。

7）尽量使用第二人称提问，在必要时使用第三人称陈述，避免使用第一人称。

8）问题的排列方式要科学。通常按时间排列，即按照一定的时间顺序进行排列；按难易顺序排列，即将容易回答的问题放在前面，较难回答的问题放在后面；按先总体后部分排列，即将一般的或总论部分放在前面，特殊的、分述的内容放在后面；按先熟悉后生疏排列，即熟悉的部分放前面，生疏的问题放后面。

9）根据情况，将封闭性问卷与开放性问卷有机结合运用。封闭式问题要按标准化测试的原则进行编拟。开放式问题应具有启发性，有利于被调查者回答。

10）答案要包括所有可能的情况，答案之间不能相互重叠或相互包含。例如，在对家长教育观念进行调查的问卷中，题目设计为：

您平均每年给孩子买图书，价格是 ______？

A. 100元以下　　B. 200～300元　　C. 300～400元　　D. 400～500元

E. 500元以上

在这些答案中，100～200元没有包含进去。

四、问卷调查的一般过程

（一）征求专家意见

根据调查的目的、要求，设计好问卷后，最好要征求专家的意见，进一步修订完善问卷。设计好的初稿可以打印许多份，送给相关研究领域的专家、学者、少数的调查者，请他们从不同的角度对问卷进行分析、评判，提出自己对问卷设计的认识，整理他们的意见后，进一步修订、完善问卷。

（二）问卷的试用与修改

在正式发放问卷之前，先选择 30～50 人为测试样本，检查问题的表达方式、内容、答案能否被调查对象理解，然后用重测法进行测试。重测法指的是用同一份问卷，对同一组被调查者进行前后两次调查，根据前后两次调查结果的相关系数，来判断问卷的信度。如果两次测验的结果差异不大，说明问卷的信度较好。如果测查的结果差异较大，就需要认真查找、分析问卷中存在的问题，对问卷进行修改。比如，概念的含义解释是否正确，语言是否明确具体，问题形式是否过于复杂，指示语是否清楚，问题的答案是否合理等。

（三）问卷的发放与回收

1. 发放问卷的方式

发放问卷的方式有直接发放、邮寄发放、网上发放三种形式。

直接发放是研究者将问卷直接交给被调查者，现场回收问卷。这种方式调查成本较低，花费少，回收率也较高。

邮寄发放是通过邮递发放问卷和通过邮递回收问卷。这种方式简便易行，省时省力，被调查者有足够的时间答题。但是存在的问题是回收率低，信息反馈时间长，影响收集问卷的时效。并不是所有的调查者都能按期完成问卷调查，会耽误研究资料的收集与分析。如果出现这种情况，调查者需要给没有回复的调查者再寄一封信进行提醒，希望得到被调查者的支持，来提高问卷的回收率。另外，调查者也无法直接观察到被调查者当时答题的环境、答题的态度，容易影响收集资料的真实性和代表性。

网上发放的特点是不受时间、空间的限制，免去了打印、邮寄、电话等费用，有效地节省了人力、物力和财力。这种调查方式存在的问题是无法把握被调查者对象的合作态度。如果被调查者不合作、不愿意参与其中，势必影响了问卷调查的质量。由于这种方式依赖电脑，对于网络不普及的地方就不能采用这种调查方式，势必会影响取样的代表性。目前，网上发放问卷成为了一种很受欢迎的方式。

2. 在实施问卷调查时应注意的问题

被调查者的选择要有代表性，一般不少于 30 人。问卷中问题的数量不要超过 70 个，以被调查者 30 分钟以内能顺利完成为宜，因此，问题的设计需要体现出针对性的特点，体现出事物的本质特征。问题的答案要易于整理、分析和解释；问卷的回收率一般要求达到 70%以上，才可作为研究的依据。如果问卷回收率较低的话，需要再发放问卷、再回收问卷。

（四）问卷的统计

对于收集回来的问卷，需要逐项检查资料是否完整、有无缺漏与丢失，将所有的资料按项目分类、编号，使之有序。

1. 整理收集到的资料

对于收集到的资料进行整理，检查资料的完整性，比如问卷的数量有没有少，每一页的信息是否完整；检查问卷的统一性，比如调查对象是否符合要求，填写的资料是否符合事实和逻辑等，分析问卷的质量。有的问卷可以在核实后对问卷进行补充使其成为有效问卷，有的问卷则成为了无效问卷，在统计时，就要去掉这样的问卷。

2. 计算回收率和有效回收率

回收率指的是回收问卷的数量除以发放问卷的数量得到的比例。有效回收率指的是有效问卷的回收率。一般情况下，问卷的有效率需达到80%以上。

回收率的计算公式是：回收率＝回收问卷数量/发放问卷数量×100%

有效回收率的计算公式是：有效回收率＝回收有效问卷数量/回收问卷数量×100%

3. 分析问卷的内容

对有效问卷进行分析，分析每一类题目，对其问题进行定性分析与定量分析。全面、深入地分析各个方面存在的问题，探讨相应解决问题的策略，提出有针对性的建议，撰写调查报告。数据处理后得到的结果可以回答我们提出的一部分问题，有的结果还需要再分析、再深入研究之后才能做出判断。

第四节　访谈调查

一、访谈法的含义

访谈法，是指研究者通过口头交谈的方式，向被调查者提出问题，被调查者实事求是地回答问题，从而收集有关问题的信息和资料的方法。这是以谈话为主要方式来了解某人、某事、某种行为或态度的一种调查方法，因此，访谈法又称谈话法或访问法。

访谈法是通过研究者与被研究者直接交谈的方式来收集资料的方法。访谈调查常用于教育调查、心理咨询等领域，有利于了解被调查者的内心世界、心理体验、情感以及对某一事物的意见、态度、评价等方面的信息，既可以进行事实的调查，也可以进行建议的征询。访谈法具有目的性、规范性、灵活性的特点。“目的性”说明了访谈的内容要围绕着访谈的目的来设计；“规范性”说明了访谈之前，要有访谈提纲，根据访谈提纲进行访谈；“灵活性”说明了根据访谈的实际，可以采用追问的方式，了解更深层次的内容。

研究者可以通过访谈法，获得特定研究的主要资料，在学前教育研究中经常采用。比如，就“如何提高幼儿的独立性”“如何解决入园难、入园贵的问题”“如何促进农村幼儿教师的专业发展”“如何对待留守儿童”“如何看待幼儿识字”等问题，对某一专家、幼儿园园长、幼儿园教师或家长进行当面互动或电话互动，通过被调查者回答问题，直接收集相应的资料和信息。访谈法是进行调查研究的一种有效方法，可以单独使用，也可以与观察法、问卷调查法有机结合使用，获得更深层次的信息。

访谈法不同于日常生活中的谈话活动。第一，访谈法是一种研究性的交流活动，它有计划、有目的、有准备，需要紧紧围绕着访谈的主题和访谈的内容开展谈话。日常生活中的谈话活动没有严格的、预先设计好的主题，随意性较大。第二，访谈中研究者需要掌握追问和倾听的技术，要在访谈过程中不断地思考，根据访谈的目的和被访谈者的回答情况不断地调整访谈的内容与节奏。访谈结束后，也要对收集到的资料进行量性和质性分析，得出研究结论。日常生活中的谈话活动以双方的交流和沟通为主，主要在于信息的传递，谈话活动结束后，意味着交流活动也结束了。

二、访谈法的优点与局限性

（一）访谈法的优点

1）通过调查者的主动询问、追问，能够深入了解被调查对象的动机、态度、想法等问题，能够获得更为丰富的、广泛的资料，有利于获取深层次的信息，使研究结论更具有说服力。

2）访谈法的形式比较灵活，访谈的时间往往由调查者与被调查者协商决定，访谈的形式可以是面谈、电话、网络访谈。当访谈对象不理解研究者的问题，或者研究者认为访谈对象回答不完整、不明确时，都可以进行追问，了解更加深入的信息。

3）访谈法的适用范围较广。因为它是口头进行的，研究者可以对问题进行解释说明，让被访谈者明白所要问的问题的含义。访谈法适用于一切具有口头表达能力的不同文化程度的访谈对象，对于文化程度较低的对象或儿童也同样适用。

（二）访谈法的局限性

1）被访谈者的合作态度、情绪状态直接影响着访谈的质量。

2）访谈者主要是采用面对面的谈话形式，所以，访谈的对象多适合于小样本的研究，而不太适合大样本的研究。

3）访谈法耗费的时间和精力较多。比如去某个地方对某一专家进行访谈，需要支出一定的费用。访谈过程中如果需要录音和录像的话，访谈结束后需要对影像资料进行整理，根据情况将其全部转化为文本格式，这需要花费较多的时间和精力。

4）对于某些问题不宜进行访谈。由于访谈法是面对面进行交谈，不具有匿名性，因此对于一些敏感性的问题、不愿回答的隐私问题，不宜进行访谈。

三、访谈调查的类型

调查中运用访谈的方式很多，可以根据不同角度划分为不同的类型。

（一）根据被访者的数量划分

1. 个别访谈

个别访谈是访谈者与被访谈者一对一地单独进行交谈。这种访谈形式常用于深入了解某个个体的一些特定情况。因为访谈者与被访谈者两人在场，容易使被访者敞开心扉，真实、充分地表达自己的观点。个别访谈是访谈法中最常用的形式。

2. 团体访谈

团体访谈是调查者与多名被调查者通过集体座谈的方式收集有关资料的方法。比如召开座谈会就是一种小组的访谈形式。这种形式的特点是，通过座谈的方式进行调查，可以互相启发，彼此交流，有利于在短时间内获得大量的信息，同时也大大节约了人力、物力和时间。为了提高访谈的质量，被访谈的人员要有一定的代表性。常见的团体访谈形式有开座谈会、开调查会等。

（二）根据访谈过程的控制程度划分

1. 结构式访谈

结构式访谈是调查者按照事先设计好的访谈提纲向被访者提问并要求被访者严格按照统一的顺序、标准进行回答。这种访谈形式能够控制访谈的过程，确保访谈的内容围绕着访谈的目的进行。但由于形式上的统一，比较呆板，使得访谈形式缺乏灵活性。

2. 开放式访谈

开放式访谈是指不对访谈的内容和形式进行严格的预设，只是围绕着一个大致的访谈提纲或者某一主题进行自由的交谈，有时在访谈过程中根据访谈的内容会生成一些问题。其特点是弹性大，能够获得有关被访者的深层次信息，为深入分析问题提供了基础。但这种方式对访谈人员的谈话技巧、控制谈话的能力要求较高，对结果的分析比较费时费力。

（三）根据访谈者与被访谈者的交流方式划分

1. 直接访谈

直接访谈是访谈者与被访谈者面对面交谈而获取信息的一种调查方法。运用这种方式可获得更详尽的信息资料，能够控制访谈过程，有利于了解深层次的问题。

2. 间接访谈

间接访谈是调查者借助电话、视频等手段与被调查者进行交谈的调查方法。这种访谈形式能够节省人力，不需要外出就能完成访谈任务，是当前常用的一种访谈形式。电话访谈因具有费用低、资料收集快、节省人力等优点而受到当前研究者的欢迎，是当前运用较多的一种方式。

（四）根据访谈的次数划分

1. 一次性访谈

一次性访谈通常内容比较简单，主要以收集事实性信息为主，访谈一次就能够完成访谈的任务。

2. 多次性访谈

多次性访谈通常用于追踪调查，或深入探究某些问题。多次访谈时逐步由浅到深，由表层到深层，由事实信息到意义阐释，对事物了解得比较深入。进行多次性访谈时，收集的资料尽可能详尽丰富，在这个过程中也要避免资料的重复。

四、访谈调查的一般步骤

访谈调查根据其进行的流程，可以分为三个阶段，即访谈的准备阶段、访谈的实施阶段和访谈结果的分析阶段。

（一）访谈的准备阶段

访谈的准备阶段包括选择访谈对象、确立访谈的提纲、确定访谈的地点、准备好访谈的工具如纸、笔和便携式录音机、采访机，以便获得丰富翔实的资料等。做好访谈准备需要注意以下几点。一是选择和确定访谈对象前，需要对被访谈对象的情况进行深入了解，包括被访谈对象的身份、职业、专长、兴趣、教学风格、研究成果等，为在访谈中确定共同语言奠定基础。二是访谈提纲的编制要简明、科学。访谈提纲的结构一般包括访谈目的、访谈类型、访谈时间、地点、访谈人员与访谈对象、访谈主题等。访谈提纲是访谈调查的工具，是访谈过程的基本依据。三是设计的问题语言要通俗易懂，避免使用抽象化、专业性的语句，要让被访谈者很容易理解。四是确定访谈的时间。包括确定访谈的次数、每次访谈的日期、访谈开始的时间、大约结束的时间等。确定访谈的时间要以访谈对象方便为原则，同时也要满足调查的需要，获得足够的信息量。

（二）访谈的实施阶段

良好的开端是成功的一半。对于访谈者来说，与被访谈者之间建立轻松、和谐的氛围，对于获得真实的资料尤为重要。访谈的第一步，创造一个较为轻松而具有信赖感的环境，尽可能结合受访者感兴趣的话题或从事的具体事情自然地开始访谈，拉近访谈者与被访者的距离。这样使双方更易于沟通，同时也能使被访者感觉亲切、放松，有利于访谈的顺利进行。在此基础上，向被访者说明本次调查的目的、意图、价值及为什么要选择他们作为访谈的对象，以调查被访者合作的积极性。

访谈中要认真倾听，适时采用追问技巧。适时地使用“好”“嗯”等语言信息或点头的非语言信息鼓励被访谈者说下去。访谈中，如果被访谈者出现答非所问的现象，或是回答的内容比较宽泛的话，可以适当地追问，比如“您说的是什么意思？”“能不能举例来说明一下呢？”“你为什么这么说？”等。追问的方法有：“正面追问，即直接指出回答不真实、不具体、不准确、不完整的地方；侧面追问，即换一个不同的角度、侧面或提法来追问；系统追问，即系统地追问事件的发生、发展等；补充追问，即只问那些需要补充回答的问题；重复追问，即重提已经得到回答的问题，以检验前后回答的一致性；反感追问，即‘激将追问’，观察在‘激将’的情况下，对方有何反应和表现。”[①]

① 访谈的程序与技巧. http://www.doc88.com/p-89054113536.html.

做好记录。记录通常有两种方式。一种方式是当场记录，快速、准确地记录下访谈对象所阐述的主要内容，事后可通过追忆来对访谈的内容进行补充完善。第二种方式为事后记录，即根据录音、摄像等资料对访谈内容进行整理。访谈者还要注意观察，对被访者讲述的事件、列举的实例，特别是事件的时间、地点、状况、性质等，都要尽量完整地记录。同时，将被访谈者的面部表情、形体动作、眼神等一一记录下来，以提供翔实的资料信息。

适当地做出回应。访谈者不只是提问和倾听，还需要将自己的态度、想法及时地传递给对方。回应的方式多种多样，可以是诸如“对”“是吗”“很好”等言语行为，也可以是点头、微笑等非言语行为，还可以是重复、总结。在回应时，要紧扣谈话的主题，避免随意性。

（三）访谈结果的分析阶段

访谈结束的方式有：①访谈者有意给对方一些语言和行为上的暗示，鼓励对方把自己特别想说的话说出来。如访谈者可以问对方：“您对今天的访谈有什么看法？”“您还有什么想说的吗？”等。②访谈者做出准备结束访谈的姿态，如开始收拾录音机、笔、笔记本。③访谈者可以谈一些轻松的话题，为访谈结束做一些铺垫。“不同的访谈方式，被访者保证注意力集中的时间也不相同，一般电话访谈 20 分钟左右，结构式访谈 45 分钟左右，团体访谈和无结构访谈不超过 2 小时。访谈者应根据实际情况灵活控制，当访谈时间超过预定时间、被访者面露疲倦、访谈节奏变得拖沓、访谈环境正往不利的方向转变时，访谈者应立即结束访谈。”[①]访谈结束后，向被访者表示感谢。如果需要再次进行访谈，可以约好下次见面的时间。

访谈结束后，要整理分析访谈记录。一是对事实进行归类分析，找出因果关系。二是得出新的结论，对现实有一定的指导意义。

分析完访谈记录之后要撰写访谈报告。访谈报告的内容包括：①题目；②前言：介绍访谈的目的、意义、背景等内容；③访谈的过程：介绍访谈的时间、调查对象、访谈内容；④访谈结果与分析；⑤结论与建议；⑥参考文献；⑦附录。撰写访谈报告时，要条理清晰，既把握住要点，同时又突出细节，将结论与搜集的材料有机统一，体现访谈的实践价值。

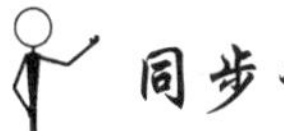

同步训练

1．调查法的含义是什么？其优点与局限性有哪些？

2．调查研究的类型有哪些？请举例说明。

3．小组合作设计一份调查问卷。如果开展调查的话，分析如何选择样本和进行抽样。

4．设计一份访谈提纲，分析阐述如何进行访谈？

5．阅读下列文章，结合本章所学到的知识，分析开展调查研究时应该注意些什么。

---

① 李臣之．2010．教师做科研——过程、方法与保障［M］．深圳：海天出版社．

学前教育专题评估报告有关情况介绍

我们接受教育部委托，对全国及七个样本省份五年来执行和实施《教育规划纲要》，促进学前教育改革与发展的效果进行了评估。

本次评估以《教育规划纲要》和“国十条”为依据，从普及学前教育、扩大学前教育资源、公益普惠的学前教育公共资源配置，加大学前教育投入、规范学前教育管理、加强教师队伍建设、相关利益群体满意度等七个方面评估过去五年学前教育的发展效果和政府责任落实的情况，也涵盖了国际比较评价的主要指标（例如可获得、付得起、教育条件质量等）。

本次评估力求队伍专业化，研究方法力求多元化，定性分析与定量分析相结合，实地观察与问卷调查相结合，确保评估结果的客观、公正。第一，用数据说话，确保评估结论有数据支持；第二，在问卷设计和访谈中，注意采集原始数据，避免题目的“暗示性”和“导向性”。

评估所用数据有两个来源：一是政府公布的数据，包括教育部网上公布的教育统计数据和各省的统计年鉴；二是到各地实地采集的数据，包括通过教育行政部门问卷调查和访谈采集到的江苏、山东、安徽、江西、陕西、四川等 6 省和甘肃省 58 个集中连片贫困县学前教育发展现状的基本信息，来自 468 所不同性质幼儿园园长的调查问卷（有效问卷 402 份）和家长的满意度调查问卷（有效问卷 10349 份），以及对 180 个幼儿园的实地观察等获得的数据。

评估结果表明，《教育规划纲要》实施五年以来，各级政府积极贯彻落实该文件要求和学前教育“国十条”，实施学前教育三年行动计划，强力推进学前教育发展，取得了很大的成绩。主要体现在九个方面。

第一，学前教育普及率大幅提高。五年来，学前三年毛入园率呈快速增长态势。2014 年学前教育三年毛入园率为 70.5%，比 2009 年提高了 19.6 个百分点；2014 年，6 个样本省中学前三年毛入园率最低的省份（江西）也已经接近全国平均水平（70.5%），最高的（江苏和陕西）已经超过 95%；18 个样本市学前三年毛入园率整体达到 89.44%；33 个样本区县学前三年毛入园率（均值）在整体上已经达到了 94.97%。适龄幼儿在园数大幅增长，增幅显著高于适龄幼儿数的增长；处境不利幼儿受教育机会大幅度扩展；“入园难”得到有效缓解。

第二，学前教育资源快速扩大。五年来各级政府积极扩大学前教育资源，学前教育各项资源发展快速。全国幼儿园总量增幅为 51.88%；班级数量、专任教师数量、保育员数量分别增长了 59.26%、87.05%和 59.75%。

第三，新增学前教育资源，尤其是公办学前教育资源向农村倾斜。2011～2014 年，全国新增幼儿园 43 131 所，农村幼儿园增量显著高于城区，占比为 71.52%。其中，公办园新增 19 672 所，主要分布在镇区和乡村，占比 88.17%。

2011～2014 年乡村幼儿园新增 13 899 所。其中，公办园 10 689 所，占比 76.9%；民办 3774 所，占比 27.15%。公办园是农村学前教育的主要支撑力量。

第四，公益普惠的学前教育公共服务网络建设初见成效。五年来，各级政府大力发展公办园。公办园（即教育部门办园）在 2011 年以后呈快速发展态势，仅用三年时间占比就从 2011 年的 10.94%上升到 50.13%；集体办园和其他部门办园数量也开始止跌回升。

公办园、公办性质幼儿园（包括企事业单位办园和集体办园等）以及普惠性民办幼儿园构成了具有我国特色的普惠性学前教育资源。公益普惠的学前教育公共服务网络建设初见成效。

第五，学前教育财政性经费大幅增加。近五年来各级政府高度重视对学前教育的经费投入。各样本省、市、区县均建立了学前教育的经费保障措施，对学前教育的投入总量逐年增加且增幅显著，学前教育财政性经费占比逐年提升。2010～2014 年，中央财政投入 690 多亿元，带动地方财政投入超过 2000 亿元。财政性学前教育经费占比从 2010 年的 1.7%提高到 2013 年的 3.5%。学前教育财政长期以来投入不足的状况有了明显改善。

有五年完整数据的 10 个样本县五年中对农村学前教育投入的经费增长了 1011.5%。

2013 年，22 个有效样本区县学前教育财政性教育经费占比已达 6.66%，高于全国水平。

贫困地区学前教育经费大幅增长。2009～2014 年，甘肃集中连片贫困地区学前教育财政性经费从 9842 万元增加到 108 976 万元，增幅 1007.3%。

第六，学前教育资助制度开始建立，资助经费和受益幼儿面逐年提高。2011～2014 年，中央财政投入 26 亿元，支持各地开展学前教育资助，受益幼儿超过 800 万人次。

第七，幼儿教师队伍建设成绩显著：一是数量稳步增长，2014 年，专任教师 184.4 万人，比 2011 年增加 52.84 万人，增长 40.17%；且增量部分主要集中在乡村和镇区；二是学历层次普遍提高，专科以上学历教师占比已达 70.89%；三是持证人数逐年增加，无证人数逐渐减少；四是各级培训覆盖的教师人数持续增长。

第八，学前教育管理逐步规范。从中央到地方，各级政府加强幼儿园准入、收费、卫生等方面管理制度的建设，密集出台了一系列法律、法规与政策、条例，提高了学前教育立法的位阶，规范学前教育，提升治理能力。幼儿园“小学化”现象得到遏制，越来越多的幼儿园重视以游戏为基本活动，实施科学保教。

第九，社会满意度整体较高。其中，家长满意度在 70%～90%，园长满意度平均为 82.85%。

评估组认为当前学前教育发展主要存在六个方面的问题：第一，学前教育普及率城乡差异显著，城市学前三年毛入园率明显高于农村；第二，学前教育公共服务“公益普惠”程度不高，公办幼儿园占比仍然较低，民办幼儿园占比过高，“公办民办并举”格局尚未形成；相当多的地区，尤其是中、西部地区普惠性资源依然短缺。第三，学前教育财政性经费占比仍然较低。学前教育三年毛入园率在 60%～80%之间的国家，财政性学前教育经费占比平均为 7.73%。2014 年，我国学前教育三年毛入园率已经达到 70.5%，但财政性学前教育经费 2013 年占比仅为 3.5%。第四，学前教育发展的长效经费投入保障机制有待建立。大多数公办园以及企事业单位和集体办园的日常运转主要依靠收费，办园条件较差，教师工资待遇较低，家长负担较重。第五，教师队伍建设需要进一步加强：教师数量仍然不足；农村地区专科以上学历教师占比仅为 55.42%；有幼教资格证的教师数量占比仅为 50%左右；未评职称教师占 70%左右；教师待遇普遍偏低；公办幼儿园教职工编制数严重不足。第六，提升幼儿园保教质量任务依然艰巨。相当多的幼儿园教育“小学化”仍较严重。多数地方教育行政部门未设学前教育管理和教研部门，学前教育管理和指导力量单薄，难以适应由于幼儿园快速发展带来的日益繁重的管理和指导任务。

评估组提出以下七点政策建议：第一，进一步强化和落实政府责任。把学前教育的发展成效纳入各级政府，尤其是一把手工作绩效考核的范围。第二，进一步加大对学前教育的投入，把我国学前教育财政性经费占比至少提高到 7%，使之与学前三年教育普及率相适应。第三，进一步调整和完善学前教育财政性经费的投入结构，加大对公办幼儿园，尤其是农村地区公办幼儿园的日常运行经费的投入。第四，进一步推动农村学前教育的发展，农村要实现以财政投入为主、公办幼儿园为主，缩小城乡差距，重点解决好连片特困地区、少数民族地区、留守儿童集中地区学前教育资源短缺问题。第五，进一步提高学前教育公共服务“公益普惠”程度，把“双 50%以上”（即公办幼儿园数量占比 50%以上和在公办幼儿园就读的幼儿占比 50%以上）作为各地建设公益普惠的学前教育公共服务网络的考核指标，加强对普惠性民办幼儿园的认定、支持与监管。第六，进一步提升幼儿园保教质量，重视解决幼儿园大班额现象，加大对幼儿园玩教具的投入，制定幼儿园教育质量评价标准，坚定不移地遏制幼儿园教育“小学化”倾向。第七，进一步加强教师队伍建设。健全公办幼儿园教职工编制核定和补充制度，补足配齐公办幼儿园专任教师编制；依法落实幼儿园教师待遇，完善幼儿园教师工资待遇保障机制；完善幼儿园教师职称评定制度。

（资料来源：中国学前教育研究网．http：//www.cnsece.com/KindTemPlate/MsgDetail/34671，2016.2.22.）

注：文中提及《教育规划纲要》即《国家中长期改革和发展规划纲要》（2010—2020年）；“国十条”即《国务院关于当前发展学前教育的若干意见》。

第六章

教育行动研究

学习目标

1. 掌握教育行动研究的含义和特征，明确教育行动研究的优点与局限性。
2. 明确幼儿教师开展教育行动研究的意义。
3. 了解教育行动研究的类型。
4. 了解四环节模式、六步骤模式的含义，初步掌握行动研究的基本步骤。
5. 能够初步撰写教育行动研究报告。

知识结构图

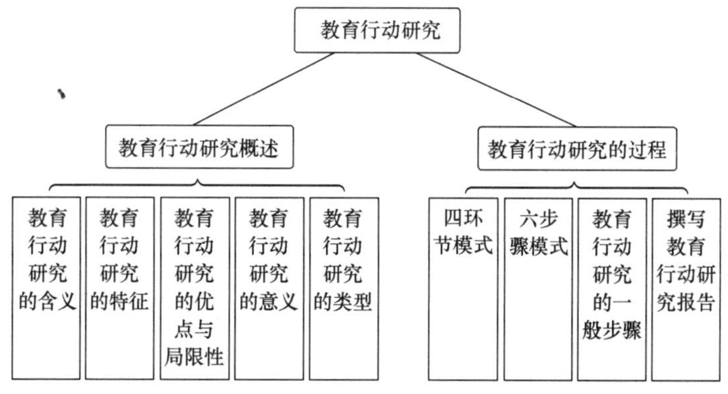

行动研究起源于“二战”时期的美国。当时，美国联邦政府印第安人事务局长柯立尔（J. Collier）为了改善印第安人与非印第安人之间的关系，解决民族问题，进行了一系列研究。起初，他让科学家和实际工作者分别进行研究，结果收效甚微。于是他提出让两者共同合作开展研究，取得了较好的效果。柯立尔认为，研究的结果必须能为实践者付诸应用，并利用自己的经验进行检验，因而他鼓励实践者参与研究。这种实践者在行动中为解决自身问题而进行的研究，就是最早的关于行动研究的尝试。

德裔美国著名的社会心理学家科特·勒温（K. Lewin）将行动研究直接应用到社会心理学的研究上来。20 世纪 40 年代，勒温与其学生在对不同人种之间的人际关系进行研究时，提出了行动研究，他们与黑人、犹太人合作进行研究，这些实践者以研究者的姿态参与到研究中，积极地对自己的境遇进行反思，并力图改变自己的现状。勒温将这种结合了实践者智慧和能力的研究称为行动研究，明确提出了行动研究的概念。在《行动研究与少数民族问题》一书中指出，“没有无行动的研究，也没有无研究的行动”，并把行动研究定义为“将科学研究者与实际工作者之智慧与能力结合起来以解决某一实际问题的一种方法”。20 世纪 50 年代，哥伦比亚大学师范学院院长考瑞（S. M. Corry）教授将行动研究介绍到教育界，教师、学生、辅导人员、行政人员、家长以及社区内支持教育的人都参与到教育行政管理、课程、教学研究之中。20 世纪 80 年代初，行动研究被介绍到我国，现已逐步成为我国广大中小学教师从事教育研究的主要方式之一，对于解决教育实际问题、提高教学质量、增加教师实践智慧方面发挥着越来越显著的作用。

第一节 教育行动研究概述

幼儿教师开展的工作就是由一个又一个的保教行动构成的。教育行动研究是教师研究自身教育实践中的问题、改善教育活动质量的一种教育研究形式。这种研究形式使幼儿教师可以在自己的教育实践中开展研究工作，在研究状态下进行教育工作。行动研究关注的不是理论问题，而是实践工作者将研究与实践结合起来，科学地解决现实中的问题。

一、教育行动研究的含义

教育行动研究是有目的、有计划地对教育行动中的具体问题进行系统地探究，以提高教育行动有效性的研究。行动研究不仅仅要使教师获取“是什么”的知识，还应让教师懂得“如何做”“为何做”的知识。对于这两个不同层面的知识，开展行动研究的重心应放在后者，即重点掌握“如何做”“为何做”的知识。一线幼儿教师只有将行动研究应用到具体的实践中，解决教育实践中的现实问题，才能真正领会、掌握行动研究的内涵和真谛。行动研究也是一种研究取向，它不在于建立理论、归纳规律，而是针对教育实践中的问题，在行动研究中不断地发现问题、探索改进和解决教育实际问题的过程。

二、教育行动研究的特征

（一）行动研究的特征

对于行动研究的特征，有的学者指出，行动研究具有三个特征：为行动而研究（research for action）；在行动中研究（research in action）；由行动者研究（research by actors）。

1. 为行动而研究

这是就行动研究的目的而言的。行动研究的目的是解决教育行动中遇到的具体问题，提高行动的效率、效果，所以行动研究者关注的并不是专业研究人员感兴趣的“理论问题”，而是学校管理者和教师在日常的教育教学行动中遇到的具体的“实践问题”。

对这些“实践问题”的研究，首要的目的不是为了验证理论或发现新知识，而是为了“实践问题”的解决。所以说，行动研究是为了行动而开展的研究。

2. 在行动中研究

这是就行动研究的过程和环境而言的。行动研究不主张把研究和行动看作是两种相互独立的活动分别进行，而是把研究和日常行动合二为一，倡导在研究中行动和在行动中研究，使教育工作伴随着研究，通过研究工作提升教育质量，使得研究和行动相互验证，相辅相成，真正把教育工作变成充满激情的创造性的探索活动。

3. 由行动者研究

这是就行动研究的主体而言的。这里的行动者是指一线的幼儿教师，他们是名副其实的教育实践的行动主体。他们了解自己所处环境的背景和现状，拥有研究和解决教育教学问题的第一手资料，对实践问题的解决起着不可替代的关键作用，也对问题如何解决的研究拥有重要的参与权和发言权。

下面是一个行动研究案例。教师在实践中发现问题、分析问题的原因、探讨解决问题的策略，有效地达成了活动的目标，体现出教师是研究的主体，教师在行动中研究，最终目标是有效地解决实践中的问题。

案例 6-1

一名教师发现：班里的幼儿自信心较弱，不敢表达自己的意愿；不敢在其他老师面前展示自我；在面对新的事物时，不愿尝试；面对不同的游戏，喜欢选择难度较低的项目进行……为了提高孩子的自信心，培养孩子不畏艰难这一品质，于是利用幼儿园现有的资源——攀爬架组织幼儿进行攀爬游戏，试图借助攀爬达到目的。

教师在观察攀爬区幼儿玩攀爬游戏时却发现，幼儿不喜欢、不愿意尝试攀爬游戏。静下心来分析原因发现：教师动作讲解示范不清晰，幼儿初次接触缺乏锻炼，成人过多的保护是导致这种现象的主要因素。在此情况下，教师将活动做了一下调整，帮助幼儿克服畏惧心理从而喜欢攀爬：设置游戏情境，让攀爬变得有趣；发挥榜样作用，让幼儿敢于攀爬；增加次数，让孩子喜欢攀爬。最后活动效果很好，有效地达到了活动目标。由此，对如何培养幼儿的勇敢品质有了新的启示：要用幼儿的方式帮助消除恐惧，要借幼儿的经验帮忙寻找方法，要应幼儿的需求固化经验。

（资料来源：华丹．等待的精彩——幼儿攀爬游戏引发的思考．http://www.cnsece. com/KindTemPlate/MsgDetail/32453. 2015.12.12）

（二）教育行动研究的特征

1. 幼儿园教师是研究的主体

在保教工作实践中，教师置身于教育情境，处于最有利的研究位置，拥有较多的研究机会。所以，教育行动研究中，研究的主体是教师自身，教师是行动者与研究者的统一体，教师开展的研究是行动者的自主研究，目的是在实践中解决现实中的保教问题。

2. 注重解决保教工作中的实践问题

行动研究最主要的目的不是建构理论本身，发展教育科学，而是研究实践问题，解决实践问题，在具体的情景中提高行动质量，增进行动效果。教育行动研究强调行动过程与研究过程的结合，强调为行动而研究和对行动的研究。因此，教育行动研究的主要功能是改进教育实践，它既能解决实践中的问题，也有利于提高教师的保教质量和研究水平。

3. 主要方式是在行动中研究

教育行动研究是先有问题、再有研究和行动，即行动研究是在出现问题之后，边行动边研究，边研究边行动，研究就是在行动中完成的，研究与行动是同一个过程。研究的问题源于教师自身的实践活动，实践是研究的起点和归宿，是对行动的研究。幼儿园是教师学习、实践、研究的场所，研究的问题是教师工作中和个人发展过程中遇到的实践问题，强调在真实的保教情境中解决问题，体现了研究过程与研究目标的统一，行动和研究的统一，教育活动和探索活动的统一。

4. 研究过程具有动态性的特点

教育行动研究是一个不断发现问题、分析问题和解决问题的循环过程，这个循环使得教育研究具有实践性的特征。行动研究具有循环性的特点，意味着一个行动研究并不随着方案的实施、问题的解决而结束。如果现实情况没有得到改进，教师需要重新分析问题，制定新的方案并付诸实践；即使一个问题被成功解决了，这也可能成为进一步改进教育实践活动的开端。因此，教育行动研究可以说是“行动的研究”和“研究的行动”两者相结合的一种螺旋式往复不断修正的过程，研究具有动态性的特点。

5. 教育行动研究属于综合性研究

教育行动研究不是一种独立的研究方法，而是以多种研究方法为手段，根据实际问题，将多种方法如问卷调查、访谈、观察等有机综合运用，共同解决现实中的问题。如运用观察法来发现问题，运用调查法来搜集现实资料，运用实验法进行验证等。将多种方法有机结合，有利于全面把握教育现象的本质。

三、教育行动研究的优点与局限性

（一）教育行动研究的优点

1. 易于应用

行动研究从实际问题出发，通过幼儿教师的独自研究或者专业研究者与幼儿教师的合作研究，突出了幼儿教师的主体地位，促进理论与实践之间的沟通。因此，教育行动研究是解决教育研究中理论脱离实际倾向的良好途径，研究成果易于被幼儿教师所接受。

2. 简便易行

行动研究的地点是幼儿教师工作的场所，不需要严密的控制条件，教师边研究边实

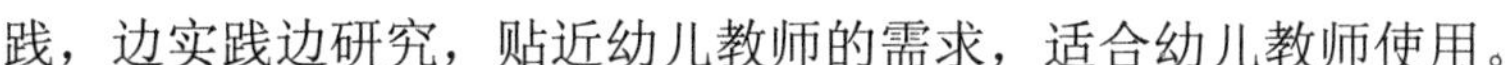

践，边实践边研究，贴近幼儿教师的需求，适合幼儿教师使用。

3. 出成果快

行动研究的基础是教育实践中的知识经验，研究的是教育教学过程中出现的亟待解决的现实问题。其目标明确，易操作，研究范围较小，研究周期短，出成果快，能够及时指导教育实践，时效性强。

（二）教育行动研究的局限性

教育行动研究的特点，决定了其适用范围是有限的，表现为以下几点。

1）研究范围有一定的局限性。教育行动研究更适用于小规模的教育实践活动，不利于宏观的、理论问题的探讨和解决。

2）研究的结果有一定的局限性。教育行动研究主要解决的是实践中当前、当地的具体问题，其研究结果可能缺乏普遍性，代表性不强，外部效度不高。

3）缺少科学研究的严密性。教育行动研究需要教师对教育科学理论及其研究方法有一定的了解，对于这些理论和研究方法的科学运用直接影响到研究的质量。在实践操作中，如果教育实践工作者开展的研究简单易行，缺少系统性和科学性，且资料处理方法比较简单，这些都会影响到研究的可靠性和说服力。

四、教育行动研究的意义

陈向明教师指出：行动研究的其实质是“解放那些传统意义上被研究的他人，让他们自己接受训练，自己对自己进行研究”[①]。教育行动研究凸显了教师在研究中的主体地位，教师边工作边研究，边研究边工作。通常，开展教育行动研究具有下列意义。

（一）解决教育实践问题，提高教育质量

教育行动研究以指向实践、改进实践为基本取向。幼儿教师本身所处的教育环境蕴藏着丰富的研究机会，教育行动研究的开展，使得教师采用研究的态度与意识来对待自己的专业生活，避免了研究游离于教师群体之外的现象。教师边研究边实践，边实践边研究，用科学的方法来解决日常教育问题，使得研究更具有针对性，提出的研究策略切实、可行，有助于改进实践，提高教育质量。

（二）凸显了教师是研究的主人

当前，许多幼儿教师一提起科学研究，就与搞课题、写论文联系起来，认为教育科研神秘而高不可攀，所以科学研究成了幼儿园少数能人的专利，有的甚至由校外专家代劳。幼儿教师通过对日常生活实践中的行为进行研究，在自己的教育实践中研究自己的教育行为，能够看到研究的价值，体现出教师是研究者的理念，使得教育行动研究不再只是一种研究方式，而是成为了教师的一种生活方式。

---

① 陈向明. 2000. 质的研究方法与社会科学研究［M］. 北京：教育科学出版社.

（三）提升专业的自我发展意识

教育行动研究强调“教师即研究者”，其所关注的问题都是教师在保教实践中遇到且有待解决的问题。教师在自己的工作环境中做研究，不再仅仅是“教书匠”，而是具有了多重身份：研究方案的制定者、研究实施的执行者、研究结果的生产者和研究结果的应用者。正如英国著名课程论专家斯滕豪斯所言：“没有教师的发展就没有课程的发展……教育科学的思想是：每一个课堂都是实验室，每一名教师都是科学共同体的成员。”行动者与研究者融为一体，教育热情与研究意识融为一体，是适合教师发展的一种生活方式。因此。教育行动研究能够有效地促进教师专业能力的生成和发展。

五、教育行动研究的类型

根据研究的规模，教育行动研究分为独立式行动研究、小组式行动研究、协作式行动研究。

（一）独立式行动研究

由教师在日常的教育工作中，独自开展的研究属于独立式研究。独立式行动研究对行动者的科研能力要求比较高，需要行动者有较高的研究意识，有较强的批判反思能力，能够在自己习以为常的专业生活中发现问题，运用专业的知识分析问题和解决问题。这种研究规模较小、研究问题范围具体，易于实施，但是由于教师力量单薄，很难进行深入、细致的研究。

（二）小组式行动研究

小组式行动研究是指由教师小组合作，共同开展行动研究。小组成员可以是幼儿园班级中的教师或者整个年级的教师，也可以是幼儿园内外的幼儿教师合作开展的行动研究。这种类型的研究由教师共同参加，共同讨论问题，有利于提升研究的质量和研究品质。

（三）协作式行动研究

由教师与专家、学者一起合作，共同进行研究，研究的问题是由幼儿教师提出或者他们共同协商提出的。双方一起制定研究的总体计划和具体方案，共同商定研究过程和对研究结果的评价标准和方法。但是，在协作式行动研究中，教师仍然是研究的主体，专家、学者起着指导、引领的作用，给予幼儿园教师一定的支持和帮助。

案例 6-2

游戏材料的演变记

——从“汽车城”到“逛逛动物园”

本学期，张老师所在的托班年级组将婴幼儿行为观察作为教研重点。在寻找落脚点时，我们把视线落在了对游戏材料的提供和调整上，确定了通过观察幼儿与材料的互动，思考如何调整材料，以促进幼儿发展。

张老师曾在上一届托班活动观摩中看到这样一幕：一个男孩非常专注地在一张小桌子前用吸铁石玩车。在惊叹之余，他心想，要是人数能多一点，孩子玩起来会更带劲。

这学期张老师自己带托班了，小男孩玩吸铁石的场景让他一直在想如何自己动手制作游戏材料。

在第一次研究讨论中，托班年级组讨论了用吸铁石玩车的游戏材料的优缺点：汽车一直是受孩子熟悉和喜欢的，用吸铁石玩车，可以加入探索，十分有价值，但最多只能让两名幼儿同时游戏，不能满足托班幼儿进行平行游戏的愿望。而且，地方小，玩法比较单一，情景也不够丰富，不利于幼儿在游戏中的交往。因此，托班年级组将材料调整的重点确定为扩大游戏平台，提供幼儿平等游戏的机会；丰富游戏情境，增加游戏的趣味性。这些由张老师进行第一次尝试。

一、第一次尝试："汽车城"

调整1：由小变大

在新材料的设计中，张老师保留了这个游戏的精髓部分：运用磁性原理开动汽车。根据张老师的观察，托班孩子喜欢钻爬、躲猫猫之类的游戏，更喜欢选择与大动作相关的游戏。所以张老师对材料的大小进行了调整：将小马路变成透明的高架桥。这样，幼儿既可以站着开汽车，也可以躲在高架桥下开汽车。于是，张老师将大动作发展带入"开汽车"的游戏中。

游戏调整了，孩子在游戏中的动作也多了，可以站着，可以跪着，还可以爬来爬去。尤其在下面控制小车的跪站姿势对幼儿有一定的挑战，一开始，有的孩子跪不稳，会摇摇晃晃，但一段时间后，孩子们的下肢力量明显增强了，还能跪着往前走。这样不仅锻炼了幼儿的精细动作，也锻炼了幼儿下肢的大动作。

与此同时，张老师也发现了问题，原来长长的磁性棒只适合站着玩，幼儿在下面玩时，由于角度的问题，用长棒很难控制住小车；而且幼儿在下面玩时，路面上的有些建筑物不是很清楚。这让张老师觉得需要进行调整。

调整2：磁性棒的微调

张老师将长长的磁性棒变成了可以捏在手里的短棒，对磁铁的位置也做了调整，便于幼儿更好地找到磁铁与小汽车的磁性接触面，能更灵巧地控制小车。

调整3：建筑物的调整

托班幼儿经常会用动作伴随语言，他们在开汽车时经常会说："我的汽车开到××去。"为了给幼儿更直观的刺激，激发他们开口的愿望，张老师加了许多建筑物，有医院、学校、警局、公园、加油站等。并且在"马路"的反面也贴上了相应的建筑标志，以便幼儿清楚地看到相关建筑物的标志。有了这些建筑物，孩子们的游戏情景更丰富了。

调整4：坡道的增加

玩了一段时间，有幼儿提出要把高架路上的车开下来，还有幼儿在游戏中直接凭空用手把车开了下来。在发现了幼儿的这一需要后，张老师在高架路的一边装上了一个坡道，用于与地面相接。有了坡道的支持，孩子们又开始了新的探索。

经过此次改进，这个游戏活动空间大了，参与的孩子也多了。但是操作平台位置较高，造成了幼儿与操作板上方的游戏情境存在距离感，导致他们难以融入情境。由此，张老师把第二步的研究重点确定为加强幼儿与材料的互动，让幼儿置身于情境中玩，置身于情境中说。

二、第二次尝试：从“汽车城”到“逛逛动物园”

调整 1：改变场景

要增强游戏的情境感，需要创设一个能反映幼儿生活经验，幼儿既熟悉又感兴趣的开放性游戏场景。结合孩子们最喜欢的主题——动物，张老师把游戏情景改成主题更突出的“逛逛动物园”。孩子们听说要开“动物园”了，都从家里带来许多仿真动物，有鳄鱼、恐龙、大象……

张老师制作了许多迷你型汽车，设想着孩子们自己走路或开车去“逛逛动物园”。张老师还提供了一些穿裙子或裤子的人偶和班级小朋友的照片，孩子可以在贴上照片后游戏。

调整 2：改进工具

之前的材料是大桌子，孩子坐在桌子四周，无法自由“走动”。怎么办？需要什么辅助物？经过讨论，老师们觉得尺子是最佳的工具。在尺子的一头放上一块吸铁石，孩子们就能自由“走动”，想去哪儿就去哪儿。

游戏开始了，张老师发现，游戏的情境感增强了，游戏的吸引力也增加了，每个孩子都来到这里尝试。张老师观察到有以下几种情况：

1）开心地来，能长时间玩，这种孩子不多，有四五个。

2）开心地来，但不停地需要老师帮助，这种孩子占多数。

3）开心地来，但玩一会儿就放弃了，这种孩子也不少。

张老师困惑了：为什么这么多孩子离开，难道是不喜欢吗？不是！显然，孩子们喜欢动物园，喜欢玩吸铁石。那么，孩子们为什么高兴地来，又失望地离开？是什么阻碍了他们继续玩下去？从细节入手，张老师了解到，托班的孩子由于年龄小，目测力、方位感尚未成熟，这种看不见的摸索，对多数孩子来讲，难度太大。既然挑战度太高，干脆放低难度，让这种看不见的摸索变得可见。

调整 3：材料的调整

于是，张老师把全 KT 板不透明的场景变成半透明的场景：把制作马路的一半 KT 板割去，替换成透明的塑封纸，这样，那些寻不到目标的孩子从上面透过透明物就能看见自己的尺子和吸铁石，从而能尽快获得成功感。

调整以后，孩子们能根据自己的能力（喜好），有选择性地“逛逛动物园”，在此过程中获得成功感。每个孩子都能坐下来开心地游戏，不敢尝试（怕失败）的孩子被吸引来了；来去匆匆的孩子少了，孩子逗留的时间长了；孩子之间有了语言交往："贝贝，你去哪里啊？""我给小动物吃香蕉。"

用吸铁石玩车的原理保持不变，孩子们在情境中可以玩相互交流、相互追逐的游戏，但操作的主题可以随着孩子们经验的发展而变化，比如，这次是动物园，下次可以是小社会，有商店、幼儿园、超市、小区等贴近孩子的生活场景，让孩子和伙伴走进其中。对孩子的行为规范、语言交往，教师都可以间接了解、引导。

从这个游戏的演变中，张老师深深感到，教师只有细致观察孩子的游戏行为，充分了解他们的兴趣，随机适宜地调整材料，才能真正满足不同孩子的需求。

（资料来源：吴玲玲，徐冰．2013．幼儿教师如何做研究［M］．上海：华东师范大学出版社．）

第二节 教育行动研究的过程

教育行动研究没有统一的模式。由于指导理论和指导思想不同，研究者们对行动研究也提出了不同的模式，如四环节模式、五步骤模式、六步骤模式、七步骤模式等。下面主要介绍四环节模式和六步骤模式。

一、四环节模式

四环节行动研究模式是以勒温的螺旋循环模式作为基础的，是目前行动研究广泛采用的操作模式。勒温认为行动研究的过程是螺旋式加深的发展过程，每一个螺旋发展圈都包括四个相互联系、相互依赖的环节。这四个环节分别是计划、行动、观察和反思。

（一）计划

计划，是以大量事实和调查研究为前提，从现状调研、问题诊断入手，分析总体计划和每一个具体行动步骤的设计方案。在这一环节中，研究者需要弄清楚下列问题：现状如何？存在哪些问题？它的解决受哪些因素的制约？创造怎样的条件，采取哪些方式才能有所改进？什么样的设想是最佳的？行动研究的进度如何？要充分考虑到一些制约因素、矛盾、条件，预料到一些可能发生的情况，为下一步的行动奠定基础。

（二）行动

行动，就是指计划的实施，是行动者根据研究目的、按照计划开展行动的过程。在行动中，一方面要按计划、有目的地进行行动，在行动中促进工作的改进，包括认识的改进和行动所在环境的改进；另一方面还要考虑到实际情况的变化，及时关注各种信息的反馈，不断吸取这些评价和建议，进行行动调整，完善研究行动。

（三）观察

观察，是指对行动的过程、结果、背景以及行动者的特点进行考察，这是进行反思、修订计划和进行下一步行动的前提条件。观察的主要内容有：①行动背景因素以及影响行动的因素。②行动过程，包括什么人以什么方式参与了计划实施、使用了什么材料、安排了什么活动、有无意外的变化、如何排除干扰等。③行动的结果，包括预期的与非预期的，积极的和消极的。要注意收集上面三方面的资料，为下一步的反思奠定基础。

（四）反思

反思，是行动研究第一个循环周期的结束，又是过渡到另一个循环周期的中介。这一环节包括：①整理描述：对观察到的与实施计划中有关的各种现象进行归纳整理，描述现象过程；②评价解释：对过程和结果做出评判、分析、解释，如果发现问题，调整下一步的行动计划和工作思路。

二、六步骤模式

六步骤模式的具体步骤为：预诊—收集分析资料—拟定总体计划—制定具体计划—行动—总结评价。

（一）预诊

这一阶段的任务是发现问题。对教育工作的现状在观察、思考的基础上发现问题，并根据实际情况进行诊断，得出行动改变的最初设想。在六步骤中，预诊占有十分重要的地位。

（二）收集分析资料

这一阶段成立研究小组，对问题进行初步讨论和研究，查找解决问题的有关理论、文献，充分收集资料，共同讨论，听取各方意见，为拟定研究计划做好诊断性评价。

（三）拟定总体计划

这是最初设想的一个系统化计划。行动研究是一个动态的开放系统，所以总体计划是可以修订更改的。拟定总体计划的目的是避免随意性，提高研究的科学性。

（四）制定具体计划

这一阶段的任务是根据总体计划来确定实施总体计划的具体措施。它的表述具体、操作性强，其目的是按照拟定的计划，有目的、有计划、科学地解决实际问题。

（五）行动

这是整个研究工作成败的关键。这一阶段的特点是按照拟定的计划边实施、边评价、边修改。在实施计划的过程中，通过观察、实施行动、收集资料，对于行为可行的，则可以进入下一步的计划和行动。反之，则要分析原因，修订计划，根据需要，适时对计划做出调整或修改。这里实施行动的目的，不是为了检验某一设想或计划，而是为了解决实际问题。

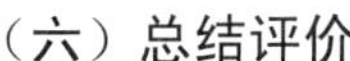

（六）总结评价

这是对整个研究工作的总结和评价。这一阶段一方面要对研究中获得的数据、资料进行科学处理，得到研究所需要的结论。另一方面，还应对结论做出进一步的分析，对产生这一课题的实际问题做出解释和评价。

三、教育行动研究的一般步骤

学前教育行动研究是由若干个螺旋形行动研究循环圈构成的。每一个循环圈中都由相互联系并具有内在反馈机制的六个相互联系、相互依存的环节构成。

（一）确立课题

解决保教活动中的实际问题，是行动研究的基本导向。因此，确立课题是行动研究的起点。行动研究的选题要来源于具体问题，以教育行动者在工作过程中遇到的真实问题为研究的起点，有具体的时间、地点、人员、特定的情境、特定的背景、事件发生发展的历程等。选取的这些问题往往是发生在幼儿园里的事情或“小”问题，只要这个问题抓得准，就是值得研究的“真”问题。确定的行动研究课题尽管切口要小，但是开掘得要深，具有可操作性、应用性的特点，使教师能够通过对行动的诊断和干预，有的放矢，对症下药，解决身边的实际问题。

（二）搜集资料

一方面，通过查阅文献，从他人的研究中获得方法或理论方面的启示，为制定研究方案奠定基础。另一方面，通过现实调查、访谈、观察等途径获得现实资料，如搜集教师的研究日志、教学日志、幼儿的作品、幼儿的档案袋、相关的问卷、访谈材料、录音、录像、磁带等。通过搜集资料，研究这些资料，思考下列问题：对于发现的问题，已有的研究做了哪些工作？主要的观点是什么？有什么值得借鉴之处？哪些问题有待修正、补充？进而采取科学的方法，以便有目的、有计划地进行行动干预。

（三）拟定行动计划

拟定的计划既包括制定行动研究的总体计划，又要包括每一个具体行动步骤的计划方案。计划的内容包括标题、研究目的、研究方法、研究步骤、物质保障（经费、环境、设备、设施、人员等）、时间、参加人员及分工等。计划应是灵活、开放的，在实践中根据具体情况允许修正的。拟定的行动计划应与幼儿园的保教工作安排相协调，是行动研究的成员能够做到的。拟定计划时既要考虑到影响行动研究的因素，又要预见可能发生的情况以及探讨相应的应对策略。

（四）实施行动

行动研究的一个特点是边行动边研究，边研究边行动。行动是对行动计划的落实和检验。这时的行动是按照计划来选择和确定的，是有计划、有目标、有系统、有监控的行动。简单地说，这时的行动已经是研究进程的一部分，是有研究的行动和在行动中的研究。同时，它又是教师保教工作行动的一部分，是能够改进当前现状的教育行动。

（五）总结反思

这一阶段主要是对研究资料进行整理、分析、解释、做出结论，并对研究进行反思评价，改进研究计划，完善研究工作，为进行新一轮的深入研究做好准备。总结反思的内容有：研究问题的选择是否适当、影响研究结果的变量把握得是否准确、制定的研究计划是否合适、研究的实施步骤和环节有没有疏漏、整个研究是否达到了预期的效果、研究过程中出现了哪些新情况和新问题、下一个研究问题是什么等。通过总结反思，既全面审视这一次的教育行动研究，又提出下一次的研究问题，从而使教育行动研究成为一种螺旋上升的活动。

（六）评价效果

评价时通常从以下几个方面进行考虑：①研究是否有利于发展和改善目前的教育现实，是否解决了实际问题。②研究设计和资料收集的方法与实践的要求是否一致。③研究方法是否与具体情境下的行动目标相符。④是否促进了教师的专业发展。⑤根据情况，可提出下一步行动研究的基本设想或建议。

由于教育实践问题的复杂性，教育行动研究对问题的解决常常不是直线推进和一次完成的，而是一个螺旋式发展的过程。由此看出，教育行动研究不同于教师在日常工作中随意的问题解决，也不同于一般的经验总结，这需要在实践中不断研究、不断检验、不断改进，以提高教育质量为目的。因此，教师需要不断学习、反思、实践，提高行动研究的质量。

四、撰写教育行动研究报告

撰写教育行动研究报告是以文字的形式梳理总结自己的研究过程和研究成果，一方面可以更系统、更理性地总结反思自己的研究工作，使自己的研究更广泛地接受同行和社会的评价、批评和建议，有利于改进今后的工作；另一方面，也便于他人分享和借鉴自己的研究成果。

行动研究报告的撰写不必拘泥于固定的格式，其主要内容是描述真实的教育行动研究过程及其行动要点，解释行动的背景、原因、依据，体现研究的科学性、可靠性等。一般来说，教育行动研究报告的内容包括以下几点。

1）问题的提出和归因：主要包括问题产生的背景、性质、原因等。

2）措施与行动：阐明研究者是如何采取行动步骤进行研究的，所拟定的行动方案的实际开展情况，其中的影响因素有哪些，在行动的过程中是如何收集反馈信息的等。这一部分要阐述真实的行动研究过程，解释清楚解决问题的过程，不要记成流水账。如果涉及人名、地名、单位名，应征得他们的同意，否则改用化名，以尊重和保护他们的权益。

3）评价与反思：主要是对行动过程和结果、有关现象与原因进行分析解释，说明所开展的活动以及结果的意义，指出计划与结果的一致或不一致的原因等。同时也可以对自己的研究进行分析，如研究目的和动机的合理性如何、研究策略和步骤的科学性如何、收集资料的真实性和深刻性如何等，评判自己的研究过程是否恰当。

4）根据情况，可以适当列举参考书目。列出自己在研究过程中参考过的书目和文章的索引，尊重作者。

5）附录。可附有利于读者进一步了解该项研究课题的一些原始资料，如研究计划、调查问卷和数据等。

行动研究体现了教师的主体性，教师在自己的工作中进行研究，在研究中进行行动，目的是帮助教师把工作做得更好、更科学。因此，幼儿教师需要理解并掌握教育行动研究的理念，掌握行动研究的基本步骤与方法，努力提高行动研究的规范性和科学性，在提高解决现实问题质量的同时促进自身的专业发展。

案例 6-3

下面以一个实例来说明行动研究的过程。

1. 发现问题

在某幼儿园工作的费老师，发现幼儿在园普遍不爱提问。于是想通过行动研究了解其原因，并设法解决此问题。

2. 分析并确定问题

针对这一问题，费老师收集了影响幼儿提问的有关文献，了解到影响幼儿提问的多种因素，如幼儿园的学习气氛、教师的教学方法、师生关系、幼儿生活经历、幼儿语言发展水平等。在此基础上，费老师和其他教师进行了探讨，发现幼儿不爱提问的主要原因是不敢问和不会问。

3. 制定并实施研究计划

在查阅文献和分析问题的基础上，费老师决定通过访谈和课堂观察进一步了解幼儿提问的具体情况。通过研究，费老师发现，教师对幼儿提问的态度不热情、幼儿园的精神氛围不理想、幼儿一日生活单调和封闭等是影响幼儿不提问的主要原因。

4. 设计并实施行动方案

根据调查结果，费老师设计并推行了行动方案，即创设适于幼儿提问的精神氛围，鼓励幼儿发现问题，提出问题；丰富幼儿的生活，开阔幼儿的视野；帮助幼儿理清思路，引导幼儿用恰当的语言表达疑问。

5. 评价行动方案

在自己的班上采取新措施一段时间后，费老师再次对幼儿的提问情况进行了综合调查，用以评估活动效果。

6. 修正行动方案并再次实施

如果评估证明，新方案取得了良好效果，就继续实施这一方案；否则就要分析问题的原因，改进行动方案，重新进行实施和评价。

（资料来源：杨宏伟．2004．幼儿教师怎样进行行动研究［J］．学前教育研究，（6）．）

同步训练

1. 结合一个案例，分析教育行动研究的含义、特征。
2. 教育行动研究的类型有哪些？试举例说明。
3. 论述教师开展教育行动研究的意义。
4. 结合在幼儿园中的实习生活，确定一个行动研究课题，设计行动研究方案。

第七章 教育叙事研究

学习目标

1. 掌握教育叙事研究的含义；明确教育叙事研究的优点与局限性。
2. 了解教育叙事研究的意义和类型。
3. 掌握教育叙事研究的特点。
4. 明确开展叙事研究要注意的几个问题。
5. 能够在教育实践中开展教育叙事研究，撰写教育叙事研究文章。

知识结构图

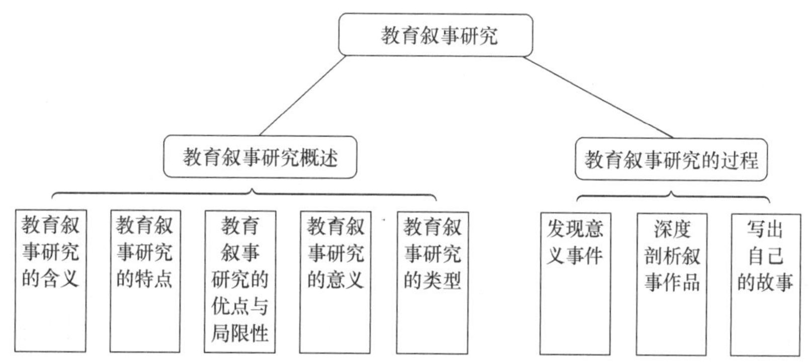

20 世纪 70 年代，西方将叙事学从文学领域引入教育学领域，教育叙事研究在教育研究领域内率先兴起。20 世纪 80 年代，加拿大几位课程研究学者开始倡导教育叙事研究。他们认为教师从事实践性研究的最好方法，就是不断说出一个个“真实的故事”。20 世纪 90 年代起，教育叙事研究开始引起我国教育研究者的关注，逐渐将其作为一种科学的研究方法并进行系统的阐释和推广。哈迪（B. Hardy）说过：“人们讲述并倾听着故事。我们用叙事进行交流和理解人与事件，在叙事中有我们的思考与梦想……”教育叙事既是一种研究方式，一种思考的方式，也是研究成果的表述形式，在教育中得到了人们的高度重视。

第一节 教育叙事研究概述

教育叙事撰写的是教师日常生活中的故事，由教师发出自己的声音，教师或研究者聆听教师的声音，将教育理论与教育实践有机融合，能够使教育科研回归教育生活本身，贴近教师实际。在学前教育中，幼儿教师是教育叙事的研究者，由幼儿园教师讲述自己的故事，分析自己的故事，体现了教师是研究的主体，因而这种方法深受幼儿教师的欢迎。

一、教育叙事研究的含义

“叙事”一词最常用于文学领域，是文学作品中一种常用的表现手法。叙事在《现代汉语词典》的解释是“叙述事情（指书面的）”。《牛津英语词典》认为，叙事就是“讲故事，或类似讲故事之类的事件或行为”“前后相关的基本事实”。可以看出，叙事就是陈述人、动物、宇宙空间各种生命事物身上已发生或正在发生的事情，其表达方式是叙述、描写而非理论概括。目前，“叙事”成为教育叙事研究的核心概念，已经得到学者们的共识。

教育叙事是将文学叙事理论与实践渗透于教育领域的结果。“教育叙事是对有意义的教育教学事件的叙述，并通过对事件的描述与分析，揭示出隐含在这些事件与行为背后的教育思想与观念，探索教育教学规律。”①简单地说，教育叙事就是讲述与教育相关的故事，是表达人们在教育生活实践中所获得的教育经验、体验、知识和意义的有效方式。

“所谓教育叙事研究，是指在教育背景中包含任何类型叙事素材的分析研究。它借由影片、传记、图片、对话等刺激，触发当事人进行故事叙说，并以当事人的叙说内容为文本数据进行分析，以期反映出故事叙说者本身的重要生活经历及生命主题。”②可以看出，教育叙事研究不是直接给某个概念下定义，也不是对某个词语做解释，而是通过讲故事，让我们知道我们应该怎样做，不应该怎样做。教育叙事研究是研究者对所叙之事进行的研究，是研究者自己在说话。

理解教育叙事研究，需要把握以下几点。

1）叙事，简单地说，就是讲故事。但是，这里的故事，不同于日常生活意义上的讲故事，不是文学中的故事，而是需要对故事进行精心选择，是富有“教育学意义”的事件，以便于更有效地承载意义与解释现象。

2）叙事的事件是教育中的事件，这些事件是真实的、有意义的、具体的、情景性的。叙述的事件必须有突出的主题，反映的是教师保教工作的事件、教师的生活事件和

① 吴为民，李忠．2006．教育叙事与案例撰写［M］．上海：华东师范大学出版社．

② 张希希．2006．教育叙事研究是什么［J］．教育研究，（2）．

教育教学实践经验。如果是一连串的故事，这些故事需要具有一定的连续性和联系性。

3）教育叙事不等同于教育叙事研究，经验的表达方式也不能代替理论的表达方式。[①]教育叙事是呈现教育经验，而教育叙事研究则是诠释教育经验。[②]教育叙事侧重于对教育事件的表达，是教育经验呈现的最佳方式。教育叙事既可以指教师在研究过程中用叙事的方法讲述教育中的故事，也可以指教师在研究中采用叙事的方法呈现研究成果。教育叙事研究侧重于对教育生活意义的诠释，是研究者通过分析叙事文本来解释教育生活的意义，分析阐述自己的教育观点。

二、教育叙事研究的特点

教育叙事研究既具有研究的特性，也具有其自身的特殊性。教育叙事研究叙述的案例是已经发生了的、真实的案例。同时，叙述者还要分析这些行动，得出其中的教育规律，并赋予行为的意义。概括说，教育叙事研究具有以下特点。

（一）教育叙事研究是情境性研究

教育叙事不同于文学叙事，它叙述的故事是真实的，是过去已经或正在发生的教育事件，是具有一定的情节和意义的，而不是教师的主观想象。教育叙事研究鼓励研究者从亲身经历的教育生活中寻找自己的教育故事，它十分重视教师个人的生活和状态，突出教师的个人生活事件和个人生活实践的重要意义。叙事的要素有时间、地点、人物、起因、经过、结果等，将情境交代清楚，阐述故事发生、发展的过程，使得叙事具有一定的情境性。教育叙事研究将叙述与议论紧密结合，能够真实、深入地反映研究的全过程和作者的思考，是具有情境性的研究。

（二）教育叙事研究是反思性研究

教育叙事研究指向的不是“故事”，而是“意义”及其理解。主要是通过对教育事件或现象的描述来揭示某种教育道理，挖掘教育事件背后的意义。教育叙事研究不是要简单地研究教育故事本身，而是要研究教育故事背后的深层次的东西，需要通过教师进行深入反思。教师在叙事中反思，在反思中深化对事件的认识，在反思中提升原有的经验，在反思中挖掘教育叙事背后所隐含的意义、理念和思想。如果离开了反思，叙事研究就会变成为叙事而叙事，从而失去它的目的和意义。

（三）教育叙事研究是质的研究

教育叙事研究属于质的方法的研究范畴。陈向明教授给出的定义是：“质的研究是以研究者本人作为研究工具，在自然情境下采用多种资料收集方法对社会现象进行整体性探究，使用归纳法分析资料、形成理论，通过与研究对象互动、对其行为和意义建构，获得解释性理解的一种活动”。[③]正因为质的研究常常采用“叙事”的方式描述事件并撰

① 王枬．2006．教育叙事研究的兴起、推广及争辩［J］．教育研究，（10）．

② 刘永福．2010．教育叙事研究及其邻近概念的逻辑关系摭论［J］．上海教育科研，（1）．

③ 陈向明．2000．质的研究方法与社会科学研究［M］．北京：教育科学出版社．

写研究报告，因此可以说，“叙事研究是质的研究的一种常见形式”①。教育叙事研究主要采用描述、叙述的方式，虽然也需要议论，但它是在原始资料的基础上通过分析资料，反思教育现象，形成教育规律的。叙事的一种重要方式是夹叙夹议，但它是以叙为主、以议为辅的，是叙中带议，而不是议中带叙。

三、教育叙事研究的优点与局限性

教育叙事研究具有自身的优点与局限性。其优点表现在：教育叙事研究是教师了解教育和向别人表达其所了解的教育的最重要的途径之一，具有“从下而上”的特点，接近教师的日常生活和思维方式，使教育研究融入实践的因素，是教师从事实践性研究的较好方法，比较容易被教师和研究者所掌握和使用。

教育叙事研究的局限性表现在以下几方面。

1）教育叙事研究适用于小样本，研究中往往只能有一个到几个研究对象。它关注的不是群体的一般性特征，而是个体的独特性特征。其研究成果的典型性、代表性不强，不适于大量的非个体化的群体行为，没有体现出普遍性的特点。

2）教育叙事研究适用于人文领域而不能运用于一切领域。叙事研究的主观性较强，研究易受研究者个人倾向的影响，需要研究者具有较敏锐的洞察能力、判断能力、分析能力和解释能力。

3）教育叙事研究对研究者具有较高的要求。如果教师自身的研究能力不够，再加上教师相对封闭的生活习惯和缺乏自觉反思意识，往往会影响到叙事研究的进展。

四、教育叙事研究的意义

教育叙事研究通过借助教育中的故事和事件，对相关的教育问题进行反思剖析并进行深度阐释。它真实地描绘教师的生活和经验世界，体现了教师心灵成长的轨迹，反映的是教师在教育教学活动中的真情实感。

（一）教育叙事研究有利于改进教师的教育实践

教师撰写教育故事，不是为了炫耀某种研究成果，而是通过自我叙述来反思自己的教育生活，并在反思中改进自己的教育实践，重建自己的教育生活。从这个意义上说，“教师进行教育叙事研究实际上会成为转化教师教育教学观念和行为的突破口”②。

教育叙事研究从幼儿教师自身的经验和实践出发，使教师不断反思自己的教育教学活动，实事求是地分析自己的行为并改进自己的行为，不断提高保教活动质量。通过对教育叙事进行深入的分析、反思，在日常教育生活的反思中转变自己的教育教学观念与行为，使得教育思想因实践而丰富，实践也因教育思想的提升而变得更加丰富多彩，这是对教育叙事的升华。

下面这篇文章记录了教师在处理幼儿生活中的感悟，体验到游戏对于改变幼儿行为

---

① 刘良华. 2007. 教育叙事研究：是什么与怎么做［J］. 教育研究，（7）.

② 邱瑜. 2003. 教育科研方法的新取向——教育叙事研究［J］. 中小学管理，（9）.

的重要性。大班教师采用了一个简单的游戏法，改正了幼儿争抢饼干的现象。使得幼儿把翻饼干当成一种乐趣，遵守着翻到不喜欢的也不可以再去翻其他的饼干的游戏规则。幼儿在“吃”中得到了乐趣，少了争抢和没抢到图案的现象。由此总结出，教师既要尊重幼儿的想法，又不能完全顺从他们，让他们我行我素。这时，教师可以用一个小小的游戏，抓住幼儿的特点，会达到意想不到的效果。

案例 7-1

翻过来的饼干

上午点心时间，小组长将饼干盘子放到桌子上，一组的六个孩子一拥而上伸出手来开始抢饼干。抢到喜欢的面带微笑，没抢到的耷拉着脸，还一个劲地告状：“老师，×××抢我的饼干！”“老师，这是我先拿到的！”“老师，这本来就是我的。”

一样的饼干，为什么大家都要去抢呢？仔细一看，饼干上有不同的动物图案——跳跳虎、蹦蹦兔、小熊维尼等。哦！原来是小动物惹的祸啊！

为了平息“抢饼干大战”，我们三位老师多次语重心长地对孩子进行启发教育，同伴之间要互相谦让，也尝试使用了轮流、合作等方式，可是效果都不佳，争抢问题有增无减。于是乎，我们改用科学熏陶法：“不管什么样图案的饼干，吃到肚子里都会消化，最后变成大便，所以抢来抢去毫无意义。”孩子们听后，一脸的诧异，依然一见到饼干就抢。

无奈之下，我们三位老师继续商量对策，在园部提供的饼干不变的情况下，难道真的就没有好办法可以让孩子们的争抢问题有所好转吗？正在苦思冥想之际，大班的一个老师介绍了他的做法——孩子们不是喜欢抢饼干吗？那是因为他看得见饼干的图案。既然如此，我们不妨将饼干翻个身，将有图案的一面藏在底下，当孩子们拿饼干时，翻倒哪块就是哪块，当然，拿到不喜欢的也不可以再去翻其他的饼干。

心动不如行动，我们随即将这一做法在班里进行了推广。虽然只是简单地将饼干翻了个身，效果却是出奇的好，每次吃饼干，孩子们就像在玩游戏，认真遵守着我们约定好的游戏规则。大家带着好奇去翻饼干，不管是喜欢或者不喜欢都能欣然接受，脸上少了没抢到心仪图案的落寞，取而代之的是游戏时的其乐融融。

通过这次抢饼干事件，我深深地体会到，和孩子在一起就是这样，不管你多么地苦口婆心或循循善诱，他们依然会我行我素，但只要一个小小的改变，就能收获意想不到的效果。所以为人师者，一定要做一个智者，善于捕捉孩子的特点，善于创新改变。

（资料来源：贾叶红．翻过来的饼干．http://www.yejs.com.cn/Jswa/article/id/50212.htm?3485850151．2015.12.25）

（二）教育叙事研究体现着教师的专业自主

教师是研究的主体，需要在真实的教育实践中，在自己的行动体验中，尝试着发出自己的声音，发表自己的见解，并开始以研究者的身份来思考和评判自己的教育实践活动。教育叙事研究作为教师的一种专业生活方式，它反映了教师自己的专业生活质量，是教师在自己的专业工作中自主性和自主能力的最高表现形式。教师在与自己、文本、研究者的对话、碰撞与交流过程中，通过对自己的实践观点不断进行修正与更新，使个体的实践智慧更加丰富，从而充分彰显出教师专业成长的内在生命活力。下面的案例，教师通过叙述自己在教育生活中发生的事件，在对教育经验事实的描述、体验、阐释中展现了教育经验的意义，在对事件意义的追问过程中提升了自己的实践智慧。从中可以看到教育叙事研究对于促进学前教育、促进幼儿教师的专业成长的重要意义。也可以看出，教育叙事研究关注的是每一个教师的日常生活，反映的是教师真实的生存状态，与幼儿教师的实践生活比较贴近。

案例 7-2

就是不想学你

一天，我带着孩子做“请你照我这样做”的游戏，发现杰杰每次做的动作跟我不一样，我跑步，他跳绳，我吹喇叭，他打小鼓，我很好奇，便轻轻地问他：“你怎么做的跟老师不一样啊？”没想到他来了那么一句：“老师，我就是不想学你那样做，没意思。”小家伙还挺有个性的。我又问：“你不是很喜欢这个游戏吗？为什么说没意思呢？”他说：“我喜欢这个游戏，可是每次都是那样玩，太简单了，我就是想做和老师不一样的动作！”我略加思索，觉得杰杰说的不无道理。于是我说：“那好，你就做和老师不一样的动作吧。”

游戏又开始了，杰杰做的每一个动作都和我不一样：我跺脚，他叉腰；我学小羊，他学花猫……其间，有个别孩子也学杰杰不按我的动作做了。随即，我又对全班的孩子说：“你们可以学着老师做，也可以做的不一样。”没想到有越来越多的孩子做的跟我不一样，还说要跟我比一比谁想到的动作多。接下来，我索性把游戏变成“我就不学你的样”。改变了玩法后，孩子们玩得特别投入，他们创编了许多新动作。

“我就是不想和老师一样”，这说明孩子不想进行简单模仿，而是产生了要改变、要创编的愿望。我及时抓住这个契机，尊重孩子的愿望，给予孩子表达自己的想法，表达自己的机会，保护了孩子敢于探究和尝试、乐于想象和创造的学习积极性。

（资料来源：茅芳琴．2014．就是不想学你［J］．幼儿教育，(6).）

（三）教育叙事研究能够感悟教师职业的幸福

教师每天的生活都是跟一个个精彩的、具有鲜活生命色彩的教育故事联系在一起的。这些故事既是教师教育生活的一部分，也是教育叙事研究很好的素材。

这些故事是关于教师与幼儿之间、教师与家长之间、教师与教师之间的，是教师个人的体验和经验。通过分析问题，教师能够挖掘蕴藏在其中的教育智慧，挖掘其中教育案例的深层意义，从中感悟到教育工作的性质，体验到教育工作的成就感，实现教育理论与教育实践的有效融合，体验到教师职业的幸福感，使人读后产生一定的共鸣并受到一定的启迪，这是培养反思型教师和提高教师专业化发展的一种有效途径。

五、教育叙事研究的类型

教育叙事研究是教师通过讲述教育故事，体悟教育真谛的一种研究方法。只要留意身边的问题，关注身边的事情，就可以找到教育叙事研究的素材。按照教师开展的活动类型，常见的教育叙事研究有保教活动叙事、生活叙事、自传叙事等研究。

（一）保教活动叙事研究

教师的保教活动主要包括教学活动、游戏活动、区域活动等，教师亲自叙述保教生活中发生的“保教事件”，寻求对教育实践的改进。教育叙事研究通常采取“夹叙夹议”的方法，将教师对保教活动的理解以及对这一活动的反思渗透到相关的保教环节中去。如可以用“当时我想……”“现在想起来……”“如果再有机会上这一节课，我会……”等方式来表达自己对保教活动的反思。

案例 7-3

老师犯规了

从事幼教工作以来，在孩子的世界里，我喜欢追求“皆大欢喜”的结果。一般来说，孩子之间发生了小矛盾、小纠纷，我总是这边哄哄，那边夸夸，最后不高兴的孩子高兴了，哭闹的孩子破涕为笑了，这件事就算成功解决了。说真的，我很满意自己的做法，孩子们这么小，有必要较真吗？但是，最近发生在我和孩子们之间的一件小事却引发了我的思考，让我重新审视“规则”。

在音乐活动中，为了激发孩子们唱歌的兴趣，我设计了“夺红旗”的游戏，即在演示板上画几级小台阶，在台阶的最上面是两面小红旗，用两个指偶分别代表男孩队和女孩队，哪队唱的最好，他们的指偶就可以上一个台阶，先达到山顶为胜。虽然是传统小游戏，但孩子们百玩不厌，每次都能激发他们在学习生活中的热情和好胜心。这次游戏开始进行得很顺利，孩子们互相比着唱歌，一首歌一会儿就唱得很熟练了，最后女孩队获胜，先到达山顶。

在宣布结果前，我想激发男孩的学习积极性，就说：“今天，老师想给男孩队一个机会，让他们再唱一遍，如果唱得好他们也可以爬到山顶。”可是，在唱的过程中，小虎和哲哲一直在打闹。我看他们毫不理会我的提醒，于是宣布：“今天女孩队的表现最棒，老师要奖给你们每人一朵小红花。男孩队还要加油啊！”

话音刚落，就听到“哇”的一声大哭，只见做事非常认真的小宇边哭边指着小虎和哲哲说：“就怪你们，就怪你们，你们不乖！”同时，其他男孩的情绪也很低落。

事情到这里，我本该安慰小宇，让他勇敢面对输赢，并以此激励男孩们下次要努力。可是，为了“皆大欢喜”，我又请男孩队唱了一遍歌曲，最后宣布：“今天，男孩队和女孩队都胜利了！”

话音一落，抽泣声又起，一向聪明懂事的当当委屈得眼泪都流了出来：“老师，我觉得男孩队不应该得红花，你们都犯规了。”

那一刻，班上一下子变得很安静，孩子们都等着我的回答。我愣在那里，尴尬地安慰了他们几句，活动草草收场。这件事一直在我脑子里盘旋，一次小小的比赛却换来孩子们的不开心和质疑。我究竟错在哪里？

静下心来，翻阅《3～6岁儿童学习与发展指南》，看到社会领域的教育建议：成人要遵守社会行为规则，为幼儿树立良好的榜样。我幡然醒悟：作为老师，我要求孩子们能感受规则的意义，并遵守规则，自己却利用老师的权威很随意地破坏规则，孩子们自然不会信服。在与孩子们平时的生活相处中，有些事用哄一哄、夸一夸的办法确实能奏效，可是在游戏和比赛中，既然是有规则的活动，就必须用规则去约束，彼此共同遵守，如此才能使孩子赢得开心，输得心服，才能让孩子学会正确面对现实，而不是回避输赢，这才是教育者的责任和价值所在。

小小的风波过后，我向孩子们真诚地道歉，并告诉他们，以后老师要做最公正的裁判。当我再和孩子们做游戏时，我们共同制定规则，共同遵守规则。每次比赛中，孩子们依然会为赢了而欢呼雀跃，为输了而闷闷不乐，但是他们不再用哭闹的方式来面对。此时，我会抓住契机，告诉孩子们，比赛就会有赢和输，好孩子要赢得起，也要输得起，只要努力去做，今天输明天就会赢。有时，在活动中，我还会请孩子们自己来担任裁判，而我则参与到游戏之中，体会和孩子们共同游戏的快乐。我们会用击掌表示："不能犯规哟！"这是提醒孩子，更是警示我自己。

感谢孩子们，为我上了最生动的一课！相信老师，我以后不会再犯规。

（资料来源：赵薇．老师犯规了．http://www.yejs.com.cn/Jswa/article/id/49641.2015.5.25）

（二）生活叙事研究

生活叙事讲述的是教师在工作中所发生的其他故事，如德育叙事、管理叙事、教师与教师之间发生的叙事等，从中挖掘教育背后的意义，所以，生活叙事也是我们值得关注的。下面这个案例，讲述的是生活中的故事，对于幼儿园管理有很大的启发。

案例 7-4

高跟鞋风波

户外活动中，李老师带领幼儿来到种植区，为小辣椒和西红柿锄草。"啊！"突然一声高喊传来，原来是李老师的高跟鞋陷进了泥土里，支撑不稳差点摔倒。李老师穿着高跟鞋，连站、蹲都不灵活，更别说锄草了。

我很想直接走过去告诉她，教师带班期间不能穿高跟鞋，可又想到她平时工作非常认真，而且在幼儿园也算年长者，如果直接批评，磨不开情面，于是就睁一只眼闭一只眼了事。

后来，我发现越来越多的教师穿起了高跟鞋，连早操活动中也有。她们仍然该跳就跳，该跑就跑，可我却看得胆战心惊——那细细尖尖的跟踩着孩子怎么办？这让我意识到，自己一时心软放任带来了严重后果。

爱美之心，人皆有之。如果只用制度压制，即使能够制止，也定会引起教师内心的不满，而且会使部分人感觉不公平：为什么李老师可以穿，我们就不行？为了让教师们从根本上认识到高跟鞋给工作带来的不便，我决定巧妙利用组织教师指导村级幼儿园开展环境创设这个机会。

村级幼儿园距中心幼儿园三四公里，没有车，大家只能步行。我带领教师从慢走到跑步，在凹凸不平的道路上，穿着高跟鞋的教师们开始还能跟上，5 分钟后，距离越来越大，看着她们逐渐掉队，我一直不停提醒，小心脚下，重在参与，安全第一。事后，分享活动感悟时，一位教师红着脸说："园长一直提醒我们小心脚下，是因为我们的高跟鞋吧？"借着这个话头，我们展开了关于上班是否该穿高跟鞋的讨论：高跟鞋更显女人味，突出气质，可走路不方便，不宜跑跳，而我们日常的保教活动中，游戏比重很大，如果穿高跟鞋带班，连走路都会问题不断，怎么带领幼儿跑跑跳跳呢？

高跟鞋这个案例虽小，却说明了幼儿园在制度管理方面存在问题。虽然我园根据《幼儿园工作规程》，早就制定了相关规范，不允许带班教师穿高跟鞋、拖鞋。但是，管理执行力度不够，就会出现问题。制度面前人人平等，任何人都不能置制度于不顾。可是我的放任，让制度形同虚设，这是必须反思的。

此外，教师们对制度作用的认识不够深刻。大家都知道园内有关于高跟鞋的规定，而且穿高跟鞋不便于活动，身高上也拉开了教师和幼儿的距离，可是为了美丽，却忽略了规定。

管理是社会的组织活动现象，是学校赖以生存的土壤。在幼儿园管理工作中，要立足实际，制定完善规章制度，使工作有章可依，制度面前人人平等；同时，还要注意人本管理，努力提高教职工的主人翁意识，为教职工营造快乐的工作环境。

（资料来源：童世贵．高跟鞋风波．中国教育报．2015 年 1 月 11 日．）

（三）自传叙事

自传叙事，指的是教师自身对自己成长中发生的教育故事进行自我梳理与叙述。通过对个人成长中的某一故事进行疏理，去发现这一故事对自己生活的重要意义，并经过自我描述、自我反思而构建自我意识，展示自身成长的过程。下面的文章节选自《成长的阶梯》，讲述了白岩松个人成长中发生的故事，使我们认识到成功必须从自信开始，可能正是从家人或老师的一次不经意的鼓励开始，从故事中我们认识到鼓励和自信对于孩子成长的重要作用。

案例 7-5

成长的阶梯（节选）

题记：很多年过去，我依然感谢那位表扬我的老师，如果当时，他因为我过去成绩一般，而不肯把表扬给我，甚至对我的成绩表示怀疑，那我就不会迅速从自卑中找到自信，也许结果会是另外一个样子。

……

高三下半学期一开始，就真的进入了冲刺阶段。如果说，一次酒醉后面对自我，找到了向上的动力，那么这个学期刚开始的一次考试，又让我找到了自信的感觉，于是，一切都好起来了。

可能是学习成绩在班里处于中下游的时间太长，而很少得到老师的表扬，心里也就多少有些自卑。但奇迹发生了。

有一次模拟考试，试题比高考都要难，尤其是数学卷子难倒了许多人。老师判完试卷，意外地发现，全班只有两个同学及格，一个是我们班学习成绩历来都很好的同学，另一个就是我。

意外归意外，老师并没有吝啬表扬的话，在班上，我第一次被表扬得红了脸，同学们也都把佩服的目光投向了我。

第一次得到这种鼓励，心里舒服极了，同时也有些兴奋的期望：这一次也许是意外，但我应对得起人家的表扬，下一次，我的成绩更好！谁也没想到，这一次表扬，竟迅速地使过去“要我学”变成了“我要学”，鼓励对成长所起的作用，我是真正领教了。

这之后，我开始全身心投入到学习之中，不仅刻苦，而且格外注重学习方法。由于我是学文科的，因而将各科的课本都装订起来，然后制定每天的学习计划，于是，学习终于成了一件乐事。

经过一学期的奋战，高考成功了。那年的 8 月 19 日，我接到了北京广播学院的录取通知书，第二天，正好是我 17 岁生日。高考的成功，也就成了我送给自己 17 岁最好的礼物。

一转眼时间已经过去了十五六年，不厌其烦地记述以上两件事，不过是想告诉今天十六七岁的朋友们：人不怕犯错误，犯了错误，如果能够带着教育和反思爬起来，错误就会成为课堂。与此同时，在一个人成长的过程中，得到的训斥如果能少一点，而表扬和鼓励多一点，也许每个十六七岁的人前进的脚步会更快一些。这一点，就不是说给少年听的，而是面对老师和家长的了。

很多年过去，我依然感谢表扬我那位老师，如果当时。他因为我过去成绩一般，而不肯把表扬给我，甚至对我的成绩表示怀疑，那我就不会迅速从自卑中找到自信，也许结果会是另外一个样子。因此，我想，每个少年都渴望成功，但成功必须从自信开始，可能正是从家人或老师的一次不经意的鼓励开始。想让每一个十六七岁的孩子都留下美好的回忆吗？请把鼓励给他们吧！

最后愿每个十六七岁的日子都闪光。

（资料来源：白岩松．成长的阶梯．http://www.lz13.cn/gaosanlizhi/200901203631.html.2015.12.15）

第二节 教育叙事研究的过程

教育叙事研究描写的是教师的生活经历，能够引起读者的共鸣并由此体现它的研究价值。教育叙事可选择一个故事，也可选择多个故事，使每一个故事都有一个相应的教育主题，每一个故事都是密切联系的，在整体上要保持故事的完整性和情节性。教育叙事研究文本不同于现场文本，它既要叙述教育事实，又是对现场和现场文本的超越。因此，在选择叙述故事的时候需要深描。在开展教育叙事研究时，一般需要经历以下几个步骤。

一、发现意义事件

（一）交代清楚故事发生的前提条件和背景

教育叙事是在真实的生活中寻找真实的故事，叙述的是教育实践中发生的真实故事，绝不是作者编造的“美丽的谎言”。在叙述的时候，讲清楚故事发生的相关情况，如时间、地点、人物、事情的起因、事件的突出冲突、重要转折点、结局等，客观地再现故事发生的过程，以便我们顺着一定的脉络线索，去合理地解读故事的意义和探索故事里面蕴含的诸多规律。当然，在讲述故事的时候不需要面面俱到，而要突出重点，为分析故事的主题奠定基础。

（二）突出有价值的关键性细节

教育叙事讲解的故事不能是一本平淡无味的流水账，而应该有一个明确的主题，是值得回味的。故事需要有主题，有针对性，有有价值的情境，有理性的思考。教师在叙事时应考虑到：“这个故事的价值在哪里？”“这个故事反映的是什么问题？”教师作为重要的参与者，参与不同的问题、情境、经历，也会产生自己独特的感受。

确定故事的时候，对原始的材料要进行精心筛选，有重点、有针对性地向读者交代突出的、特定的内容和关键性环节，突出“情节化”的描写，突出人物的言行和心理，体现出相关的教育教学理念，为研究故事提供内在依据；体现“叙事是实践的而不是陈述的；叙述是创造性的而不是描述性的”[①]。

二、深度剖析叙事作品

叙事研究的价值不在于为讲故事而进行叙事，而在于探讨故事背后的意义。这意味着故事必须体现研究者的思考和理解，探讨故事中蕴含的教育理念和价值观。由“叙事”到“研究”需要经过一个提升或升华过程。“当前，在国内教育叙事研究中，往往不缺原始故事，缺少的是重新讲述故事并由此逻辑地发现并解释个体经验及其意义的智慧和技术。”[②]在尊重故事事实的基础上，对所讲的故事进行深层反思和深度的理论剖析，能够帮助读者揭示出这个故事的一些意义和价值，以引出读者的一些思绪和想法，体现研究的品性，使叙事有自己的思考、发现、研究，实现教育叙事的价值。

有的幼儿教师认为，叙事研究就是讲故事，随意写写自己的感受、体会即可，不需要前期教育理论的积累，显然这是错误的。叙事不仅仅在于记录和叙述故事，更重

---

① 蔡春．2008．“叙述”“故事”何以称得上“研究”［J］．首都师范大学学报（社会科学版），(4)．

② 傅敏，田慧生．2008．教育叙事研究：本质、特征与方法［J］．教育研究，(5)．

要的是不断反思自身的教育生活与实践，总结规律，促进自身的专业成长。“叙事”不能离开“理论”的指导。只有用“理论”来指导“叙事”，“叙事”才有研究的意义。“没有理论的指导，叙事只是叙事，只能将身边的教育事件如实地反映出来而已，其写作技法会变化，叙述形式会调整，但仍走不出事件本身的局限，走不出个人经验的狭隘空间。”①因此，理论可以启迪人们的思维和智慧、提高人们的洞察力和分析力，提高研究的质量。

三、写出自己的故事

写出的教育故事，可以是围绕一个主题的一个个小故事，也可以是由小故事组成起来的一个较长的故事，每一个小故事都有相应的主题，各个主题之间有内在的联系，从而在整体上保持故事的完整性。撰写研究报告通常包括三个基本要素：①讲述故事：包括人物、事件、情境对话和氛围的现场情境，做到情节生动，主题鲜明。②探讨问题：有关问题的产生、解决方法与结果。③反思研究：对教育故事进行理性的思考，以揭示某种教育理论、观点、方法或策略，不断提升自己的实践智慧，指导以后的教育工作。

撰写研究报告，常见的方式有两种：

一是“夹叙夹议”式，边叙述，边反思，边议论，深入地反映研究的全过程和作者的思考。二是“先叙后议”式，即前半部分着重描述有意义的事件，后半部分针对情境发表一些个人的见解或感受，进行自己深刻、独到的分析。评析可以是针对描述中提出的一个关键问题从几方面加以剖析，也可以是针对描述中的几个问题，集中从一个方面加以剖析；或是两种方法交叉进行。教育叙事研究要以叙述为主，而不是以议论为主，是叙中带议，而不是议中之叙。同时还要避免将故事记成流水账，避免只叙事不研究，避免缺乏理论的指导这种现象，提高叙事研究的质量。

1．教育叙事研究的含义是什么？

2．阅读下列文章，分析教育叙事研究的特点、优点与局限性。

教育需要爱——灾区小女孩付冬雪的故事（节选）

有一个小女孩，她叫付冬雪，2004年12月29日出生，上过2个多月的幼儿园，地震后被埋在废墟中，两天后被人救出。以下是笔者在与她相处不到两周时间里的一些记录。

2008年8月26日

第一天来我们所在的支教点报名时，冬雪穿着一件黑色的背心，头上已经冒汗了，却始终不愿脱掉。带她来报名的奶奶在跟老师讲话时，她一直躲在奶奶的背后，抱着奶奶的腿，埋着头，甚至连眼睛都闭得紧紧的。

报名后，冬雪前两天都没来，直到第三天才来上幼儿园。开展活动时，冬雪由

① 全国教育科学规划领导小组办公室．2007．教育科研大家谈［M］．北京：教育科学出版社．

奶奶陪着，奶奶坐后面，她坐前面，紧紧地靠在奶奶腿边，只要我的眼睛看过去，她就低下头，要是我走近她，她立即把头埋在奶奶的腿上，老师发点心、小糖果，她也不吃。

接下来的两天，情况略有好转，但不管我发点心还是学习材料，她还是不接手，一直是奶奶帮着接过去。当我发给她旁边的小朋友点心时，她偷偷瞟了一眼，发给她时她又不接，奶奶拿着她的手叫她去接，她一动也不动。当我继续忙着给其他小朋友发点心，一转身看到她正低着头吃我刚刚发给她的旺旺雪饼时，虽然她面无表情，但我能感觉到她正观察着周围，“封闭”已久的心正慢慢打开。意识到这些，我不由地想到自己也要加油，要在这有限的支教时间内多给她关爱，让她早日从地震的阴影中走出来。

本周一，奶奶带着她早早地来到了幼儿园，她还是穿着那件黑色背心。与奶奶简短的交流后得知，冬雪只要一出门，就必须穿上那件背心，奶奶也感觉不对劲，可就是不知道该怎么办。了解这些后，我准备了一个游戏：贪吃的蜗牛。请小朋友扮演蜗牛，穿什么颜色的衣服就吃什么颜色的水果糖。一会儿，好多小朋友都吃到了糖，这时我有意走到冬雪跟前，告诉她：“你里面穿着红色的衣服，红色水果糖还有好多呢！”我试着轻轻地拉开她黑色背心的拉链，她侧过身，我拉开一半，发现她里面红色衣服上的小熊，故作惊喜，微笑着说：“好漂亮的小熊，它也想吃糖了，给它一颗！”我边说边把她的拉链拉到底，把糖放在她手中，她终于接了我的糖，我在心里为她鼓掌，心想：今天我拉开了你黑背心的拉链，终有一天我希望你能敞开自己的心扉。

2008 年 8 月 28 日

今天付冬雪来晚了，进教室时，奶奶和她两个人都是湿漉漉的，奶奶的鞋子上沾满了黄泥。我递了张纸巾给冬雪，她不接，我就顺手帮她擦了，擦到脖颈处，她忍不住笑了，这是我第一次看到她除了“冷漠”外的其他表情，非常漂亮、可爱。我很高兴，奶奶也很愉快地说：“她知道老师喜欢她，今天路不好走，本不想来了，可她坚持要来。”听到这里，我抱了抱她，她虽然很勉强，但还是让我抱了。抱冬雪的同时，我闻到她身上有一股味道，说实话很难闻。要知道，洗澡对这里的孩子来说是件多么困难的事啊，饮用水都还没解决，一般用的水都要经过好几个程序才舍得倒掉。冬雪奶奶平静地告诉我，她们要在这里待三年……听到这些，泪水已在我眼中打转……

……

2008 年 9 月 4 日

今天是我最后一天去幼儿园了。来到幼儿园，看见孩子们正在“操场”上活动，他们看见我都跑了过来，一会儿又跑回去，欢快的叽叽喳喳声充满了整个“操场”。过了一会儿，我听到有个稚嫩的声音在叫“老师，老师”，回头一看，正是冬雪。先前一直认为对这些受了伤的孩子，只有时间才是治疗的良药，现在看来，教育，尤其是爱的教育对这些孩子是多么必要。看到冬雪，我张开双臂，大声说：“来，冬雪，老师抱抱。”她像一只小鸟似的飞向了我。我抱起她，她紧紧扣住我脖子，我亲了亲她，告诉她：“老师要走了，你以后每天都要来上学，与小朋友一起做游戏，一起学本领。”她虽然眼睛没有看着我，但脸上已经没有原先的紧张与恐惧了。我真心希望她能尽快从地震的阴影中走出，健康快乐地成长。

教育是一个长期的过程，不可能花两三个星期就能抚平受伤的心灵。我只希望孩子们能在这较短的时间里，尝试着感受快乐。同时，我们要让家长明白，有很多人关心着灾区的孩子，特别是学龄前的孩子，虽然我能做的很有限，但无数颗小水滴就能汇成大海，无数个志愿者就汇集了无限的爱，让我们一起关爱灾区的孩子吧！因为教育，需要爱！

（资料来源：沈东苏. 2008. 教育需要爱——灾区小女孩付冬雪的故事. 学前课程研究，10.）

3. 访谈一名幼儿教师，探讨教育叙事研究在促进幼儿教师专业成长中的重要作用。

4. 教育叙事研究的类型有哪些？试联系案例加以分析。

5. 结合实习，善于挖掘教育问题，撰写一篇教育叙事研究文章。

第八章 教育反思

学习目标

1. 掌握教育反思的含义和特点，明确幼儿教师进行教育反思的意义。
2. 了解教育反思的类型，能够科学地分辨教育反思的类型。
3. 明确教育反思的内容，了解反思应注意的问题。
4. 掌握教育反思的形式，明确提高教育反思质量的策略，能够在实践中合理地运用。

知识结构图

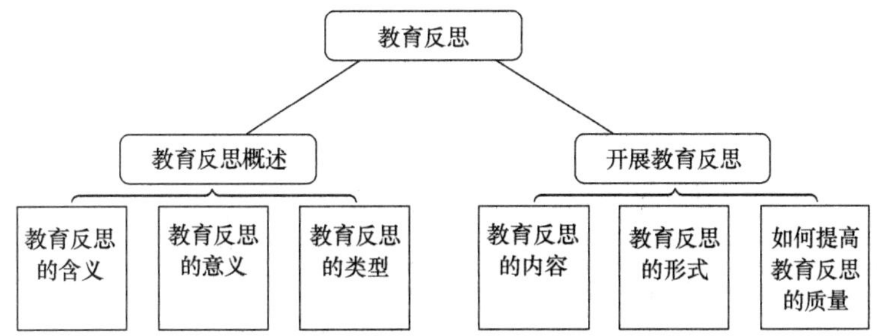

《幼儿园教师专业标准》（试行）中指出，幼儿教师要“主动收集分析相关信息，不断进行反思，改进保教工作”。反思是促进教师专业发展、改进教育活动、提高保教质量的有效途径，是一名专业化的幼儿教师所必备的素养。教育家叶澜教授指出：“一个教师写一辈子教案难以成为名师，但如果写三年反思则有可能成为名师。”“教师的研究能力，首先表现为对自己的教育实践和周围发生的教育现象的反思能力，善于从中发现问题、发现新现象的意义，对日常工作保持一份敏感和探索的习惯，不断地改进自己的工作并形成理性的认识。”心理学家林崇德教授提出了“优秀教师＝教学过程＋反思”的成长模式，美国教育心理学家波斯纳曾提出过一个教师成长的简要公式：“经验＋反思＝成长”，指出：“如果一个教师仅仅满足于获得经验而不对经验进行深入的思考，那么，即使是20年的教学经验，也许只是对一年工作的20次重复，除非善于从经验反思中吸取教益，否则就不可能有什么改进，永远只能停留在一个新手教师的水平上。”这些论述都揭示了反思是教师专业化发展和自我实现的核心因素，对于教师成长具有重要的意义。

第一节 教育反思概述

一、教育反思的含义

人类早在古代社会就有反思意识，如“反求诸己”“扪心自问”“吾日三省吾身”“见贤思齐焉，见不贤而内省也”等，这些说的就是反思意识，强调对自己的思想、心理感受、行为进行思考，通过反省来促进自身的发展。在西方，一些哲学家、心理学家也对反思做过论述，但是将反思的理论首先应用于教学中的往往要提到著名的美国哲学家、教育学家、心理学家杜威。1933 年，杜威在其著作《我们怎样思维：经验与教育》中提出反思的内涵和反省思考在专业活动中的重要性。他认为“反思是思维的一种形式，是个体在头脑中对问题反复、严肃、执著的沉思”。然而，反思这一概念受到教育界广泛重视开始于 20 世纪 80 年代。

《现代汉语词典》对“反思”一词的定义是：“反思是指思考过去的事情，从中总结经验教训。”可以看出，反思是通过思考过去的事情，从中总结经验教训。反思不是一般意义上的回顾，而是对自己经历过的思想、心理感受及行为的体验进行思考、反省、探索和解决教育工作中存在的问题，是一种高级的认识活动。通过教师对教育工作实践的再认识、再思考，以此来总结经验教训，进一步提高教育工作水平。

教育反思是指幼儿教师以自己的保教工作为认识对象，对已经发生或正在发生的保教活动及由此产生的结果进行审视和分析，目的是总结经验教训，改进教育行为，提高教育质量。反思贯穿于幼儿教师工作的全过程，其实质是教师教育活动的自我监控。做好教育反思，关键是理论和实践紧密结合，通过提高自我觉察水平来有效促进自身能力的提高。

教育反思具有以下三个特点。

1. 能动性

反思是一种个人的内省行为，需要个人的自觉、自为。教育反思是指教师把自己的教育实践作为认识对象而进行全面、深入、理性的分析、总结、概括，从而提出更科学的活动策略。这需要教师进行批判性的思考，需要教师具有较强的行为动机、活跃的智力活动，需要教师将经验转化为教育智慧，成长为有思想的专业人员，这是一种能动的、积极的自我反思，是主动地进行自我调控的过程，而非被动接受的过程，体现出主动性的特点。

2. 研究性

反思不是一般意义上的“回顾”，而是思考、反省、探究和解决教育实践过程中各方面存在的问题，是教师将教育、学习和研究结合起来，努力提升教育实践的合理性过程，这是一种理性的思维活动。教育反思过程中，教师不是根据经验、直觉进行主观推测，而是通过观察和深入系统的思考，采用科学的方法，对教育现象和教育行为做出合理的解释，从多方面分析问题、多角度寻求解决问题的策略，因此具有研究的特性。

案例 8-1

有位教师通过引导幼儿玩“小靠背”的活动，认识到原来坐垫上的一对小靠背完好无损，扔了怪可惜的，就变废为宝，把它放在班级“娃娃家”。出乎意料的是，即将废弃的小靠背，幼儿能够自发地玩出许多花样，收获了许多快乐。由此引发反思，我们不妨将废弃材料变废为宝，让幼儿自发游戏，自主发展。利用低结构材料、给予充裕时间、善于静心观察、丰富生活经验。在这种自主自发的游戏中，让幼儿充分地表现自己的才能，支配自己的兴趣和需要，自主发展，真正成为“游戏高手”。

（资料来源：范育琴．玩小靠背引发的思考．http://www.yejs.com.cn/Jswa/article/id/50005）

3．实践性

教育反思的对象是保教工作实践中发生的事件，反思的过程是教育实践的一个环节，反思的最终目的是改进自身的保教工作。教师通过发现问题、分析问题、解决问题，提高实践能力，这是教师获得教育实践性知识、改进工作实践、提升教育智慧的一种有效方式，因此具有较强的实践性特点。在不断的反思中，寻求产生问题的原因，幼儿教育工作的质量也将不断提高。

案例 8-2

我们一贯主张孩子要大胆尝试，克服困难，才能获得成功，有时会以教师、同伴的掌声和加油声鼓励孩子。我们总认为这样是在帮助孩子体验成功的快乐，促进孩子发展，却往往忽略了孩子内心的感受。其实，并不是所有孩子都愿意在每一次挑战中超越自我，也并不是每个孩子都能在别人的鼓励声中获得成功，体验快乐。每个孩子的能力不同，当孩子确实有困难时，我们应该尊重他行使放弃的权利。

（资料来源：肖玉．2015．孩子有放弃的权利［J］．幼儿教育（教育教学），(10).）

二、教育反思的意义

幼儿教师追求的教育反思是高质量的、有效的反思，这种反思是深入的、深刻的、科学的，对于提高教育质量有较强的指导作用。教师只有行则疑，疑则思，才能思则进。幼儿教师为什么要进行高质量的、有效的教育反思呢？一方面是改进当前的教育实践，一方面是促进自身的专业成长。具体来说，体现在以下几方面。

（一）教育反思促进教师科学地开展保教工作

反思体现的是教师对教育事件进行理性选择的一种思维方式和态度。幼儿教师在活动开展后，需要针对活动目标的实现、幼儿的表现、教师的行为等教育活动进行理性分析、全面思考和科学判断，探索出先进的实践经验，发现活动中的不足，分析其中的原因，探求一定的理论支撑，寻找改进现状和提升教育质量的有效途径，有助于提高教师对教育活动的认识，改进活动方法，形成自己独特的认识，这样可以更好地充实自身的专业理论知识。下列案例中教师科学地分析了活动中问题的原因，继而采取有效措施，保证了教育活动的顺利开展。

案例 8-3

有一名幼儿教师在实践中，认识到将音乐运用到一日活动中具有非常重要的作用。于是反思：可以用音乐提示孩子，作为活动的集合令。根据不同的活动，精心挑选不同的曲子，例如，晨间活动结束后，在整理玩具时播放优美的钢琴曲；整队到户外活动做操时，选择节奏感强烈的律动；午餐前播放一些轻柔优美的萨克斯曲子，帮助孩子调整情绪等。但是教师却发现，在播放这些音乐时，有的孩子无动于衷。在与孩子交往的过程中，体会到“要让孩子自己选择自己感兴趣的东西，他们才会完全投入。只要我们平时多加引导，不断提高孩子对音乐的欣赏能力，孩子对音乐的鉴赏能力就会逐渐增强”。

（资料来源：奚芳．2007．让孩子做主［J］．幼儿教育（教育科学版），(9)．）

（二）教育反思能够改进教育活动的现状

教育反思不是单纯地等同于教师对教育工作的回顾总结，它既包含着对问题和困惑的思索、对经验的总结提升，也包含着针对现状进行改进的策略。教育反思以追求保教实践的实效性为目标，在反思的过程中，有效地解决了理论与实践脱节的问题，试图构建起理论与实践相结合的桥梁。

案例 8-4

有的教师请家长和幼儿共同完成一张“比较电动车和自行车的不同”的调查表活动后，反思到：“其一，调查表并不是都由教师设计、制作，有时教师可以告诉家长调查目标、途径、形式和制作要点等，然后让家长和孩子一起根据孩子的能力设计调查表，这样的调查表更具个性，也更有利于幼儿相互学习，提高学习兴趣。其二，要想发挥调查表的实效，前提是要设计符合幼儿年龄特点的图文并茂的调查表，图片要特征明显或者用幼儿能看懂的符号，最好还要有关键词说明，以便幼儿理解和表达。其三，让幼儿亲自参与调查和记录是非常重要的，成人不能因为怕麻烦而替代幼儿调查，否则会使他们享受不到探索的快乐。”

（资料来源：朱缤．2015．一张调查表的启示［J］．幼儿教育（教育教学），(11)．）

（三）教育反思能有效地提升教师的科研能力

杜威曾强调，反思不是一种能够被简单地包扎起来供教师运用的一套技术，而是一种比逻辑理性的问题解决更为复杂的过程。对幼儿教师来说，保教反思是一种研究，需要教师对自己的教育理念和教育教学行为进行经常的审视与思考，需要教师通过思考与实践来探究和解决保教工作中的问题，它体现了教师是专业人员、教师是研究者的特点。幼儿教师通过对自己的教育行为进行审视分析，能够产生新想法、新措施、新途径，使自己的教育能力、研究能力在原有的基础上得到提高，这是一种创造性的教育活动。有专家指出，能否进行自我反思是“教书匠”与“教育家”的根本区别，因此，自我反思是促进教师专业成长的有效途径，能够有效地提高教师的研究能力。

三、教育反思的类型

幼儿教师的反思是对自身丰富的保教活动实践的研究，它贯穿于幼儿教育工作的全过程。从不同的维度进行划分，反思的种类也是不同的。

（一）根据工作的内容划分

1. 教学活动反思

教学活动反思是教师以教学情境中的困惑、发现的问题为基础，对教学行为及其背后的理论和结果进行反复、持续和周密的思考，从而赋予教学活动以意义，寻求改善实践的方案的过程。幼儿教师对于教学活动的反思涉及教材的挖掘、目标的制定、内容的选择、活动的组织、环境的布置、时间的安排、材料的投放、问题的设计、教师的回应、评价等方面，教师通过分析、判断这些因素，能够对教学赋予意义而获得专业成长。

2. 游戏活动反思

游戏是幼儿的天性，是幼儿的基本活动。在2016年修订的《幼儿园工作规程》中规定了“以游戏为基本活动，寓教育于各项活动之中”的教育原则，并指出“幼儿园应当将游戏作为对幼儿进行全面发展教育的重要形式。”“幼儿园应当因地制宜创设游戏条件，提供丰富、适宜的游戏材料，保证充足的游戏时间，开展多种游戏。”“幼儿园应当根据幼儿的年龄特点指导游戏，鼓励和支持幼儿根据自身兴趣、需要和经验水平，自主选择游戏内容、游戏材料和伙伴，使幼儿在游戏过程中获得积极的情绪情感，促进幼儿能力和个性的全面发展。”进一步明确了游戏在学前教育中的地位。《幼儿园教育指导纲要（试行）》指出：“幼儿园教育应充分尊重幼儿作为学习主体的经验和体验，尊重他们身心发展的规律和学习特点，以游戏为基本活动，引导他们在与环境的积极相互作用中得到发展。”游戏分为本体性游戏和手段性游戏，在开展游戏活动中，针对具体的情况，不断进行反思，将有效提高游戏的教育质量。

案例 8-5

有的老师在指导幼儿玩“转糖饼”的游戏中反思到：“发现幼儿交往的问题，老师以游戏者的身份介入游戏给孩子一个模仿的示范，后面的孩子们也都跟着老师这样交流起来，使孩子们的交流水平得到发展。我觉得成人的语言可为幼儿语言学习起到示范作用，让幼儿通过观察、模仿和学习，积累交流与表达的经验，提高语言表达能力。”

（资料来源：熊英，王小俊．教师适时介入跨班区域游戏的策略．学前教育．http://www.yejs.com.cn/Jswa/article/id/47626）

3. 生活活动反思

幼儿期是生长发育十分迅速、新陈代谢极为旺盛的时期。但由于幼儿知识经验匮乏，缺乏独立生活能力和自我保护能力，因此他们需要成人悉心地照顾，需要开展生活活动研究。在生活活动中，反思的内容是非常多的，如反思培养幼儿良好的作息习惯、睡眠习惯、排泄习惯、盥洗习惯、整理习惯的方法是否恰当，反思提高幼儿生活自理能力的策略是否可行，反思帮助幼儿学会用餐的方法是否合适，反思幼儿的饮食习惯是否得到改善等。通过反思，不断提高生活活动的质量。

案例 8-6

有一名老师反思到：“折叠衣服对孩子来说是天天重复的劳动，养成习惯需要孩子的一贯坚持。在折叠毛衣的经验基础上，给不同发展水平的孩子以新的探索需求刺激，如让孩子探索叠开衫、叠带有帽兜的衣服、叠厚外衣、叠背带裤的方法等。学叠衣服不是活动的结束，更不是目的所在，是为了通过让幼儿动手，提供给孩子积累大量生活经验的机会，同时让孩子在积极探索的过程中，能对自己的能力有充分的认识。自信才能摆脱依赖，自信才能让孩子走向独立，只有这样孩子才能真正实现‘学会生活’。”

（资料来源：幼儿园案例反思：折叠衣服．http://www.yejs.com.cn/jswa/article/id/47720.htm）

4. 区域活动反思

区域活动，是幼儿一种重要的自主活动形式。它以快乐和满足为目的，是幼儿主动地寻求解决问题的一种独特方式。其活动动机由内部动机支配，显著的特点是自主性，是幼儿学习的一种途径。在开展区域活动中，针对活动开展的情况不断进行自我反思，将有效地提高区域活动开展的质量。

案例 8-7

一名教师引导幼儿在攀爬区内开展攀爬游戏，试图借助攀爬达到提高孩子的自信心，培养孩子不畏艰难的品质这一目的，通过设置情境，让攀爬变得有趣；通过榜样作用，让孩子敢于攀爬；通过增加次数，让孩子喜欢攀爬。通过本次攀爬活动，教师对如何培养幼儿的勇敢品质有了新的想法：要用孩子的方式帮助消除恐惧，要借孩子的经验帮忙寻找方法，要应孩子的需求固化经验。攀爬游戏开展了一段时间，孩子们由原先不敢尝试到现在抢着游戏，可见对攀爬游戏进行有效指导能促进不畏艰难这一良好品质的形成，这也为孩子们其他方面的发展奠定了良好的基础。

（资料来源：华丹．等待的精彩——幼儿攀爬游戏引发的思考．浙江省宁波市鄞州区钟公庙街道中心幼儿园，2015.1.8）

（二）根据反思的过程划分

1. 活动前反思

活动前反思即幼儿教师在开展活动前，对活动的内容、过程再次梳理，使活动成为一种自觉实践的过程。活动前反思的目的是根据幼儿已有的知识经验，将教育理念、课程理念、教材特点、可用资源和幼儿实际有机地结合起来，确立怎样开展活动、内容的选择如何、幼儿如何学习、幼儿能够学到些什么、活动中可能出现的问题是什么、解决这些问题的方式方法如何，使活动的设计符合幼儿的特点。活动前反思具有前瞻性，使得教育活动成为一种自觉的实践，有效地提高了教师的教育活动分析和活动设计能力。

2. 活动中反思

活动中反思即在活动开展过程中，教师遵循以幼儿发展为本的宗旨，根据幼儿的表现和活动的实际开展状况，适时调整活动的设计思路，真正做到活动目标与活动过程的动态生成。在活动中，教师需要反思的内容是很多的，如问题的设计是否符合幼儿的心理需求、节奏是否张弛有度、活动的设计是否与幼儿的需要一致等，根据幼儿的表现，适当地调整课堂节奏，确保活动高质量、高效率地进行。这种反思具有监控性，能够使活动高质高效地进行，有助于提高教师的调控和应变能力，促进幼儿教师教育机智的形成。

3. 活动后反思

活动后反思即在活动后，教师对整个活动的开展情况进行总体回顾，分析活动的收获与不足，总结经验与教训，明确活动改进的方向和措施，提高以后活动开展的质量。这种反思带有批判性质，使得教育经验理论化，有效地提高了教师的教育总结和评价能力。活动后反思包括活动目标的确定、活动内容的选择、活动形式的采用、具体学法的指导等是否适宜，幼儿在活动开展过程中是否主动积极，目标是否得到了落实，活动中还存在哪些优点、缺点或困惑，该怎样进一步优化与解决问题等。

“活动后反思”与“活动小结”是有一定区别的。“活动后反思”突出的是“思”，强调的是“反”。“反思”的价值，不仅仅是回过头来深入思考，还要换位思考，换不同的角度思考，这种反思具有研究性，是科学的反思、深入的反思，目的是改进实践，提高教育质量。“活动小结”，是对本次活动的过程进行总结，即在完成本次活动后，对活动的开展情况做一个认真的、科学的总结，分析本次活动的亮点、幼儿的收获、自己在哪些方面需要进一步改进，提高活动开展的质量。它强调的是活动总结，是结束，是画一个“句号”。

（三）根据反思的形式划分

1. 专题反思

专题反思是以专题的形式对活动的理念和实践开展状况进行反思。专题反思的内容通常是对教育实践中遇到的问题、某一内容、某一方面进行分析。如针对教育活动方法的有效运用进行专题反思、针对幼儿园的生活化课程进行专题反思、针对某个教育活动中的活动设计进行反思、针对教师的教育机智进行反思、针对教育活动中问题的设计进行反思、针对提高区域活动开展的有效性问题进行反思、针对如何让活动中问题的创设更有趣进行反思等。专题反思的目标明确，内容针对性强，分析深入，有利于改进教育质量。

2. 全面反思

全面反思是对活动开展过程中内容的选择、活动目标的确定、师幼互动的质量、教师语言的运用、幼儿主体性地位的体现、幼儿经验的获得等方面进行全面的、综合的分析判断，以有效提高教育活动质量。全面反思通常不将反思的对象集中在保教活动中的某一个具体问题上，而是总体把握保教工作各方面的行为。如对“幼儿园开展的一次角色游戏”进行反思，反思的内容包括角色游戏的价值体现在哪些方面；教师什么时候介入角色；角色游戏过程中，教师的引导与幼儿的自主是如何把握的；如何做好观察记录等内容。

（四）根据参与反思的人数划分

1. 个体反思

个体反思是个体对自己开展的教育活动的目标、过程、结果等进行反思，探讨相应的教育观念、教育目的、教育主体和教育策略等方面的问题，以修正与完善自身的教育行为。教师的自身素质、观察视角、知识经验、实践水平、专业发展水平等因素直接影响着反思的质量，因此，需要不断提高自身的专业素养。

2. 集体反思

集体反思是指与同事一起观察教育活动后，与他们就教育活动问题进行对话、讨论，研究本次活动中存在的问题，提高改进教育活动的策略。这是一种互动式的活动，它注重教师间的经验分享、合作学习和共同提高，有助于建立合作学习的共同体。集体反思不是“闭门思过”，与外界的沟通与交流是进行反思的重要途径，因此，集体反思对于教师的成长也是不可缺少的。

第二节 开展教育反思

一谈起反思，有的幼儿教师认为反思是对过去的教育行为进行检讨，认为提出的问题越多，反思得越深入，因而反思的内容都是教育实践中的失败和不足。有的幼儿教师进行反思的时候多重视的是对教学活动的开展，但是对游戏活动、保育活动却很少进行反思，表现出重视教学活动而忽视游戏活动、区域活动等活动形式的现象。有的幼儿教师仅仅是从教师教的层面进行分析，比如涉及的多是活动的内容、方式方法、组织形式、活动的效果等，但是对幼儿学的方面进行反思的内容却很少。有的教师进行反思，仅仅着眼于教学的内容、教学的方式方法、教学的组织形式、教学的效果等技术层面的内容，但是对于自己教学活动的价值观、教学目标和教学理念却缺乏深层次的反思，不能有效提升自己理性分析问题的能力。那么，教师应如何正确地进行教育反思呢？

一、教育反思的内容

（一）反思教育理念

思想决定高度，理念决定方向。当前的幼儿教育倡导“以幼儿的发展为本”“幼儿是活动的主人”“充分发挥幼儿的主体性”这些理念。因此，教育活动中，我们就要反思活动是否调动了幼儿的积极性、教师的角色是否到位、是否体现出新的儿童观、教师观与教育观等；反思教育活动氛围是否和谐、轻松，教育活动中是否做到了与幼儿平等对话、是否关注了幼儿开展活动的过程、活动中幼儿是否有新的收获等。例如有的教师反思自己开展的生活活动，认识到生活活动除了采用传递的方式开展外，也可以用探究的方式开展。如鼓励支持幼儿先尝试操作，让采用不同折衣方法的几名幼儿来演示，大家观察讨论哪种折法最平整而不会松开，这种学习就是一种自我探究的过程，自然有益于幼儿自主学习能力的提高和发展。通过自身的实践探索看出，采用探究的方式开展生活活动是可行的。

（二）反思活动过程

教育反思是一种有益的思维活动和再学习活动，也是回顾教育活动—分析成败—查找原因—探讨对策—改进提升的过程。反思的内容包括反思活动内容的选择、活动环节的设计、活动的方法、教师的创新做法、环节的设置、幼儿的表现等。如幼儿教师在开展游戏后，反思游戏的目标确立、游戏的导入、游戏的材料投放、游戏过程的开展、教师介入的时机、教师的语言、幼儿的表现等，分析存在的问题，提出下一步改进的策略。

（三）反思活动得失

再完美的教育活动也有可能有疏漏、失误之处。教师对整个活动进行探讨、回顾、梳理，分析活动的闪光点和不足，找出形成的原因，探究解决问题的策略，形成教学经验，重新构建新的教育对策，以便今后更好地开展教育活动。

案例 8-8

一次，观摩了一位名师的公开课《大班音乐欣赏：孤独的牧羊人》后，我渴望立刻回班演绎这堂精彩的音乐活动。我把听课笔记从头到尾整理一遍，兴致勃勃地准备好教具开始试教，意想不到的是第一个问题就卡壳了。“你们知道牧羊人吗？什么叫孤独？”全班幼儿都面面相觑。而在公开课现场，幼儿答得却很好——“孤独就是很孤单，一个人没意思”“牧羊人会放羊”……我突然意识到，同是大班幼儿，但经验和认知水平差异显著。接下来的环节中，我只能无奈地按部就班，面对许多意外“短路”的环节，却束手无策。

为什么同样的教案却没有收到相同的效果？我仔细分析专家的活动设计和现场回应，发现每当幼儿有需要或困难的时候，专家的追问或教具都为幼儿提供了很好的帮助。可是，我在课前只顾备自己，没有备幼儿，教学中发生幼儿不接“球”或者抛来意想不到的“球”时，我只能敷衍了事。

于是，我第二次借班上课，根据试教出现的问题对专家的课进行了重构，更多地预设了怎样应对幼儿可能“抛过来的球”，及时、适当地提供教学支架，比如增加反映牧羊人生活的图片，丰富幼儿的知识；结合幼儿的日常生活，交流“孤独”的心灵体验等。这样，第二次与幼儿的互动就灵活顺畅多了。

从公开课到常态课，不是单纯地拿来模仿，更重要的是认真解读自己面对的幼儿，多自问几个“为什么”，把别人的课重构并内化为自己的，才能游刃有余地驾驭集体教学活动。总之，只要勤恳爱学，就能够不断提升专业能力。

（资料来源：俞铭敏．2015．公开课，归根到底学什么［J］．学前教育，（1）.）

二、教育反思的形式

幼儿教师从事的工作具有实践性的特点，需要不断地反思，及时记录下最新的想法、理念与思考。反思的过程就是不断解读、不断获得新答案、产生新思想、提出新问题的过程。幼儿教师的反思，常见的有以下几种形式。

（一）日志反思法

日志反思法指的是教师每天工作之余，通过写教育日志的方式对自己的教学理念和实践进行分析、总结、评价，以理清思路、提高认识、改进保教活动的一种手段。日志反思法的内容是自己经过教育活动实践后进行回顾、反思出来的，可以是自己的经验、教训、疑惑、困惑，也可以是幼儿的特殊表现、活动中的突发事件、创新见解等，使教师在教育工作中努力挖掘亮点和成功经验，同时也要寻找不足，对教育活动的得与失有所思、有所悟。可以看出，日志反思法不仅仅记录教育事实，还要有教师的理性思考。事实上，写日志的过程也是教师对教育工作进行反思的过程，教师通过理性思考，评判自己的保教行为，力图解决教育过程中的种种问题。苏霍姆林斯基认为，写教育日记是思考和创造的源泉。教师应该及时把自己的分析概括和灵感记录下来以免遗忘。那种连续记了 10 年、20 年甚至 30 年的教师日记，是一笔巨大的财富。只要教师积累有关学生各方面发展的资料，并对这些资料进行分析、比较，就能发现重大的教育问题。日志属于日记的一种，一般是记录当天发生的或最近发生的事件。这些事件不一定有完整的故事情节，但是能够引人思考。从苏霍姆林斯基的论述中，也可以看到教师进行日志反思的重要性。

日志反思法在写作形式上，没有固定的格式和要求，教师可根据自己喜欢的方式进行记录，阐释自己对事物的认识。教师记录的日志绝不是流水账，而是有固定的主题、能够引起他人思考和反思的、富有教育意义的事件。幼儿教师每天都面对着不同的幼儿，每天都会开展不同的活动，只要善于发现，做个有心人，不断进行反思，想一想亮点在哪里，在哪一个环节出现了“高潮”，为什么效果好，活动中有哪些值得关注的地方，问题是什么，活动中的灵感与闪光点是什么，活动中幼儿有什么反应，写下自己的经验、教训或困惑，记录下自己的思想变化和行为变化，教学能力就会逐步提高。反思的时候，不能停留在描述性反思层面上，还要有分析性的反思，通过分析现象的来龙去脉，探寻背后的原因和本质特征，解释现象后面的规律。教师以日记的形式进行反思不仅为回顾、思考自己的教育实践提供基本的原始素材，而且叙述本身就是对已有的教育经历进行归纳、概括、反思、评价和理解的过程。日志反思法一般包括两部分：第一部分是描述部分，第二部分是分析部分。前一部分阐述活动中所发生的有价值的事件，后一部分论述事件发生的原因以及应对的措施。用日志反思法记录时，需要将两者有机结合起来。

（二）反思随笔法

苏霍姆林斯基曾经建议：“每一位教师都来写教育反思随笔和记录。这些记录是思考及创造的源泉，是无价之宝，是搞教科研的丰富材料及实践基础。”反思随笔法记录的内容是多样的，可以针对教育活动中的看法、观点、困惑、不足、体会等进行反思，也可以针对活动前、活动中、活动后的情况进行反思。反思随笔可以记录在书本上、教案中、听课本中，做到随机、随时摘记。这些随笔内容虽然短小，但记录的是自己平日里的所做所思，是最有实用价值、最简朴的认识，只要坚持下去，日积月累就会达到从量变到质变的飞跃。

案例 8-9

如何帮助孩子克服畏惧心理从而喜欢攀爬游戏呢？带着这些思考，我将活动做了一下调整。

1. 设置情境，让攀爬变得有趣

中班幼儿的年龄特点是思维具体形象、爱模仿、认知靠行动，这决定了“游戏化的一日生活”是实现教育目标的适宜途径。在有一定难度的攀爬游戏中，只进行机械式的动作要求，孩子会觉得很难掌握技巧，教师应在攀爬中贯穿富有童趣的情景，将孩子的被动学习转化为主动学习。

于是我为攀爬游戏创设了情景“抢救小兔子”，在攀爬架的顶部安放可爱的小兔，“兔妈妈很着急，因为小兔子被困在顶部下不来，怎么办呢？谁来做勇敢的抢救员呢？”从而激发孩子救小兔的兴趣，调动幼儿的主动性、积极性。“怎么救速度快而且安全？”此时，我进行技术指导与讲解。在演示过程中，我特别强调双手必须紧紧地抓住绳索，一只脚跨到上一格并踩住，脚的脚尖要朝里，双手双脚交替往上爬。这样一来幼儿很自然地进入游戏，并积极地投入到角色中。一轮下来，有个别孩子进行了初次的尝试。虽然大部分孩子依然胆怯，但是孩子们细微的进步还是让我看到了希望。

游戏结束后借助孩子们"进步"的苗头，我继续思考，如何让所有的孩子都有勇气尝试呢?

2. 榜样作用，让孩子敢于攀爬

落落是我班比较胆大的孩子，在第一次尝试中就第一个救到了小兔子。我把大家召集起来，让落落介绍自己是如何救到小兔子的。落落有模有样地介绍开了："要看上面，还有手脚要抓牢。"我及时肯定落落的说法，他这个方法很好而且很安全（进一步固化习得经验），并夸他是最勇敢的兔爸爸，还给他贴了大苹果。这时本来有些犹豫的孩子也纷纷跃跃欲试，嚷着："老师，老师，我要做勇敢的兔爸爸（妈妈）!"

从发展心理学的研究中可知，幼儿既容易模仿别人的行为和受成人强化的影响，又易于受情绪的感染，因此我特意树立落落这个典型，让更多幼儿参与到活动中。

3. 增加次数，让孩子喜欢攀爬

每一种体育活动都是富有挑战性的，都是有一定危险的，当孩子进行初次尝试后，哪怕只是上了一小步也会给幼儿带来成功的体验，这种成就感对幼儿的再次尝试起着至关重要的作用。因此我将一周一次的攀爬游戏增加至一周三次，在渐渐熟练的动作中我看到了孩子们略带自信的眼神，此时我便抓住时机鼓励孩子："兔妈妈谢谢大家救了小兔子，今天大家都是勇敢的抢救员，下次如果还有小动物遇到危险我们再来救它们!"

就这样，在我不断的鼓励和创设机会中，孩子们渐渐地爱上了攀爬游戏，甚至时不时地提出："老师，我们什么时候再来玩？"

（资料来源：华丹．等待的精彩——幼儿攀爬游戏引发的思考．http://www.cnsece.com/KindTemPlate/MsgDetail/32453. 2015.1.8）

（三）案例反思法

案例反思法是指借助于保教工作中的某个含有丰富意义的事例，用比较翔实的语言叙述具体的教学情节，分析其中的问题，探讨产生问题的原因，从中体现一定的思想和理论。选取的案例是在一定的实际情境中发生的、反映一定保教经验问题的事件，是保教工作中值得研究的案例，是能够引发教师思考和讨论的、对教师的工作有启发的案例。案例反思法常常以事情的描述为媒介，以教育教学理论为基础，同时指向解决幼儿教师的实际问题。下面这个案例，教师通过对一个游戏活动进行描述，在分析、解读自己和幼儿的行为认识的基础上，反思到"教师应能敏锐地观察每个孩子的每一点变化，了解他们的兴趣与需要，通过提供材料适当介入支持幼儿的游戏"，这些观点对于教师开展工作有很大的启发意义。

案例 8-10

活动过程

“宽窄巷子”的“古摄影”游戏开始了，孩子们协商后各自在岗位上做准备，溜溜戴上了摄影师的工作牌，拿起了照相机招呼着小伙伴：“快来拍照呀！我们的挂历照可好看了。”在她的鼓动下果然有客人走了进来。“我想拍这样的照片。”心语指着台历照说。化妆师马上热情相迎，把小猪面具戴在心语头上。“好的，来笑一下，我给你拍。”喀嚓一声快门按了下来。一旁的思达说：“我也拍一张，我要穿挂历上的皇帝衣服拍。”化妆师琪琪为难起来，说：“这个衣服没有，我给你戴个面具吧，也很好看的。”思达只好摇头走开了。接连来了好几个小客人都提出要穿挂历上的漂亮服装，“工作人员”耐心劝说，他们都心不在焉地摆几个造型就远远躲开了。照相馆显得冷清了，“工作人员”也无所事事地玩起来。

此时，我认为有必要介入幼儿的游戏。于是我以客人的身份走进了照相馆。“摄影师，我今天带了自己做的新衣服，想请你帮我拍些照片，我的衣服好看吗？”溜溜见我拿来的是用包装纸折剪出来的衣服，一脸好奇地问：“这衣服能穿吗？”“当然行了。”我边说边将衣服披在了肩上。正拍得高兴时，我故意叫了起来：“哎呀，我有急事得走了，这衣服先放在这，明天我来取照片。”我离开后继续观察，发现化妆师又将此衣服给其他孩子穿上拍照，客人们很喜欢，游戏在欢乐中结束。

活动反思

在这一游戏活动中我深刻体会到，老师首先要有一双慧眼，能敏锐地观察每个孩子的每一点变化，了解他们的兴趣与需要，通过提供材料适当介入支持幼儿的游戏。当观察到照相馆生意冷清了一段时间后，我以游戏者的身份以自己的行动以及游戏的语言和材料，启发幼儿的游戏行为，并由此催生了区域活动“服装加工厂”，孩子们回家积极收集半成品材料，并剪贴成一本本服装参考书，以方便设计自己喜欢的“时装”投放到“古摄影”中。

（资料来源：熊英，王小俊．2014．幼儿教师教学反思：教师适时介入跨班区域游戏的策略［J］．学前教育，（4）．）

（四）活动实录反思法

活动实录反思法是通过利用录像、录音等现代教学手段再现整个教育活动的过程，让教师以研究者的身份反思自己或他人的教育活动的过程。活动实录反思法是一种生动、直观的反思教育行为的有效形式。教师通过观摩自己和他人的教育活动录像，能够审视自己的教育活动，反思自己教育中的每一个细节，发现自己工作中的不足，学习他人良好的教育行为，达到取长补短，改进教学活动和提高教学效果的目的。如在幼儿园举行大型活动之后或家长开放日之后，通过观摩活动录像，教师反思自己在设计、组织和开展活动的过程中教师之间、师幼之间、亲子之间和家园之间的配合与参与情况，并进行分析、思考与评价。

三、如何提高教育反思的质量

（一）培养问题意识

反思的目的是改进实践，在实践中体现反思的价值，将反思的结果运用于实践。因此反思是从发现问题开始的，反思能力的提高是通过发现问题、解决问题来实现的，从而逐渐养成批判性思维习惯。一篇高质量的教育反思，首先要选择好切入点，确定好研究的问题，注重在稍纵即逝的现象中捕捉问题。在反思中，教师要从多方面对问题进行分析，如反思活动的成败与效果，活动目标是否达成，幼儿对活动目标本身和幼儿实际情况等，从儿童、群体的多角度考虑问题并进行分析，改变反思结果与教学改进之间存在的脱节现象。

案例 8-11

"老师，他又在玩水！""老师，×××没有挽袖子。"每天这些事情总是重复发生，而教师总是反复提醒常规要求，"洗手时要这样……注意……"可效果总是不好。针对这种现象，教师反思问题出现的原因，于是调整了策略："在孩子们洗手时，我也加入进去，并有表情地唱起了《洗手歌》，这是我从《洗洗小手》改编过来的歌曲：挽起袖口，洗洗小手，我们来洗手……甩甩抖抖，甩甩抖抖，水珠飞跑了……""我边唱歌曲边洗手，当我唱到甩甩抖抖时，时而快抖，时而慢抖，夸张地动作一下子把孩子的注意力吸引过来，纷纷跟我学起来。格格甚至一边随歌曲的内容进行表现，一边把自己的想法也融入动作之中。"现在，就连以前幼儿最爱敷衍的挽袖子、甩手、摘毛巾等环节，孩子们都愿意主动完成了。

（资料来源：迟芳．2007．快乐洗手［J］．学前教育，(1)．）

（二）掌握先进的教育理论

有的教师反思起来仅凭个人的经验和认识，就事论事，像记流水账一样，没有对自己的经验加以提炼，更谈不上运用教育教学理论进行深层次的分析。理论知识是教师思想的载体，是教师研究能力形成和深入认识问题的条件。缺乏教育理论的支撑，反思就会停留在表面现象，提出的策略缺乏依据，研究缺乏创新。对教育活动进行反思，需要理论的指导，在理论的指导下反思实践中的现象，不断地从理论层面进行解释和建构。因此，阅读理论知识是教师反思时不可缺少的，它能够为教师遇到的事件提供新的阐释，为教师所面临的困难和问题的解决提供可能，并帮助教师科学地分析现实中存在的问题，启迪自己的思想，增强自己的理性智慧，改进教育实践。

《3～6 岁儿童学习与发展指南》提出："美术教育的关键在于充分创造条件和机会，在大自然和社会生活中萌发幼儿对美的感受和体验。"根据这些观点，在开展的美术活动时，教师要反思是不是不应过多地干预，是不是让幼儿大胆地表现了自己的感受，是不是尊重了幼儿自发的表现和创造，是不是了解并倾听了幼儿的表现和感受等，以此反思自己的教育教学，改进教育实践，提高教育质量。

（三）与他人进行对话交流

教育反思中，如果仅仅靠教师自己进行反思的话，思维不免受到一些限制。如果与同事、专家一起开展对话，相互讨论、共同分析，借鉴专家、名师、同事的一些成功经验来反思自己的教育理念和实践，则会提高反思的质量。

1）积极地参与多种教研活动，途径有听课评课、集体备课、业务学习、校本教研等。在教研活动中，认真倾听他人的观点、看法、认识，了解不同的意见、多种声音，反观自己的理念与行为，不断改进自己的行为。

2）不断与名师、专家开展对话。经常阅读关于学前教育方面的杂志，了解一些优秀幼儿教师的教育做法、教育方式；积极创造条件，外出参加各种会议，或者是将专家请进来，通过听讲座、与专家面对面地交流，了解专家的一些观点、想法和最前沿的信息。教师在与名师、专家交流情感、启迪思想、碰撞智慧的过程中，能够使视野更开阔，使理论得到提升。如一位幼儿教师在与书籍、学者的对话中，感悟到了下列的一些道理。

案例 8-12

首先，我找到了集体教学活动可以在幼儿园存在的理论依据。冯教授指出，“集体教学活动”是作为和“一日生活活动”“活动区活动”相互配合、共同构成幼儿园生活的一类活动存在的，它具有以下优势：高效、经济、公平；对幼儿学习和发展的引领性强；系统性强；能形成学习共同体，培养集体感。我终于释然：原来，注重集体教学活动并不是落伍，更不是错误。

其次，我更找到了提高集体教学活动“适宜性”和“有效性”的方法。冯教授清楚地看到目前我国幼儿园集体教学存在很多问题，提出恰当处理集体教学与一日生活和游戏的关系是提高集体教学质量的前提。紧接着，冯教授谈了提高集体教学质量的一些具体策略，如唤起全班幼儿的学习兴趣、衔接幼儿的已有经验、充分照顾到幼儿的个体差异、了解幼儿学习和发展的特点和规律、了解所教内容的逻辑关系、促进交互学习、为幼儿之间提供较多交流合作分享的机会等。要做到这些，教师必须对集体教学进行准确定位——促进和引领发展，同时还要对各领域教育的核心价值、教学目标、教学内容、教学方法等有正确的认识和深入的思考。

（资料来源：方莉华. 2015. 对《在集体教学活动中使用〈指南〉》的思考［J］. 学前教育，(5).）

（四）思考与议论有机结合

幼儿教师进行反思的内容是发生在幼儿教育工作中的真实内容，一方面需要列举幼儿园中发生的真实事件，另一方面要对这些事件进行分析。教育反思的基本框架常常包括“叙事”和“议论”两个方面，采用的形式有先叙后议、先议后叙、夹叙夹议等。只有把“事”（叙事）和“思”（议论）有机结合在一起进行教育反思，才是真正有意义、有价值的完整的教育反思。需要注意的是，不要单纯地记录事件，而缺少有效的分析和研究、提炼和总结；不要将教育反思写成记录教育生活的流水账，这样即使是每天写得再多也是没有多少意义的。在描写故事细节的时候，既可以按照事件发生的先后顺序来写，条理清晰、详略得当地把日常教育教学事件中认为有意义的一件事，按照自己的理解，组织成有独特价值结构的事件；也可以用倒叙的方式，在叙事开头设置一个悬念或者说出一个不同寻常的事件结果，一下子吸引住读者的兴趣。

（五）思考要深入

如果没有对教育事件的深层反思和本质解释，教育叙事只是叙事，而不是研究。教育反思不是简单就事论事的思维活动，不是面面俱到地进行经验总结，而是反思得有理有据，反思得有一定的深度。反思需要科学的理论做支撑，不仅要“思”，而且要“思”得深入，不仅要分析“做了什么”“如何做”的问题，还要对“为什么”的问题进行探讨。反思需要既有“叙事”也有“思考”，并且这两者有机联系在一起，需要教师在思维深处将已有的经验、知识与现实的问题联系起来进行思考，提升教师理性分析问题的能力。教育反思要避免“蜻蜓点水”地泛泛而谈，避免仅仅依据自己的认识进行经验总结，避免简单地就事论事而缺乏理论的支持，要做到反思有理有据，有一定的深度，提高研究的科学性。

（六）思考与行动有机结合

反思以探究和解决教育问题为出发点和归宿点，其目的是总结经验、找出不足、改进教育实践，提升理论。教师对教育教学现象或问题进行反思，反思得要科学、有效，采取的方法策略要实用。因此，教师需要不断夯实教育反思所需要的知识基础，包括扎实的专业知识、教育科学知识和在实践中的实践知识，注重将反思的结果用于实践之中，不断改进实践状态，提升教育智慧。

案例 8-13

在制作“自动浇花器”的活动中，通过设计“开展头脑风暴——节假日怎么给小苗浇水”“第一次设计——天马行空的科技想象”“第二次设计——围绕废旧材料的利用进行”“制作‘自动浇水器’——不断发现问题、解决问题”“分享交流会——经验分享，共同提高”，孩子们亲身经历了从设计、制作，再到不断调整的全过程。孩子们在不断发现问题、解决问题的过程中，不但体验到了探究和发现的乐趣，掌握了简单的劳动技能，还真切地感受到了同伴合作的力量，以及关爱身边的植物所带来的那份快乐。

（资料来源：梁燕京．2014．幼儿教师教学反思：制作“自动浇花器”[J]．学前教育，(4).）

教育反思是教师在专业工作中自主性和创造性的体现，它反映着教师的专业自主。因此，让教育反思成为教师的一种习惯，将有力地促进教师的专业成长。

拓展阅读

提高教育反思智慧的基本策略

1. 开展教育叙事

教育者的教育反思智慧来自于自我意识的觉醒并产生于在已有理念导向下的实践的困惑和迷茫。教育叙事就是教育者讲述自己遇到的教育问题或教育困惑，遇到这个问题的情境，以及在想办法解决以及解决问题的过程中发生的一些有意义的教育事件。教育叙事可以使教育者更清醒地看到自己的教育教学决策过程，在自我叙述中反思自己的教育生活，进而改进自己的教育实践。

2. 剖析关键事件

“关键事件”是沃克（R. Walker）在研究教师职业时提出的。它指的是教师个人生活中的重要事件，教师要围绕该事件做出某种关键性的决策。它促使教师对可能导致其特定发展方向的某种特定行为做出选择。它对教育者的重要意义，在于其中隐含了教育者在经历关键事件时所做出的自我职业形象和自我职业认同的抉择，集中体现着教育者对自我已有内在专业结构合理性、适应性的评价和最终决策，以及对长期积累的经验的体悟。

3. 把握反思维度

教育反思不是对教育中出现的问题进行“头痛医头、脚痛医脚”式的诊断，教育反思的智慧体现在系统、分层的思考中。首先是关于教育的价值取向的反思。反思教育的价值取向，必须弄清楚个体本位论和社会本位论的真实含义，明确个体的发展有利于社会的发展，并且可以推动社会快速、持续的发展。其次是关于教育思想的反思。不论何种教育思想，它应指导教育与现代社会发展达成功能上的契合。再次是关于教学体系的反思。教学基本内容的选取、教学方法的实施、教学组织的管理等，应立足于学生健康、快乐、和谐地成长。

4. 采取行动研究

行动研究是以参与、合作为特征，以提高行动质量、改进实际工作为主要目标的。这就要求教育者具备问题意识，把问题放在第一位，对自己所从事的工作进行反思。行动研究意在帮助教育者时时省察自己的教育理论与教育实践之间的联系，使教育者提高对所从事的教育实践的理性认识，加深对实践活动及其依赖的背景的理解，使研究能在实践的改善中发挥直接而迅速的作用。

5. 培养情境敏感

智慧通常被理解为“一种对情境的特殊敏感性并知道在其中如何表现”。一些研究人员预计教师“平均每分钟就要做一个决定”。这意味着教师在不断变化的情境中要不断地采取行动。在教育者意识到他们说了本不应该说的话，或者在做一些他们可能会感到后悔的事之前就停顿下来，就是一种对情境的敏感性。这在教育生活中则是以一种下意识的方式主动地参与教育实践。

6. 借助专家指导

专家指导即借助专家反思教育者教育行为及其背后的教育理念，指出问题的关键所在，并提供适合于当时场景的可备选择的行动方式。在这一过程中，教师的收获是双重的：一方面知道了如何改进自己的行为；另一方面也学会了如何反思自己的教育行为。随着教育经验的不断积累，教育者就可脱离专家而自行独立完成教育反思的完整循环，为形成良好的教育反思奠定坚实的基础。

7. 加强理论学习

要做到反思意识的觉醒、能力的增强、智慧的形成，系统的理论学习是必要的。许多教育者知识结构中的大量隐性知识没有被激活到意识层次，个体特殊的教学经验没有上升为一般的理性认识，对其教学实践中蕴含的教学理念没有自觉意识，这些都影响了其教育反思智慧的形成。须知，实践的超越性在很大程度上依赖于理论对现实的反思。当理论丧失了指导性之后，那些表面上看是联系实际的一些做法，在本质上很可能背离了实践的要求，偏离了教育理论的指导，甚至有悖于目标的达成。

（资料来源：吴小鸥. 2004. 论教育反思的智慧［J］. 中国教育学刊，(9).）

同步训练

1. 联系实例分析教育反思的含义和特点。
2. 访谈一名幼儿教师，分析教育反思在幼儿教育工作中的意义。
3. 阅读一篇教育反思，分析教育反思的类型、内容和形式。
4. 结合自己的教育实习，确定合适的课题，撰写一篇教育反思文章。

第九章

教育随笔

学习目标

1. 掌握教育随笔的含义和特征。
2. 了解撰写教育随笔的意义。
3. 掌握教育随笔的内容和类型。
4. 了解撰写教育随笔需注意的问题，初步学会科学地撰写教育随笔。

知识结构图

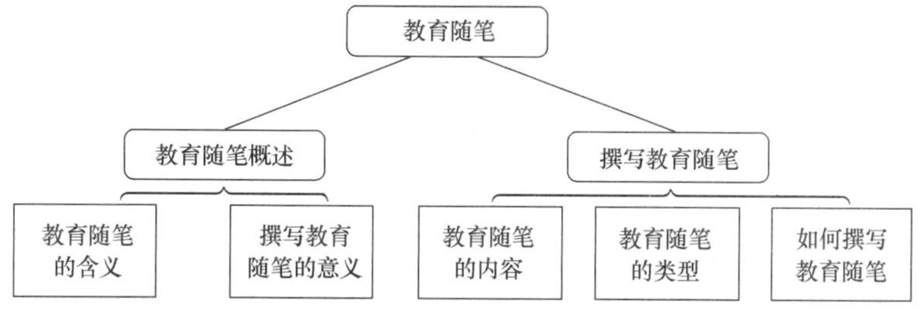

“写教育随笔是教师进行‘心灵漫步’的一种极好的方式与路径”。①朱永新在教育随笔《走近最理想的教育》中谈到：“中小学教师写教育随笔是一种非常好的反思自我、提升自我的方式。”他把教师亲身从教育教学实践中获得的这些东西比作珍珠，把这些珍珠串起来，就是一条非常美丽的项链。朱教授还建议教师每天写千字的教育随笔，他表示，坚持写教育随笔的老师三年内就能小有成就。教育随笔是教师谈自己的保教工作实践与思想认识的一种书写文体。撰写教育随笔，从记录观察到的教育现象、发现的教育问题以及自己的感受和思考开始，从中挖掘或揭示隐藏其中的教育思想、教育理论和教育信念，进而发现教育的本质、规律和价值意义。因此，撰写教育随笔是非常适合幼儿教师研究的一种形式，对于刚从事工作的幼儿教师而言，可以从教育随笔的写作开始。

① 冯卫东．2011．今天怎样做教科研：写给中小学教师［M］．北京：教育科学出版社．

第一节 教育随笔概述

一、教育随笔的含义

教育随笔是“用散文的形式表达作者（对）教育之经历、理解、情怀、胸襟、抱负等的一种文体”[①]。随笔可以借助于不拘一格的文字表述，在工作的间隙，对点点滴滴的心灵触动加以记载、回顾、提炼和总结，能够让经验得以提升，让思想自由流动，让情感自由抒发。

教育随笔的一个最显著的特点是“随”，体现在以下几点。

1）随时随地记录自己的所思所感，不受场地、材料的局限。它不用经过缜密的构思后再动笔，而是像写日记一样，兴之所至，一挥而就，把教育实践中有意义的所见、所闻、所感、所经历的事情撰写成文。

2）写作方式上不受限制。可以先叙后议，也可以先议后叙，还可以夹叙夹议，可以以记叙的方式为主，也可以以议论的方式为主等。

3）写作的内容多样。一件事情、一个故事、一点感受、一点体会、一个观点、一点感悟、一个问题都可以成为研究的内容。教育随笔可以表达自己的一种情怀、一种心境、一种追求，也可以表达自己的一点建议等。只要有价值、有意义的内容都值得撰写。

4）教育随笔的内容短小通俗，有话则长，无话则短。它的篇幅不长，多则千字左右，少则百十来字，体现出短小精悍的特点。

教育随笔有利于激发教师内在的潜力，幼儿教师从中体验着改变自己、改变活动、促进幼儿发展的快乐。正如肖川教授所说的：“随笔是最自由的文体。它没有一定之规，想怎么写就可以怎么写，可长可短，可文可白，可叙事可抒情，可感叹可议论，可信马由缰、驰骋八方，可逆水航船、独行一路。在我的文字中，不仅表达着我的教育理想，也表达着我的社会理想和人生理想。”[②]撰写教育随笔，尽管没有形式和内容的框框，但是研究的内容必须是有价值的，必须对实践能够改进和提升，促进教师和幼儿的发展，因此，需要体现出研究的特征。

二、撰写教育随笔的意义

“教育随笔帮助他们步入了职业生涯的辉煌。他们的成功告诉我们，当教育随笔成为教师生活中的一项内容时，教师就能自然体会到职业的快乐和幸福。”[③]教育随笔体现的是教育的朴素哲理，内容选择非常丰富，如讲述教育知识、发表教育认识、评析教育

① 冯卫东．2011．今天怎样做教科研：写给中小学教师［M］．北京：教育科学出版社．

② 肖川．2005．教育的智慧与真情［M］．长沙：岳麓书社．

③ 尚国营．2005．教育随笔：一种有效促进教师成长的科研范式［J］．教学与管理．(11)．

得失、抒发教育思想、撰写阅读感悟、记录工作感想等。教育随笔选材广泛、形式多样，符合广大幼儿教师的实际水平。一般来说，撰写教育随笔的意义体现为以下几点。

（一）记录教师的生活内容和生活方式

教育生活丰富多彩，每一位教育工作者都可以从中获得丰富的感受，但这些感受如果不及时记录和梳理，就会在忙碌的工作中匆匆消逝。通过撰写教育随笔，教师可以记录生活，记录工作，记录学习，记录人生的精彩。在写作的过程中，教师倾听到了自己内心深处的声音，他们开始试图站在不同的角度追问、挖掘自我，不断提升自己的认识高度。

下面这则教育随笔记录的是教师的教育经验与感悟，表达了教师的切身感受，无论是对教师自身还是对读者都有着极高的价值。它不仅能丰富教师的理论知识，而且能够帮助教师对教育实践中的经验进行反思、总结和提升，最终实现理论和实践的双向互动，使教育工作经历变为一笔宝贵的财富。

案例 9-1

节后入园难　老教师有招

快乐的春节假期已临近尾声，孩子们将要回到幼儿园，可很多家长、教师却犯了愁，孩子不爱上幼儿园了，这可咋办？其实这是宝宝“假期综合征”的一种表现。春节假期里，亲朋好友团聚，各种美食诱惑，生活起居不如平时有规律，有的孩子看电视、玩游戏，每天熬到深夜，早晨睡到自然醒……孩子自我控制能力较差，让他们从无拘无束、自由散漫的假期一下子回到生活的正轨，肯定会有诸多不适应，于是就会出现哭闹、不爱上幼儿园的现象。如何应对这种状况，让孩子尽快顺利入园呢？

第一步：真诚地关爱

面对孩子假期回来的种种表现，教师应该理解孩子的心情，用敞开的胸怀和温柔的坚持来赢得孩子的心。老师充满阳光的笑脸、亲切的抚摸和温暖的拥抱可以消除孩子的紧张和不快，要适时表达自己对孩子的关切：“好多天没见，老师可想宝宝了！”“这是过年的新衣服吧？好漂亮呀！”“长了一岁就是不一样，个子高了，也懂事了！”……老师的夸赞，会使孩子感到自豪，产生愉悦的情感。

面对哭闹的幼儿，老师要付出更多的耐心和爱心，倾听孩子的哭诉，适时进行安抚，提供给孩子喜爱的玩具，转移孩子的注意力，使其情绪慢慢平静；对能自己高高兴兴走进幼儿园的孩子要大力表扬，让其成为其他小朋友模仿的榜样，从而创设出一种和谐、温馨的氛围。

第二步：积极地引导

节后入园的第一周是关键期，教师要多花费心思，设计丰富多彩的活动来吸引幼儿积极参与，以消除父母的不良情绪。

让幼儿带来假期中家长拍摄的“精彩瞬间”的照片，布置成墙饰，开展“欢欢喜喜话春节”活动，引导幼儿结合照片讲述春节的有趣见闻。如介绍父母带自己游览的名胜古迹、讲讲春节的习俗、说说自己学会了哪些本领、和父母一起阅读了哪些有趣的绘本等，在开阔幼儿眼界、锻炼幼儿口语表达能力的同时，也吸引幼儿的注意力，让他们沉浸在活动中，忘掉心中的不愉快。

合理安排一日活动，做到紧凑、有序、趣味十足，适当增加孩子自由玩耍的时间。可以让孩子互相讲故事、适当看些动画片、进行户外自主游戏等。区域活动中，结合春节习俗增加新的角色区材料，如小餐厅中增加面塑材料，引导幼儿做大饽饽、包饺子、做汤圆等；小银行中增加柜台，可以存入压岁钱，也支持孩子取钱到小超市购物等；表演区可以指导孩子进行舞龙等表演；美工区可以让孩子制作花灯、鞭炮等。多彩的活动，让孩子享受到与同伴玩耍的乐趣，增强他们来幼儿园的欲望。

第三步：有效地沟通

家园共同携手可以让孩子更快适应幼儿园生活，所以教师应该和家长进行积极、有效的沟通。教师每天认真观察孩子，利用接园的时间，将孩子在园的一日表现简要地向家长汇报，提醒家长回家需要注意的事项，请家长努力配合。如节后，有的孩子出现早晨起不来、入园较晚，中午又不爱午睡的问题，教师就要请家长回家做孩子的表率，并督促孩子早睡早起，保持规律的作息和起居，以适应幼儿园的作息时间。

利用开园后的三八妇女节，各班邀请孩子的妈妈、奶奶或姥姥入园，和孩子一起活动。如让孩子为家长表演小节目；向家长说说心里话，表达自己的感谢和祝福；进行亲子游戏；举行亲子创意制作等，让孩子体验亲情，懂得感恩，在动手操作的过程中，学会自立，体验成长的喜悦。

假期无忧无虑的生活与开园后的紧张生活形成鲜明的对比，会让孩子产生焦虑、恐惧等情绪，逼迫或强压会让情况更糟。教师和家长应以积极、乐观的态度，理解、包容、引导、鼓励孩子，帮助他们顺利度过节后这个特殊时期。

（资料来源：刘永红．节后入园难　老教师有招．中国教育报．2016年2月21日．）

（二）使教师能够审视自己的教育策略

撰写教育随笔，教师把教育过程中的一些感触、思考、困惑记录下来，以帮助自己重新审视和认识自己的教育行为。通过对自己的教育行为及其结果进行审视和分析，能够对教育思想和行为有更深入和全面的理解，提高自己的专业能力。生活中，教师可以经常性地回顾自己的记录，撰写自己最近一段时间的教育认识，对自己的思想和行为变化进行深入的思考，这也是一种与自己进行对话的有效方式。撰写的教育随笔，可以是总结成功的经验，也可以是查找存在的不足或失误，不仅能够丰富自己的理论知识和提高自己解决问题的能力，而且还促使自己把平时学到的教育知识运用到实际工作中去，有利于促进自己的专业发展，这是一种促进教师自我发展的宝贵资源。下面这篇教育随笔，讲述了教师在实践中遇到的问题，对出现的问题进行科学分析，不断提出、调整相应的教育策略，对于他人的教育实践很有启发，是一篇很实用的随笔。

案例 9-2

图书架旁的碎纸片

周一，我在图书架上摆了很多新图书。

没过多久，我发现图书架旁边有了不少从图书上掉下来的纸片。为了找原因，我仔细观察，发现有的书特别受孩子们欢迎，看的人多了，图书就容易破损。于是，我利用晨间谈话，对他们进行了爱护图书的教育。

没想到，以后的几天里，图书架旁还是每天都会有碎纸片，这是怎么回事呢？经过和孩子们交流，我找到了真正的原因，原来孩子们为了折纸飞机玩，就从图书上撕纸。于是，我为孩子们准备了一只篮子，里面装着平日里孩子们用过的纸，放在他们随手就能拿到的玩具架上。

过了几天，我发现图书架旁的纸片是少了，但图书封面还是被撕坏了不少。怎么会这样？我不是已经提供了纸张，满足了孩子们折纸的需要了吗？为什么他们还要把图书撕坏呢？看来，我该找出撕坏图书的孩子狠狠地批评一下。

这天，我正好看到张凯澳在撕图书封面，我忍住心中的怒火问他："你为什么要把图书撕坏呢？……""我想要折纸飞机。"张凯澳轻声回答。"我不是已经给你们准备纸了吗？你为什么还要撕图书上的纸呢？"我不由得提高了声音。他好像也意识到了自己的不对，低下头说："因为图书封面纸厚，折的飞机飞得远……"原来是这样！他的话引起了我的思考：在我了解孩子们有折纸飞机的需要后，我就为他们提供了纸。看上去我已经给予支持了，其实这种支持还是非常表面和初步的。在孩子们初步的需要得到满足后，他们会产生进一步探索的愿望，而且不同的孩子会有不同的需要。只有做更深入的了解和更细致的思考，发现幼儿感兴趣的"折飞机"活动中隐含的教育价值，及时提供不同质地、不同大小的纸，才是对孩子真正的理解和支持。

（资料来源：薛红艳．2007．图书架旁的碎纸片［J］．幼儿教育．(19)．）

（三）能够提高教师的研究能力

当开展活动时产生一个突发奇想时、当对某一句话产生共鸣时、当遇到一个棘手的问题时……此时，我们拿起笔，把这些保教工作中的经验、感悟、欣喜、遗憾记录下来进行分析，让这些认识成为教育研究的第一手材料，这其实是在做研究。任何事物，如果没有研究、探讨，没有由表及里地进行深层挖掘，就不可能有发展。在研究中，通过自己的思考，不断地对自己的教育理念和行为进行扬弃，这是一种自我超越。如果我们真正思考了，并付诸行动了，肯定会有收获的。因此，撰写教育随笔，把工作中不断积累的经验上升为理性认识，再用以指导自己的实际保教工作，这将有利于提高自己的研究能力。

案例 9-3

教师如何听有所得

《幼儿园教育指导纲要（试行）》中指出，教育评价是幼儿园教育工作的重要组成部分，是了解教育的适宜性、有效性，调整和改进工作，促进每一个幼儿发展，提高教育质量的必要手段。作为幼儿教师，要清楚评价一节课的标准，要在听课前了解这节课的内容和教学目标，做到心中有数，之后再看教学全过程，做到有质量地听、看和思考。

听，听教师的话和幼儿的话。首先听教师语言的组织，导语和提问的方式。一节课的导语是引发幼儿兴趣的关键点，导语用得好、用得巧，就会极大地调动幼儿参与活动的积极性，为后面的教育活动顺利实施打下基础，这也是听课者需要关注的要点。另外，听教师是怎样提问的，这是教师设计课程的关键点，教师正是运用一个个提问，逐层深入、逐一实现教学目标的。同时，还要听幼儿的回答和幼儿之间的对话，掌握幼儿认知的状态、学习的效果。如果教师的提问不恰当，或者不能被幼儿所理解，那么课堂就会出现混乱，原定的教学程序就会受到影响。

看，看教学准备、教师的教态和基本功、教学形式和效果。

一看教学准备，即物质准备和精神准备两方面。物质准备包括教具、环境的情况，如上课过程中，教师教具、游戏材料准备是否充分，幼儿座位摆放是否合理，教师的站位角度是不是能让每名幼儿都看到，教学情境创设是不是幼儿熟悉和感兴趣的等。精神准备包括教师是否很了解孩子的学习特点和认知规律，能否预见到上课过程中可能遇到的问题。

二看教师的教态和基本功。幼儿具有非常情绪化的特点，很容易受到外部刺激的感染，对上课教师的态度感受力非常强烈。有经验的教师会根据教学内容的需要，不断变换自己的表情和肢体动作，以达到教学需要的效果，从而带动幼儿的情绪，感染幼儿。比如，教师的手势、神秘的表情、声音高低快慢的变化，都会使幼儿做出不同的反应。听课者有必要关注授课教师在什么情况下运用了哪种表情和肢体动作，以帮助自己在今后的教学中合理运用。此外，还要看教师的基本功是否扎实，调控能力和随机应变能力是否较强，能否根据进展情况对临时出现的问题，做出很好的处理。

三看教学的形式。形式是否新颖、多样，能否以游戏为主，体现学中玩、玩中学，教师创设了一个怎样的教学情境，这些都非常重要。听课教师可以将有趣、实用的游戏和情景记录下来，同时还要看教师是怎么安排幼儿参加活动的，是否能关注到每个幼儿，合理安排幼儿的集体、分组和个别活动，给幼儿以充分的操作、尝试、体验的时间、空间和机会。

四看教学效果。听课教师主要观察幼儿的四种学习状态，便能够知道教学的效果如何。参与状态，看幼儿是否能主动参与活动，是否全员参与，参与的面有多广；互动状态，看课堂上是否有很好的师幼互动，幼儿之间的互动是否能形成良好的合作氛围，活动的时间是否充足；情绪状态，看幼儿是否有自信的表现和成功感、紧张感和愉悦感，能否自我调控学习情绪；认知状态，看幼儿在活动后是否能获得与活动内容相关的新体验，学会新知识，在情感、能力、认知等方面有新收获。

思考，想想各环节为什么这么做。有句老话叫三思而后行，说明有意的行为之前，必定是经过慎重考虑过的。因此，作为听课的教师，就要多想想上课的教师为什么这么做，是如何围绕教学目标设计每个教学环节的，层次是怎样分出来的，环节与环节之间是怎么衔接的，如何才能做到组织严密、思路清晰等。活动时间分配是否合理，教师采用了哪些有趣、有效的教学方法调动幼儿的积极性和主动性，激发了幼儿参与活动的愿望，同时又做到收放自如，活而不乱。这些都是听课教师要认真思考的问题。

（资料来源：谭红．摘自教师如何听有所得．中国教育报．2014年11月23日．）

教育随笔能够为幼儿教师从事科学研究拓展空间。一线教师不妨从教育随笔起步，从撰写“豆腐块”做起，开始从事科学研究的生涯。每一篇教育随笔都是颗明亮的珍珠，把许多明亮的珍珠连起来就是一条漂亮的项链。撰写的随笔多了，有利于撰写有价值的教育研究论文。通过撰写教育随笔，教师的写作水平自然会不断提高。

第二节 撰写教育随笔

“教育随笔的意义，已经超越了简单的文字记录，包括了反思教育行为、融洽师生关系、营造学校民主氛围……”“教育随笔能够激发教师的职业热情，让教师享受到教育的幸福。”[①]教育随笔清楚明白地阐明教师的教育观念和教育策略，从中不断发现新理念、新思路、新见解、新意蕴，有利于促进对实践的反思和智慧的提升。

一、教育随笔的内容

写教育随笔是一个不断思考与积累经验的过程。对于一线教师来说，每天都要开展不同的活动，面对不同的幼儿，只要做个有心人，随笔的素材就会有很多，如阅读感悟、听课感想、教学得失等，都可以作为随笔的内容。倘若能够及时记录下自己的教育思想，自觉地融入自己的智慧，这对今后的保教工作无疑是有帮助的。

（一）记保教活动得失

教育随笔既可以记叙成功的喜悦，如自己满意的一堂课、一个精彩的教学环节、一个独具匠心的教学创意、与家长的一次成功谈话、一个巧妙的问题设计等；也可以记叙失败的教训，如对自己的失败之处进行回顾、梳理，冷静地想一想，深刻地进行反思、

① 梁伟国，李帆．2004．教育随笔：改变教师的行走方式［J］．人民教育．7．

探究和剖析：为什么会失误？主要的原因是什么？用什么方法弥补？有什么经验教训？只要把这些材料及时记录下来，进行梳理提升，就可以成为写教育随笔的第一手材料。下列案例记录了教师对保教活动中出现的问题进行的思考，认识到“倾听是幼儿感知和理解语言的行为表现，良好的倾听习惯能帮助幼儿更好地表达与表现”

案例 9-4

会倾听才会表达

一次户外活动中，我请班上的王梓涵给小朋友们讲故事，他讲的故事是《恐龙找蛋》。也不知什么原因，我没有认真倾听故事内容，在他讲完故事后，班中最爱听故事的吕锦华站起来说：“请老师再给我们讲一遍吧！”这时我才回过神来，不自然地看了一下手表，说：“时间到了，我们回教室再继续讲吧！”回去后，我给孩子们讲了一个《好饿好饿的毛毛虫》的故事，但我发现吕锦华满脸不高兴，嘴里嘀咕着：“好听是好听，可我还是想听《恐龙找蛋》的故事。”说着就把头扭了过去。

这件事给我的触动很大，如果当时我认真倾听，肯定能把王梓涵讲的故事重复讲给全班幼儿听，是我的错误导致吕锦华今天的失落表现。自己没有认真倾听孩子的故事，却要求孩子们认真听故事，实在是不公平。

这件事让我明白，当早上入园后，孩子对你滔滔不绝地讲述昨天妈妈和爸爸带他去公园游玩的情景；当户外活动时，孩子围在你的周围不停地跟你讲着自己梦见或自己创编的故事时……你都要认真倾听。即使孩子们的话啰啰嗦嗦，没有条理；即使你听了半天，没有听明白他们在讲些什么，你必须面带微笑，做出一副非常认真倾听的样子，并不时地为孩子加油，不时地做出丰富的表情，让他们觉得老师在认真听，并且非常认同自己的讲述。这样，孩子们才会慢慢树立说话的信心，会越说越棒。之后，也会像老师那样认真倾听别人说话。

（资料来源：梁慧，会倾听才会表达，中国教育报，2014 年 12 月 14 日.）

（二）记保教活动的闪光点

幼儿好奇、好问、思维活跃、想象力丰富，活动中，幼儿的表现是不可预设的，加上教师自己的一些随机应变往往有意想不到的效果，生发出创新的火花，因此，教师应当充分肯定幼儿在活动中提出的一些独到的见解，捕捉这些细微之处流露出来的信息，及时记录下来，以体会幼儿在活动中表现出的思想，享受教师在活动中表现出的教育智慧。下面的案例记录的是保教活动中的闪光点，体现了教师的教育智慧。

案例 9-5

《耐心听孩子把话说完》一文中写道：活动结束后，我随口问了一下鑫鑫：“刚才你为什么觉得鱼儿会喜欢生活在脏水里呢？”他说：“鱼儿生活在脏水中我们就看不到它了，它就不会被人抓走，很安全。”听到鑫鑫的答案，我为之一怔，多有想法的孩子啊！但在活动中我却没有让他表达出来，自我主观地认为他是注意力不集中才乱回答问题的。反思过后，我觉得原因在于我没有耐心地听鑫鑫把话说完。

为了弥补我没有听鑫鑫把话说完的错误，在餐后的活动中，我又组织孩子们展开了讨论："鱼儿到底喜欢清澈见底的水还是浑浊的水？"开始孩子们还是坚持原来的想法："鱼儿当然是喜欢生活在清澈的水里。"这时，我特意邀请鑫鑫表达自己的想法，他对大家说："我觉得鱼儿会喜欢生活在脏的水里，那样人们就不能发现它们，它们也就不会被抓走，很安全。"琪琪立即反驳道："我家附近的水沟里，水又黑又臭，我就没在那里看到小鱼。"聪聪说："我们家旁边的小河里，水是脏的，但是却有很多小鱼。"孩子们你一言我一语地讨论着，最后也没有得出"鱼儿到底喜欢哪个家"的结论。

于是我请孩子们回家后，在家人的陪同下去观察鱼儿生存的情况并做记录，然后我们再来幼儿园交流讨论。孩子们表现得积极踊跃，任务也都完成得非常认真。整理调查结果后，孩子们发现：又黑又臭的水里没有鱼，清澈见底的水里也很难找到鱼，有点浑浊的水里鱼儿最多。

（资料来源：吴波云．耐心听孩子把话说完．中国教育报．2016年6月5日．）

（三）记教育感悟

平时，我们在工作中、阅读书报时，常常有所感，有所悟，产生新的观点，发现新的思想，对此，我们要捕捉教育随笔的题材，及时将一些感悟记录下来，有利于提升自己的教育质量。记录时，可以从细小处寻找突破口，总结自己的教育感悟；也可以捕捉保教活动的某个细节，由活动中精彩的小插曲或倏忽而至的灵感着手，阐述自己的所思。例如教师通过对生活事件的观察，感悟到："不管对待什么样的孩子都需要老师一颗细腻的心，细腻到小心翼翼地对待每一个细节，细腻到利用每一个细节化成有效的教育资源。"①

二、教育随笔的类型

根据写作方式，教育随笔分为先叙后议型、先议后叙型、夹叙夹议型、叙事型、议论型五种，写作时根据情况，酌情分析。下面这篇教育随笔，在写作方式上，属于先叙后议型。

案例 9-6

简单的教育

刚刚入园的孩子被老师带进了图书馆，大家散坐在地毯上，接受人生第一课。老师的背后是一排排摆满了书的书架。"孩子们，我来给大家讲个故事好不好？""好！"老师从身后的书架上抽出一本书，讲了一个童话故事。老师讲完故事后对孩

① 高美霞．2008．爬上豆蔓看自己[J]．北京：北京师范大学出版社．

子们说："孩子们，这个故事就在这本书中，这本书是一个作家写的。你们长大了，也一样能写这样的书。"老师停顿了一下，问："有哪位小朋友也能来给大家讲一个故事呢？"一位小朋友马上站起身讲起来："我有一个爸爸，还有一个妈妈，还有……"稚嫩的童声在室内回荡。老师用一张上好的纸，很认真地把这位小朋友讲的"故事"记录下来。"下面，我请一位小朋友来为这个'故事'配个插图。"一位小朋友主动站了起来，走上前，在纸上画了一个"爸爸"，一个"妈妈"，又画了一个"我"。老师认真地伸出双手把它接了过来，附在刚才记录的"故事"的后面，然后取出一张精美的封皮纸，把它们装订在了一起。老师在封面上写上了作者和插图者的姓名，并写上"出版日期"。最后，老师把这本"书"高高举起："大家瞧，这是两位小朋友'写'的第一本书。孩子们，你们看到了，写书并不难。虽说你们现在年龄还小，只能'写'这样的小书，但我相信等你们长大了，学会很多知识以后一定能写出大书，成为伟大的作家。

其实，简单也是教育艺术。这节"作文课"因其"简单"，才格外富有感染力，让孩子初次品尝就喜欢上了学习。我以为，越是高超的教育艺术越是简单的。无论是活动气氛的营造，还是具体过程的展开，抑或材料的准备，都无需刻意，简单才显自然。这其中，关键在于教师要能巧妙、合理地利用"简易的环境"，让教育在这"纯净如水"的滋润中获得效果。

活动过程的简单，一是行动的"简约"，教师"惜言如金""惜力似银"，只在必须说和必须做的时候才给予必要的帮助。教师要充分提供机会、平台，鼓励孩子动口动手，不要怕孩子说得不流利，做得不准确。二是程序的"简约"，环节应"格外清晰"，转折少一些，节奏缓一些，以照顾到孩子的差异，充分展示教学过程的细腻和精致，让每个孩子都寻找到自己喜欢的"美味"。

此外，对于成功的体验也应是简朴的。一是让参与者成为成功者，就像本案例，听故事的、讲故事的、画插图的，每一个孩子都可以获取不同程度的成功。二是让努力者成为成功者，让努力者多一些体验、多一些收获。

简单也是好的教育。与其让过于花哨的形式、过于繁琐的过程、过于迷茫的模式捆绑住孩子，不如充分利用好身边的"简单资源"，让教育呈现出美好、温馨的形象，焕发出迷人的光彩。

（资料来源：贾宪章．简单的教育．http://www.yejs.com.cn/Jswa/article/id/39994.htm．2016.1.22.）

三、如何撰写教育随笔

（一）捕捉生活中的素材

教育随笔真实地记录下自己保教工作经历中的一个个真实故事、一点点真切感受，使过去的经历不再随记忆而淡忘。生活中的素材，一点感动、一丝酸楚、一阵狂喜，一种失落，一点感悟、一个问题等，有时是稍纵即逝的，应及时捕捉这些生活中的素材，随时随地写下灵感笔记，将思考伴随着教育的整个过程，在思考的过程中不断发现问题、分析问题、解决问题。每一位教师都能够从教育生活中获得丰富的感受。为此，需要做到及时反思、及时整理记录，否则，时间一长就可能淡忘了，致使一些有价值的资料消失，当自己再想写的时候就模糊不清、难以描述了。需要注意的是，所选的材料要“小”，做到以“小”见“大”，以“小”见“深”。

（二）内容要实在新颖

内容是随笔的主干，是教师在实践过程中所见、所闻、所写、所想的高度浓缩。撰写教育随笔的价值主要是促进自己的工作，改进自己的教育实践。因此，一是选择的内容要实在，是生活中遇到的真问题、真想法，是对自己工作的真实感悟。二是列举的实例要具体生动。在举例时一定要把事实讲明白，使读者看后既懂，又能学会用。三是解决问题的策略要实际。在“本”上指出解决问题的方向，在“标”上提出解决问题的具体措施，方法策略科学可行。

撰写的教育随笔要有创新。没有新意，其价值就不大。教育随笔要有自己的思想，观点新颖，体现自己的教育智慧。新意来源于新的认识和思想，来源于深入的思考与分析，来源于不断的学习。当别人阅读你的文章时，能在字里行间触摸到你的教育思想，感受到你那凸显出来的有新意的做法，体会到你有新意的思想观点，这样的文章才能让人寻味，才能体现出新的价值。

（三）确定合适的标题

标题如文章的眼睛，往往是一篇文章最精要的概括。题目的表述要把握以下几点。

1）科学：题目要对所描述的事件进行高度抽象和概括，使内容与标题一致，抓住表述内容的关键，揭示事物内在的本质和规律，避免“大内容小题目”“小内容大题目”的现象。题目表述切口宜小，做到小中见大，从表述的个别具体的事例中概括出一般规律，做到科学合理。

2）新颖：善于抓住读者的眼球，令人耳目一新。如《童年是旅程而不是赛跑》比《正确审视童年》的标题要新颖，《别用表扬“绑架”幼儿》比《别滥用表扬》的标题要新颖。

3）简洁凝练：可以采用单一标题进行表述，如《让生日富有感恩的意义》《成长比成功更重要》；如果标题没有完全将意思表述清楚，也可采取主标题与副标题有机搭配，副标题补充、解释、说明主标题，主标题与副标题之间要用破折号隔开，使两者和谐互补。如《从独白走向对话——家园合作的几种转变方式》。

4）表述方式多样：可以使用陈述句表述，如《观察记录需找准问题的“点”》；可以使用提问句表述，如《怎样提高幼儿区域活动的质量》；可以使用反问形式表述，如《巡回检查，能否治愈幼儿园“小学化”》；可以运用多种修辞方法，如用拟人的形式表述，如《孩子的心灵也会“感冒”》；运用回环表述，如《教师的疲倦与疲倦的教师：问题与对策》；运用反诘表述，如《我们的活动生态了吗》等，从标题的表述中，也体现出教育随笔的特点。

（四）认真反思

“教育随笔的撰写内容广泛，但在随意的抒发中却包含着严肃的思考，睿智的思辨，达到明事达理的效果。”[①]教育随笔不只是对事情的叙述，还要有一个对自我进行琢磨、反思和研究的过程。因此，教育随笔具有研究的特点，需要对教育中的一些现象进行深入的分析，透过一些现象看到其所折射的教育核心问题，发现问题的本质，揭示出深刻的思想内涵，避免出现“论大事陷于泛泛而谈”“谈小事囿于就事论事”的境地。这一点需要引起幼儿教师的关注。

（五）注重阅读与积累

一位学者说：“事实上，教育随笔的作用不能单独来看。要想写好随笔，首先要有文化底蕴，要多读书；写随笔，是利用自己的理论知识对教育实践进行反思；反思后，教师就要在实践中进行检验与新的探索。”读书是准备，实践是探索，写作需要进行反思。读书使人聪慧，读书使人明理，读书使人站得高看得远，使人的见解和视野更加开阔。

一方面，要认真解读、学习他人的随笔成果。学前教育报刊上都有一些非常贴近教师工作实际的教育随笔，可以细细地分析一下其他教师是如何总结提炼得出自己的观点的，久而久之，我们也会受到很大启发，感觉豁然开朗。另一方面，注重积累相关的理论知识。只有理论素养宽厚扎实，分析时才能挖掘出事情的内涵与精髓，深入地思考所遇到的问题，才能在分析教育现象时见微知著，解决工作难题时得心应手，从而使文章在平实中闪现着智慧的火花。当然，并不是说教师要把这些理论讲得一清二楚，关键是要在遇到某种教育现象时知道其本质是什么，进而以此来分析所遇到的问题，解析这些教育现象，最终提出解决问题的具体的科学措施。

刘墉说过：“写文章的人如果等见到题目，才去找题材，恐怕已经来不及了。”阅读、探索、反思，能够引导教师善于发现问题、善于思考问题、科学地解决问题，不断积累知识与经验，这样的写作是教育科研的初步，能够为教育科研准备素材，有力地提高了教师教育科研的素质与能力。

（六）不断修改

好随笔是改出来的。记录下来的文字还是一块很粗糙的玉石，需要再三品味推敲，发现其中的亮点，只有这样，才能使之更有价值。修改本身就是一个加工、提炼、提升的过程，要先从大的方向着手，删繁就简，让文字能真实地表达自己的意图。所写的文章力求简洁连贯，文字清新优美，言之有物，有真情实感，并反复修改，直到自己满意为止。哪怕是改动一个字，更换一个小标题，也是一个不小的收获，经常探讨收获会更多。

“写是思想的保存。思想的生命因为写而永恒。只想不写，思想就像东流之水，来有影，去无踪；就如水面之雪，虽然漫天飞舞，飘飘洒洒，但是落水即无。尤其是在学习中的一些感触、交流中的一些启发、工作的一些突悟，像是灵感，点点星火，但

① 薛文平．2006．捕捉看似平淡的精彩——教育随笔伴我成长[J]．浙江教育科学，(4).

由于这种灵感具有突发性、瞬时性，来也匆匆，去也匆匆，如不抓住，就可能消失得无影无踪。”①

教育，首先是人学。教育者，首先要对人进行关注。我们的教育对象——幼儿是一群活跃的群体，幼儿教师每天都要与这群活泼可爱的幼儿打交道，不可避免地会接触一些新的事件、新的教学内容，都有许多值得写、值得反映的东西。因此幼儿教师要及时地把那耀眼的一瞬间记下来，把教学中的智慧、思想火花真实地记录下来，用感性的文字表达理性的思考，用诗意的语言描绘多彩的教育世界，想必每位教师将会享受到教育的幸福。

正如一名教师所说的：“从教育随笔走向教育论文，也许是很多老师渴望做到的，其实也并不难。当你从随笔中‘聚焦问题’，就能解决‘写作方向’的问题；当你学会‘提炼观点’，就能解决一个‘写作内容’的问题；当你学会‘架构结构’，就能解决一个‘文章组织’的问题，当你学会‘磨砺语言’，就能解决一个‘表达方式’的问题。从教育随笔到教育论文，是一条在尝试之初需要经历很多痛苦的路，但一旦你经历了，‘入了门’，你所得到的就将远远不是几篇论文，而是一个更精彩的教育世界。”②从中可以看出撰写教育随笔对于教师教育科研生涯的重要性。因此，一线教师要重视教育随笔的撰写，提高自己的研究能力。

拓展阅读

我写教育随笔

教育生活五彩斑斓、多姿多彩，如何做个有心人，将教育中不断演绎生成的点点滴滴、喜怒哀乐记载下来呢？教育随笔，是一种比较合适的载体。教育随笔，重在一个“随”字。它的形式灵活自由，它的内容短小通俗，它的风格随意平和，它的“脾性”很适合教学第一线的老师。

那么，撰写教育随笔必须具备哪些条件呢？我结合自己的经历借用四句诗来谈点粗浅的看法。

“腹有诗书气自华”——有底蕴

“衣带渐宽终不悔，为伊消得人憔悴。”这首先要求教师做到对自己的教育事业有一股痴迷劲儿，把撰写教育随笔当作自己无悔的追求，为它牵肠挂肚，为它时喜时悲，为它如痴如醉，为它无怨无悔！如果能做到这一点，便能在繁忙琐碎的工作之余千方百计挤出时间充实自己，将自己的所思所得、所感所悟倾注于这小小的笔端。因为我快乐，所以我要写；因为我在写，所以我快乐！

当你深深地爱上了教育随笔时，当你不再把它仅仅看成是完成上级的任务时，当你不再把它视作为写作而写作时，你才会忽然发觉这是一种无与伦比的幸福享受！为了写好一篇随笔，白天食不知味，晚上辗转反侧的情况是时常会发生的，

① 周竹生．2005．从“教育随想”到“教育随笔”[J]．教育发展研究，(2)．

② 张菊荣．2012．从教育随笔到教育论文[J]．江苏教育研究，(5) B．

从构思、动笔到修改、成文，成为一段颇为艰辛却相当难忘的经历。然而，每当看到自己的文字变成了铅字，散发出醉人的油墨清香时，我便觉得：再苦再累都值！刊登了文章便又再写，写了又刊登，如此循环，成了促使我写下去的不竭动力。

“为伊消得人憔悴”——有痴劲

“读书泉声满沧海，下笔流云走泰山。”书本，早已和油盐酱醋一样成了我生活中的必备品，每天读书两小时已成了我雷打不动的习惯。无论多忙，无论多累，无论我走得多远，我总不忘随手翻书，流连其间，让书香溢满我的心田，让书香释放我的情感，让书香驱逐我的疲惫，让书香提升我的境界——那种如品香茗的感觉久久萦绕在心头，让人难以忘怀！

我看书杂乱无章，爱看含义深邃的哲理小品，也爱看文笔犀利的杂文短论。因为，“一个真正的人应当在灵魂深处有一份精神宝藏，这就是他通宵达旦地读过一二百本书”。（苏霍姆林斯基语）

读书，使人聪慧；读书，使人明理；读书，使人站得高看得远，使人的见解和视野更加开阔。最重要的是，读书，为我的教育教学滋养了底气与灵气，撰写教育随笔时也能得心应手、水到渠成。

“北去南来自在飞”——有思想

文章如果是一杯水的话，那么思想的调味品能使这水变得多滋多味、留有余香；文章如果是一张纸的话，那么思想的色彩会使它顿时生机勃勃、多姿多彩！

思想从何而来？关键是要学会思考。思广则能活，思活则能深，思深则能透，思透则能明。总结课堂得失，反思教学成败，清理工作思路，多思、爱思才能善思、深思。时间一长，你就会在无意中惊异地发现，一向熟视无睹的事物中隐藏着真知，一向平淡无奇的现象中包含着深意。思考，使人的思想不甘于平庸；思考，使人的大脑变得富有智慧；思考，使可遇不可求的灵感倏忽而至。

应该说，我的《教育十问》《教育十呼》《教育十思》等一系列文章都是我长期思考的结果。对于教育中出现的哪怕是一个微不足道的现象，我都不忘想想为什么会这样，它的背后还隐藏着什么教育规律……从多个角度去看待问题，联系自己的亲身实践，再参考名家名师的观点，才会使自己形成独特的个性与思想。

“领异标新二月花”——有创新

教育的对象是活生生的人。孩子如同尚未成型的钢铁，他们等待着一座座创新的火炉。因此，教育和工人生产产品不一样，它每天都是新的，具有不确定性，它应该是一项充满创造性的事业。撰写教育随笔也是如此。

“不能光奏前朝曲，要有新翻杨柳枝。”教育随笔要从别人习以为常、司空见惯的现象中挖掘出新意来，就要跳出僵化、死板的格局看教育，就要避免平庸无奇、拾人牙慧。“文章最忌随人后，自成一家始逼真。”如果离开了自己的思想，离开了新意，一味地模仿，一味地“复制”别人的东西，那么再好的教育随笔也只能如同一张失血的脸，显得苍白无力；再高深的文章也只能是一副无血无肉的骨架，令人味同嚼蜡。

创新是水，能滋润思想的绿叶；创新是火，能点燃教育的激情；创新是神奇的魔方，能使教育随笔充盈着灵性！

（资料来源：孙惠芳. 2004. 我写教育随笔［J］. 人民教育，(7).）

同步训练

1. 阅读下列教育随笔，分析教育随笔的内容与类型。

简单教育也需讲艺术

朋友生日聚会，同事带着5岁的女儿晴晴参加，数小时的相聚中，米妮气球成了孩子最亲密的小伙伴，一直被她抱在怀里。回家的时候，考虑到孩子的安全，朋友们商量着不把气球带上车，并讨论着用点儿糖果什么的把气球“哄出来”，或者用“不听话就不喜欢你了”的适当严厉语气让晴晴主动放下气球。同事决定不采用“哄骗策略”，也不采用厉声“威胁”，而是坚持要直接跟孩子对话解决。

“宝贝儿，咱不能把气球拿上车。”同事很直接地开场。“为什么，妈妈？我喜欢米妮。”孩子显得不舍得。“因为气球和风筝一样，本来就生活在天空中，米妮在那里才会开心。”同事耐心而温柔地说。孩子看上去还是不舍，在手里拿了一会儿，想了想，却松开了手，盯着天空看，又听她小声说了句：“米妮，再见！”“孩子是不是很棒？懂取舍，肯放手！”看到这一幕，朋友们都很受感动，同事们在朋友圈里发的这条微信也引来好友纷纷点赞。

简单的几句话却包含着可贵的教育理念和精神。首先，有着和孩子们交流的平等态度，不一味迁就孩子，也不欺骗不威胁；其次，用孩子的语言方式和对话习惯，让孩子能感知、能接受；再次，在一定程度上给孩子传递了为他人着想、与人为善的价值观……

正如德国哲学家雅斯贝尔所言：“教育意味着，一棵树撼动另一棵树，一朵云推动另一朵云，一颗心灵唤醒另一颗心灵。”同事之所以得到好评，是因为她在日常生活中贯彻平等、负责、用言行影响心灵的教育理念，力求用一份简单的价值坚持，探索和实践“唤醒心灵”的教育，而这恰恰是值得家长和教师思考与借鉴的。

（资料来源：魏哲哲. 简单教育也需讲艺术. 人民日报. 2015年5月7日.）

2. 访谈一名优秀幼儿园教师，分析撰写教育随笔对于自身专业成长的意义有哪些。

3. 有位学者说：“写是思想的保存。思想的生命因为写而永恒。只想不写，思想就像东流之水，来有影，去无踪；就如水面之雪，虽然漫天飞舞，飘飘洒洒，但是落水即无。尤其是在学习中的一些感触、交流中的一些启发、工作的一些突悟，像是灵感，点点星火，但由于这种灵感具有突发性、瞬时性，来也匆匆，去也匆匆，如不抓住，就可能消失得无影无踪。”谈谈你对这些话的认识。

4. 结合教育见习实习中发生的事情，撰写一篇教育随笔。

第十章 教育研究论文

学习目标

1. 掌握教育研究论文的含义。
2. 了解撰写教育研究论文的意义。
3. 掌握教育研究论文的特点和三个基本要素。
4. 掌握教育研究论文的基本结构。
5. 掌握撰写教育研究论文的基本步骤，初步撰写规范的教育研究论文。

知识结构图

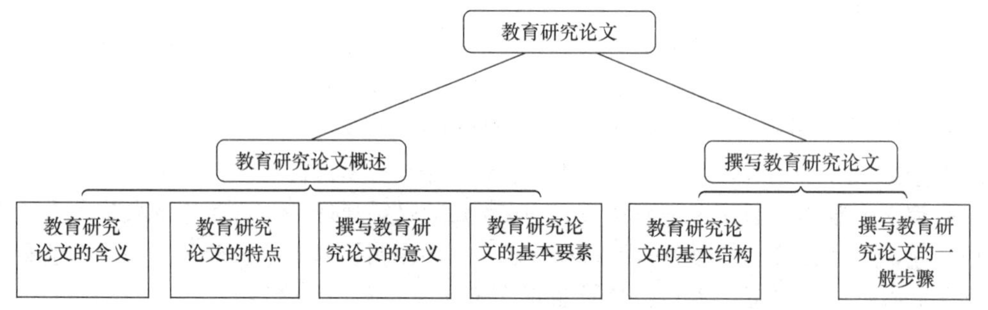

教育研究论文是研究成果的一种表达方式。不仅见于高校的理论研究文章，幼儿教师也经常运用。因此，幼儿教师应该掌握教育研究论文的基本特征和撰写要求，掌握教育研究论文的方法和技巧。

第一节 教育研究论文概述

一、教育研究论文的含义

教育研究论文是教师结合自己的保教实践，在一定理论的指导下，遵循科学的程序，

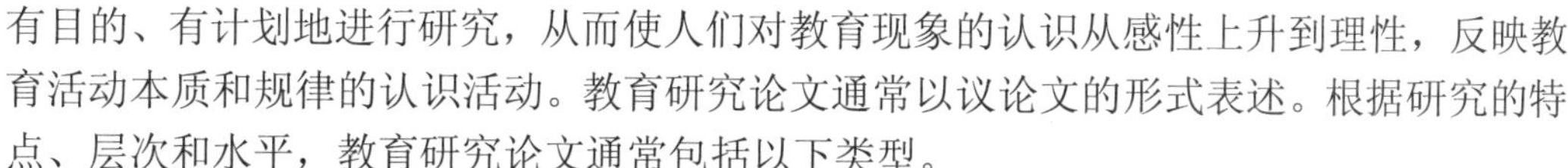

有目的、有计划地进行研究，从而使人们对教育现象的认识从感性上升到理性，反映教育活动本质和规律的认识活动。教育研究论文通常以议论文的形式表述。根据研究的特点、层次和水平，教育研究论文通常包括以下类型。

1）经验性论文：对自己在实践工作中的经验进行理论总结，如《实现户外活动中“安全性”和“挑战性”的有机融合》《体现集体教学活动“有效性”的几点思考》。

2）探究性论文：针对教育实践和理论中的问题，进行专题总结、分析、研究。如《教学活动中师幼互动存在的问题与对策》《幼儿园开展棍棒活动的有效探索》。

3）评述性论文：主要对研究问题进行专项综述和评析。如《有关幼小衔接研究的文献综述》《培养幼儿阅读兴趣的文献综述》等。

二、教育研究论文的特点

教育研究论文是研究者对某些教育现象、教育问题进行比较系统、科学的研究和探讨，提出新观点，得出新结论，或站在新的角度做出新的解释和论证的研究成果的表述方式。教育研究论文除了具有科学性、创新性、实践性的特点外，还具有自己独特的特点，即规范性。

（一）科学性

研究者必须以严谨的、实事求是的科学态度进行研究、表述研究成果。在研究时，不得带有个人好恶的偏见，不得主观臆断，而必须从客观实际出发，尊重客观事实，从而得出科学的结论。论文的内容必须是客观存在的事实，论证要以事实为依据，要经得起实践的检验，得出可靠的结论，使文章具有逻辑性和说服力。此外，撰写教育研究论文，还要结合一定的理论进行分析，揭示事物的客观规律，得出科学的结论。

（二）创新性

创新性是决定教育研究论文价值的一个根本标准，也是教育研究论文的生命。研究者要善于提出新的问题，采用新的方法进行探讨，寻找新的解决途径，探求新的解决策略，发现新的教育规律，从新的角度去表述研究结果，反映出作者的独到理解和观点。如《音乐活动中要有利于幼儿个性的发挥》《如何培养幼儿的绘画兴趣》《如何培养幼儿的观察能力》等，这些课题已经有许多人探讨过，但是要体现教育研究论文创新性的特点，需要有自己新的认识、新的观点，或者从新的角度去分析问题，有所突破，体现出创新性的特点。

（三）实践性

首先教育科研论文选题来源于实践，教育实践是教育论文的“源”与“本”，没有教育实践，教育论文就成了“无源之水，无本之木”。其次，引用的案例材料是从实践中提取出来的。再次，研究的成果，即论文中给出的结论，要经得住实践的检验，教育实践是检验教育科研论文科学可靠与否的唯一标准。最后，研究的成果要通过实践来发展，需要在实践中不断修正、完善。

案例 10-1

《儿童本位视域下的家园活动模式探索》分析了传统家园活动的不足，阐明了家园活动转型的必要性，提出了儿童本位视域下家园活动的实践模式，指出了“其逻辑起点是确定主题。在一个循环的操作流程中包含确定主题—识别需求—制定方案—实施方案—评估反馈这些环节。每一个环节密不可分，缺一不可，存在逻辑性与顺序性。每次活动的评估反馈，将直接指向下一次活动的开展，为活动实施提供依据。本实践模式克服了传统家园活动的弊端，让家园活动更具有互动性、创新性、专业性的特点。”里面提到“兴趣班，你的孩子上了吗？”家园教育沙龙活动，家长与幼儿教师一同探讨儿童教育的良策，提出的实践模式具有较强的实践性，能够指导实践活动的开展。

（资料来源：周懋舒．2015．儿童本位视域下的家园活动模式探索［J］．学前教育，（3）．）

（四）规范性

撰写教育科研论文要遵循一定的格式，符合最基本的规范要求，格式的顺序是不可颠倒的，通常包括题目、摘要、关键词、引论、本论、结论、参考文献。教育研究论文要有严密的逻辑结构和正确的论证方法，论点要明确，论据要充分，论证方法要科学，语言要严谨、准确、简练，表述要符合语法要求，体现出逻辑性、层次性的特点。

三、撰写教育研究论文的意义

（一）撰写教育研究论文，能够提高教师的认识水平

撰写教育研究论文需要深入的思考。教育研究论文是解决实际问题的，每一个题目的确定、每一个观点的呈现、每一个材料的选择、每一个解决问题的策略的提出，都需要教师认真思考：论文反映了怎样的教育思想，论文是否具有科学性和可行性，提出的方法措施是否可行等。教师经常思考这些问题，促使自己不断地学习，探究教育思想的问题，从而不断提高自身的认识水平。

（二）撰写教育研究论文，能够提高教师的思维能力和表述能力

撰写教育研究论文，是一个严密的思维过程，需要一定的分析、综合、抽象、概括的能力，需要教师有准确地运用语言文字的能力和技巧。缺乏一定的思维能力和表述能力，分析、总结、表述就会不好，课题研究无疑是一种无效或低效的劳动。撰写教育研究论文，使得教师认真观察、经常思考保教实践中的现象与问题，将自己的研究成果科学地表述出来。教师通过确定主题、确定研究的目标和重点、拟订提纲、选好材料，提出解决问题的有效策略，有助于培养、提高研究者的思维能力和表述能力，从而有效地提高了教师的研究意识和研究水平。

（三）撰写教育研究论文，有利于提高学前教育的质量

撰写教育研究论文，是幼儿教师对保教工作的认识、思考、总结、提高的过程。

要对保教工作中的某一问题进行分析、探究，需要在查阅文献资料的基础上，在科学理论的指导下进行，提出科学、合理、有价值的策略，从而有利于提高学前教育的质量。

案例 10-2

一名幼儿教师针对目前幼儿园科学教育活动存在教育形式单一、教师关注结果多于过程、忽视幼儿的天性等现象，在对幼儿园科学教育学科进行科学分析的基础上，提出了幼儿园科学教育游戏化实施的策略：烘托游戏化氛围、创设游戏化环境、开展游戏化教学、开展游戏化教育评价。在策略中提到的“区域科学游戏、举办科技节、科学探索之旅”等观点，对于指导当前幼儿园的科学教育有很大的借鉴意义，有利于提高科学教育质量。

（资料来源：凤雅静．2015．幼儿园科学教育游戏化的实施策略［J］．学前教育研究，(3).）

四、教育研究论文的基本要素

（一）论点

论点是作者对问题的看法和主张。教育研究论文最终要通过科学的论据、合理的论证而提出明确的论点。

（二）论据

论证是用论据证明论点的推理过程，是证明论点科学性的依据。在教育研究论文中，所选取的论据来源应该是真实、效度与信度高的事实资料，论据要丰富、充实、典型、合理，体现研究的科学性特点。

（三）论证

论证是以论据证明论题的论述过程。论证过程贯穿在撰写整篇论文的始终。论证得科学与否，体现的是文章的结构层次、观点的正确性与科学性、语言表达的准确性等特点。论证要遵循一定的逻辑思维要求，注意主次，抓住本质，条理清楚，分清层次，由浅入深，循序渐进，将要阐述的观点表述清楚。

第二节 撰写教育研究论文

一、教育研究论文的基本结构

教育研究论文具有规范性的特点，教育研究论文的格式一般包括标题、署名、摘要、关键词、正文、结论、致谢、参考文献等。通常，我们可以将教育研究论文的基本结构分为三大部分：一是题目部分，包括标题、署名、摘要、关键词；二是主体部分，包括引论、正文、结论；三是结尾部分，包括参考文献及调查问卷等附件内容。本节将分别进行阐述。

（一）标题

标题也称题名、题目，是作者以恰当、精炼的词语概括论文内容的主要观点。标题，是文章的眼睛，透过它可以看到全文的精髓。精心锤炼具有鲜明特色的标题是论文吸引读者的第一要素。标题可以在教育研究论文写作之前拟出，也可以在论文写成之后确定。拟定一个恰当的标题是需要仔细斟酌的，拟定标题时要注意以下三点。

1）简明。标题的表述要简练而明确，能够确切反映论文的内容，用概括性的专业术语、通俗易懂的词语表达出论文内容。中文标题一般不宜超过 20 个汉字。

2）准确。标题的表述一定要准确，不能存在歧义。题目一定要与文章的内容相符，使人一见标题就知道这篇文章是研究什么内容的。

3）醒目。题目要引人注目，能够吸引读者的眼球，能够传达文章的精神，引起读者阅读的兴趣，从而使文章体现更大的价值。

（二）署名

研究论文是个人写作的，署个人的姓名；研究论文是课题的成果，有两种表述方式：一是可以署课题组的名字，并在文章第一页的脚注下署课题组每个人的姓名。二是直接署上课题组每一个人的名字。署名的排序是根据对课题研究做出的贡献大小顺序排列的。署名下面列举单位，单位包括作者的单位、作者的籍贯及作者单位所在地的邮政编码。署名的目的一是表示作者要对研究成果负责，二是便于同行或读者与作者进行联系。

（三）摘要

摘要是论文的缩影，它以简短而精准的文字直接概括论文的主要观点，并客观地反映论文的信息。撰写摘要时要求完整、准确和简洁，一般不超过 200 字。对摘要的提炼通常在写完全文之后，概括地、直接地把文章的主要观点展现出来。撰写摘要时，按照规范的要求，必须使用第三人称书写，不能出现自我评价和肯定的词语。如“本课题的研究达到了国内领先水平”“填补了国内空白”。好的摘要，能够让读者很快了解论文的内容和结论，从而决定是否需要通读，因此，这也是值得关注的部分。

（四）关键词

关键词指文章中最关键、起决定作用的词语，它是文章内容、观点和主题等方面的有实质性意义的名词性术语。一篇文章的关键词的个数以 3～5 个为宜。关键词的选择，通常从论文题目、各层次标题中确定，当然，有时根据情况，可以从正文内容中加以概括。

案例 10-3

演绎好快乐阅读四重奏

摘要： 早期阅读活动对幼儿具有全面的、整体的发展价值。早期阅读要做到目标多元整合，内容相互渗透；以游戏活动为主，方式多种多样；遵循阅读路径，过程循序渐进。要关注阅读的核心目标，发展幼儿的关键能力，让幼儿学会阅读，爱上阅读。

关键词： 幼儿教育；早期阅读；阅读路径；核心目标

（资料来源：任保国. 2015. 演绎好快乐阅读四重奏 [J]. 教育导刊，(10).）

（五）引论

教育研究论文的形式一般遵循“引论—本论—结论”的逻辑顺序展开。引论又称前言、导论、绪论，通常包括下列内容。①为什么写这篇文章，文章要解决什么问题；②与本研究论文内容相关的研究及其评价，现在的空白点与有待解决的问题；③研究方法；④研究成果的理论意义和现实意义；⑤概念和术语的定义等。写作的时候，根据情况酌情表述。引论内容要集中，措词要精炼，文字不宜过长，通常有一两百字。

（六）本论

本论是论文的主体部分，是论文的中心部分。这部分一般包括三个方面的内容，就是提出问题、分析问题、解决问题，也可以归纳成“是什么”“为什么”“怎么办”三部分。撰写本论部分，要注意：①围绕中心，突出主题，条理清晰，思路清楚，让人对总论点及分论点一目了然。②每一段落要阐述一个观点，表达一个意思，阐述的内容要与段意密切相关。③段与段之间要相互联系，体现段落之间的逻辑关系。

（七）结论

结论是全篇文章的总结，是在对全部研究内容进行分析、综合、抽象、概括的基础上进行的总结。应注意的是，结论不是重复叙述本文中的研究成果，而是在研究结果的基础上，由感性认识上升到理性认识，进一步得出科学的结论。结论部分不能随便使用夸张、拟人、比喻等修辞手法，不能过多地使用华丽的语言。结论通常包括以下几方面：本文研究结果说明了什么问题，主要观点是什么；本文研究的不足之处、不能解决的问题以及解决这些问题的策略的关键点是什么、注意的事项是什么等。结论所占的篇幅较小，一般只用一个逻辑关系的自然段即可，有时结论又常用结语或小结取代。

（八）参考文献

参考文献，是指作者在撰写论文过程中所查阅参考过的著作和报刊。论文所列的参考文献必须是与本论文密切相关的、对本论文起到重要参考作用的资料。列出参考文献的目的有三个：一是表明文章作者言之有据；二是表示对他人研究成果的尊重；

三是帮助读者了解有关本课题的研究历史和已有的成就，有助于读者对所论述题目做进一步探讨。完整的参考文献写法应列出文献的作者（译文注明译者）、文章（或书籍）名称、出处、页数（或出版社、出版时间、版次）等。要引用能够反映最近、最新的研究成果和参考文献，文后的标号与文内的标号相一致，体现出准确性、规范性的特点。例如：

[1] 王海英. “顺应”与“引领”——高师学前教育专业课程设置与社会需要之间关系的思考 [J]. 学前教育研究，2007（7-8）.

[2] 李幼穗. 儿童社会性发展及其培养 [M]. 上海：华东师范大学出版社，2004.

[3] 约翰·梅迪纳. 让孩子的大脑自由 [M]. 王佳艺，译. 杭州：浙江人民出版社，2012.

需要注意的是，当遇到对论文里面的一些名词、术语等词语不能够在文章内进行详细解释的时候，就需要在文后用相当篇幅做细致的说明。文章后面的注释标号要与文章内的标号相一致，解释的词语要准确，做到通俗易懂，让人读后能够明白所讲解的意思。

二、撰写教育研究论文的一般步骤

要保证教育研究的科学性，提高教育研究论文的质量，需要掌握撰写研究论文的步骤。

（一）选择研究课题，拟好标题

教育研究论文的选题要体现价值性、科学性、创新性、可行性的原则，体现选题的质量。选题内容要来自于工作实践，如幼儿园的班级管理、五大领域、幼儿教师的专业化发展、幼儿园的管理、儿童发展等。选择的研究课题，可以是工作中感兴趣的事情、遇到的困惑、阅读中受到的启发等。在实际工作中，教师应善于发现问题，确定合适的课题。

拟定的标题分为以下三种类型。

1）论题式标题：即将所要研究的主题概括出来作为标题，但是没有将论点在题目中体现出来。如《家园合作中存在的问题与策略》《通过阅读提高教师研究能力的几点策略》等。

2）论点式标题：即将文章的中心论点或主要结论抽象浓缩出来作为标题，它能够直接抓住读者的眼球。如《“手把手”联园研训，促教师专业发展》《园本教研：向“上中下”求索》等。

3）论题与论点结合式标题：即论点论题都体现在标题中，通常使用正副标题。正标题将文章的论点表述出来，副标题将论题表述出来。如《减少“无助感”，获得“安全感”——谈幼儿入园分离焦虑》《导师制：从“独白传递”走向“对话合作”——兼谈提高幼儿教师的教学能力》。在撰写文章的时候，要根据情况，有机选择。

撰写论文标题要恰当，避免文不对题、跑题现象的发生。也就是说，标题要与论文表述的内涵一致，不能太小或太大。太小了，内容就超出标题论述的范围，降低了应用价值及指导意义；太大了，涵盖面会过于宽泛，分析问题不够具体、透彻，很难操作。例如《农村幼儿教师的培养模式研究》显得太笼统，论题过于宽泛，难以下笔，这需要一个课题来完成的。

（二）拟定论文提纲，做好整体构思

在教育研究论文的写作过程中，动笔之前拟定好论文结构提纲是十分重要的。论文提纲如同工程的蓝图，能够体现作者的总体思路，动笔前把提纲考虑周到严谨，形成一个清晰的论文框架，将会避免不必要的返工。拟定论文提纲，要做到层次清楚，重点明确，简明扼要、逻辑严密，使读者看后一目了然，知道论文的结构框架。

按照详略程度，提纲分为简单提纲和详细提纲两种。简单提纲是高度概括的，只阐述论文的观点和各部分的要点，对于怎样展开则不涉及。详细提纲除了阐述论文各个部分的要点外，还将主要例证列举出来。论文的提纲是经过深思熟虑构成的，能够帮助写作的顺利进行。

提纲按照其表达方式，常用的有以下四种形式。

1）句子式提纲：以句子的形式出现，用句子来表达完整的意思。句子式提纲内容要明了、完整、清晰，让人通过阅读就明白论文的主要内容。

2）标题式提纲：用标题将每一段或每一节所讨论的主要问题加以概括，将论文的题目、大标题、小标题列举出来。

3）段落式提纲：把每个段落的内容、引用的案例概括出来。这种提纲内容比较完整、意思明确，容易形成初稿。

4）图表式提纲：即用箭头、符号、线段等形式表示论文的层次结构和观点的一种复杂提纲，这种提纲能够反映出各内容之间的各种关系和撰写内容的顺序。

提纲写好后，还要进行反复地推敲修改。一是检查题目是否恰当，是否合适；二是检查论文的整体结构，检查各部分之间是否有内在逻辑，过渡是否自然，是否按照提出问题—分析问题—解决问题的顺序展开论文写作的。三是检查每一部分的提纲，检查各部分的论点是否恰当、提供的材料是否恰当、与文章的主题是否一致等。

（三）撰写论文，形成初稿

教育研究论文写作的主要表现形式是议论。教育研究论文包括论点、论据和论证三个部分。论点、论据、论证是组成教育论文的三要素。论点是作者论述问题的看法或主张，回答的问题是“是什么”；论据是证明论点的理由和根据，主要有理论性论据和事实性论据两类，回答的问题是“为什么”；论证则是运用论据来证明论点的过程，回答的问题是“怎样证明”。论文必须以论点贯穿全文、以合理的论据支持论点、以科学的论证证明论据。论文中给出的材料、结论、采用的方法策略，也要经得住实践的检验，对于实践有一定的指导借鉴意义。

1. 论点突出，具有创新性

论文的论点在标题或文章中就明确地提出，给人以鲜明、醒目、突出的印象。论

文的论点必须揭示事物本质、规律，富有创新性的特点，体现一定的理论价值或实践价值。

2. 论据翔实，以事实为依据

论据要以论点为中心。论文中所用的材料应做到言必有据，准确无误。引用的材料要准确充分而有代表性，这是分析研究论点所必须的，使人能够根据这些事实材料、数据，得出科学的结论。论据要紧紧把握住论点这个中心，写出来的文章才能浑然一体，给人以整体感、完整感。

3. 论证严密，富有逻辑性

论证是用论据证明论点的推理过程。论证要紧密围绕着论点展开，论证的关键是透过事物的表象揭示事物的本质和规律。论文设计中的论证，解决的是论文整体的布局谋篇、逻辑构成的问题。论文写作时的论证，主要考虑的是怎样把论文的各个部分富有条理而清晰地表述出来，做到材料和观点的高度统一。对于观点的阐述，做到由浅入深，环环紧扣，突出说理性、逻辑性和针对性的特点。

常用的论证方法有以下几种。

（1）例证法

例证法是指运用客观事实、统计数字、实验结果、图表照片等作为论据证明论点的一种论证方法。它通过对一些典型案例的分析和研究，归纳它们的共同属性，综合它们的共同本质和规律，从而得出一个带有普遍性的结论。常用的表述有先叙后议例证法、先议后叙例证法、夹叙夹议例证法等。下面的案例是以统计数字作为论据证明论点的一种论证方法。

案例 10-4

试析小学在遏制幼儿教育“小学化”中的作用（节选）

（一）附设于小学的学前班是幼儿教育“小学化”的“始作俑者”

自 20 世纪 80 年代开始，农村小学开始附设学前班，帮助那些没有读写算基础的农村孩子减轻学习一年级课程的难度，以减少留级率和辍学率。此后，学前班开始在城乡大量涌现。据有关部门统计，1992 年学前班幼儿占所有在园（在班）幼儿数的比例已经达到 47.6%，到 1995 年更是接近 60%。

（资料来源：海鹰. 2015. 试析小学在遏制幼儿教育“小学化”中的作用［J］. 教育导刊.（2).）

（2）引证法

引证法是指用已知的事理作为论据来证明论点的一种方法，或者说，它是引用公理、原理、定理以及权威的观点、思想作为论据来证明论点的一种推理形式。常用的表述有先举例后议论、先议论后举例等。下面的案例采用了引证法，其中既有理论的内容，也有实践的内容，以此来阐述论点的含义。

案例 10-5

主题活动背景下科学区材料投放的现状与对策（节选）

《3～6 岁儿童学习与发展指南》（以下简称《指南》）指出，幼儿科学学习的核心是激发探究兴趣，体验探究过程，发展初步的探究能力。周兢教授指出，一个领域教育活动成功的关键，在于教师能够充分把握幼儿在该领域学习和发展的核心经验，知道应该教什么，用什么方式去教。

例如，大班主题活动“奇妙的工具”的科学区，以探索“有趣的沙漏”这种工具的特性和用法为主。材料从班级每个幼儿不同的发展需要出发，有层次地投放。首先投放的一组材料要能满足班级所有幼儿（包括能力弱的幼儿）的基本探索要求，包括有洞的瓶盖、塑料瓶、塑料杯（作为沙漏）、干净的彩砂和豆子、记录表。幼儿先猜想不同瓶盖的沙漏中彩砂流完的快慢，并按快慢顺序在记录表上贴数字，然后进行实验验证：幼儿在 3 个塑料瓶中装入等量的彩砂，再盖上有不同大小的洞的瓶盖，然后将塑料瓶倒立在塑料杯（将同样大小的塑料瓶剪去上半部分）上，观察后按彩砂流完的快慢顺序在记录表上贴数字。这组材料不但操作性强，而且可以反复操作；既可以单独操作也适合合作操作，有利于幼儿探究能力和合作能力的发展。在这个过程中，幼儿能主动参与，体验探索发展的乐趣，同时通过亲身操作了解了瓶盖的洞的大小与彩砂流速的关系。

（资料来源：温秀琴. 2014. 主题活动背景下科学区材料投放的现状与对策 [J]. 教育导刊，(8).）

（3）比较法

比较法是指运用与论题同类，相近或相对的事物或观点作为论据，通过比较说理，确定其相同点或不同点，从而证明论点的论证方法。常见的有横向比较和纵向比较。

横向比较是将发生在同一时间内不同的事物进行横向对比，揭示对象之间的横向差异，说清道理，从而证明论点的比较法。如农村和城市幼儿园在墙面布置方面的差异、两种不同培训方式的比较等。

纵向比较是将同一事物在不同时间内的不同情况进行对照，揭示对象之间的纵向差异，从而证明论点的比较法。如不同时期幼儿园课程的设置比较研究等。

论证的形式通常有以下三种。

（1）平行论证

各部分之间的关系是并列的，是隶属于同一个主题之下的子主题，它们同属于一个整体的各个部分。严格而言，各部分并不交叉或相融。下列案例采用的是平行论证的方式。

案例 10-6

幼儿园民族舞蹈教学的实施策略（节选）

一、通过欣赏与感受，让幼儿关注民族文化和审美感动

二、通过音乐取舍与结构调整，让幼儿获得身心感动和愉悦体验

三、通过故事支架与情境设计，增添游戏情节和音乐情趣

四、通过动作挑战与自我调控，让幼儿获得人际支持与超越体验

（资料来源：黄芳．2014．幼儿园民族舞蹈教学的实施策略［J］．学前教育研究．（10）．）

（2）层进论证

各部分之间的关系是步步推进、层层递进的，即采用一层一层地由浅入深、由表及里地分析问题，一层比一层接近论点、一层比一层深入分析的论证方法。结构通常表述为：提出问题—描述现象—分析原因—提出对策—得出结论，这样的结构适合对问题进行全面剖析与深入探讨。

例如，《科学区幼儿自主探究存在的问题及对策探析》，按照科学区幼儿自主探究现状调查分析—问题原因分析—对现存问题的改进策略进行论证，这样的论证属于层进论证。

（3）综合论证

综合论证，即在一篇文章中，综合使用平行论证和层进论证两种方式构成一种纵横交叉式的方式。通常在平行论证中进行层进论证，或者在层进论证中进行平行论证。例如《幼儿园中层管理者驻班管理探索》既有平行论证，也有层进论证，属于综合论证的方式。

案例 10-7

《幼儿园中层管理者驻班管理探索》提纲

一、当前幼儿园管理工作中存在的突出问题

（一）行政事务多，深入一线少

（二）随机检查多，长期观察少

（三）提出要求多，管理反思少

二、幼儿园中层管理者驻班管理的意义

（一）了解幼儿园制度实施情况

（二）帮助年轻教师提高管理水平

（三）促进管理者自身的专业发展

三、幼儿园中层管理者驻班管理的实践探索

（一）构建基本模式

（二）合理安排时间

（三）明确观察内容

（四）采用科学的观察方法

（五）开展常态管理反思

（资料来源：王丽娟，李兰芳．2014．幼儿园中层管理者驻班管理探索［J］．学前教育研究，（10）．）

（四）修改论文

古人云："玉不琢，不成器"。教育研究论文的写作也是如此。教育研究论文初稿写出来后，不能算作论文写作已经完成。"写论文，从本质说是一个认识过程。在论文写作过程中，多一次修改就多一次认识；多一次修改就前进一步，至少可以减少失误和克服不足。修改从形式上看是写作的最后一道工序，是文章的完善阶段，但是从总体来看，修改是贯穿整个写作过程的。"[①]通常来说，高质量的文章都是修改出来的，修改是教育研究论文写作中一个非常重要的环节，从某种意义上可以说是具有决定性作用的环节。通过修改论文，能够进一步提高遣词造句、构思文章和逻辑推理的能力，有助于培养严谨的治学态度和扎实务实的学风。

1. 检查论文

修改论文的一般过程是先检查，再动笔修改。修改和检查的时候应先整体后局部，先大后小。检查论文的形式有全面检查和细节检查。

1）全面检查：树立全局观念，从整体出发去检查每一段落在论文中所占的地位和作用。看看各部分的比例分配是否恰当，篇幅的长短是否合适，每一部分能否为中心论点服务，引用的材料是否具有典型性，是否服务于论点，各部分之间的逻辑关系是否合理，是否做到了有论点、有论据，论点与论据是否一致等，将理论知识和实践材料紧密结合，论证过程富有严密的逻辑性，各段落安排得恰当、合适。

2）细节检查：检查字、词、句、段是否正确、准确，运用的材料是否真实、可靠、典型、新颖，使用是否妥当，安排得是否有条理、繁简适宜、比例均衡，所引用的文字和统计图表等是否合适、语言是否严谨、标点是否准确等。

2. 润色与修改论文

对论文初稿中发现的问题，要反复进行研究，对问题研究得越透彻，论文就能修改得越好。因此，修改论文的过程实质上是一个再研究的过程。

1）调整论文的结构：结构是研究论文的骨架，是论文的整篇布局和层次安排。调整结构，就是调整教育研究论文各部分的顺序与比例，抓住本质，使层次清楚，做好各部分之间的衔接。

2）调整论文的材料：删去不妥当、不典型、不准确的材料，增补新的、典型的材料，使这些新观点、新思想符合客观事实和教育规律。

3）语言的润色与推敲：字斟句酌地对语言进行推敲，把不准确、不贴切、不恰当的词语、句子改得准确、贴切、恰当，使其符合语法、修辞的规则。此外，一些标点符号也要及时修改，使其正确合理。

"袖手于前，疾书于后。"这是清代大戏剧家李渔在他的著作《闲情偶寄》中的名言。这说明要写好一篇文章，需要做好充分的准备。同样，要写好一篇论文，就要求我们平时认真学习，不断积累知识，善于反思总结，持之以恒，不断获得经验，才能提高自己

---

① 关耳．撰写学术论文基本知识讲座[J]．职业技术．2006（18）．

的研究水平。

拓展阅读

运用音乐活动提高托班幼儿入园适应性的策略

苏守凤
（江苏省淮安市新星幼儿园，淮安）

［摘要］如何让托班幼儿更好地完成入园适应一直是幼儿园和家庭都十分关注的问题。适宜的音乐活动对提高托班幼儿的入园适应性能够起到良好的辅助与推动作用。在一日活动中，教师可以通过用音乐营造温馨的氛围，在生活环节渗透音乐元素，合理设计音乐教学活动，挖掘故事中的经典音乐，音乐与游戏相结合等方式帮助托班幼儿尽快适应幼儿园的生活。

［关键词］托班幼儿；入园适应；音乐活动

初次离开母亲的怀抱，踏入幼儿园的大门，对于托班的幼儿来说，是他们人生中迈出的重要一步。他们小小的心灵必须接受新的考验与适应过程。《幼儿园教育指导纲要（试行）》指出，艺术是幼儿的另一种表达认识和情感的重要方式。语言、生理心理学研究也表明，通过音乐调整情绪，进而调节生理状态，以达到增进或维护身体健康的目的是完全可能的[1]，这也就意味着如果教师能够实施科学适宜的音乐教育，将能很好地辅助托班幼儿提高入园适应性，解决入园适应困难。

一、用音乐营造温馨的港湾

面对与亲人的“分离”，步入一个陌生的环境，许多托班幼儿都会表现出哭闹、不舍、抵抗等焦虑症状。此时，成人轮番的安慰反而会适得其反，对于认知水平尚弱的幼儿来说，来自四面八方的“噪声”只会加剧其心理不适。对学前儿童来说，最容易接受的一种交流途径就是音乐。已有研究发现，出生 5 天的婴儿就具有敏锐地辨别不同频率声音的能力，低频的声音比高频的声音对婴儿更具镇静作用[2]。因此，在托班幼儿入园时，教师可以播放优美舒缓的音乐，营造一种温馨的氛围，以此转移幼儿的注意力，并起到一定的镇静作用，使其感受到安宁和愉悦。待幼儿情绪基本稳定后，教师再引导幼儿进入游戏的环节，播放轻松欢快的儿童歌曲，鼓励他们参与晨间游戏。《一只哈巴狗》《拉个圆圈走走》《十个印第安小人》《小猪操》等内容有趣、节奏明快的歌曲就很能吸引托班幼儿。虽然 2～3 岁的幼儿还不能完整地演绎歌曲的旋律、节奏和内容，但善于用肢体语言表达内心情感的他们会用自己独特的方式诠释每首歌曲。他们或是模仿教师的动作，或是自己边唱边跳，愉快的气氛能够冲淡他们的焦虑和不安，使他们陆续加入到游戏的行列中来。在此，教师应注意结合托班幼儿的认知、动作、情感等发展水平和特点，挑选他们最感兴趣，同时也易于接受和理解的音乐，这不但有助于提高幼儿的参与度，也有助于其整体音乐能力的发展。

二、让音乐在生活环节中流淌

美好的音乐源自生活，也适用于生活。对于托班幼儿来说，教师一句轻声的哼唱抵过十句空洞的说教。将音乐渗透进一日生活的各个环节，可以大大缩短环节之间的过渡等待，再加上教师设计的妙趣横生的小游戏，就既能吸引幼儿参与，又便于幼儿理解一日常规，逐渐适应幼儿园生活环节的转换。如集体活动之后有一个户外散步的环节，主班老师弹奏《开火车》的音乐，配班老师做火车头，逐个邀请幼儿来开火车，这既是一个音乐游戏，又可以作为环节之间的过渡。听到简洁明快的音乐，目睹同伴被逐个邀请的情形，幼儿既充满了期待，又能积极参与活动，体验游戏重复而又变换的乐趣。待所有幼儿都被邀请到时，教师可以顺势带幼儿将“火车”开到户外散步。这样的转换，使环节之间的衔接显得不那么生硬，让幼儿的心理适应过程变得顺其自然。

户外散步时，对于情绪仍不太稳定的幼儿，教师可以引导其唱熟悉的歌谣，如《郊游》《大苹果》《小红帽》等，也可以引导幼儿以问答的方式合唱歌曲。例如，洗手时教师可以引导幼儿唱《洗手歌》，增加其对洗手的兴趣；吃饭前为了避免幼儿乱摸将手弄脏，可以带幼儿做律动《手腕花》，幼儿熟悉后，再变换音乐，以达到“去习惯化”的目的。

生活环节中蕴含着很多教育契机，幼儿需要在生活中适应，在生活中成长。教师所要做的不是机械地将各个环节简单地拼凑起来，而是要紧扣幼儿的身心发展特点和认知规律，善用教育智慧，让内容更生动，让环节更紧凑，让衔接更自然，让幼儿的身心更愉悦。音乐就是很好的调和剂与黏合剂，教师应努力让幼儿在快乐的乐声中拥抱每日的生活。

三、在教学活动中体验音乐带来的快乐

托班音乐教学活动的主要形式有歌唱、律动、简单的打击乐等。托班幼儿的自我中心现象比较明显，即使在集体活动中注意力也难以集中，会表现出“各玩各的”现象。因此，在集体活动开始部分，教师要善于营造气氛，创设幼儿感兴趣的游戏情境，以吸引幼儿的注意。虽然是音乐教学活动，但作为先行组织者的“导入活动”仍应充分调动幼儿原有的经验，或是借用幼儿有可能感兴趣的形象话题等激发幼儿参与活动的兴趣。为此，教师可以采用游戏导入法、故事导入法、情境表演法、玩偶导入法、副歌前置等方法吸引幼儿的注意。对于歌唱活动，教师在选取内容时，要根据托班幼儿的认知特点，选取适宜的歌唱材料，如歌词的形象是幼儿熟悉和喜爱的，内容是充满爱、想象力且具有美感和教益的，能够展现自然景物和美好生活，促进幼儿认知发展等。歌词的形式与内容还要适合幼儿用动作来表现，因为幼儿此时的思维是以动作为主导的。与此同时，教师应当为幼儿选择适合他们音域的歌唱作品，便于他们唱出自然美好的声音，以增强幼儿唱歌的兴趣，体验愉快的情感。对于托班幼儿，歌曲的节奏应比较简单，以二拍子和四拍子为主，采取比较中庸的速度；歌曲的旋律应平稳，结构要短小工整，以含2～4个乐句为宜，总长度不超过8小节；词曲关系应比较单纯，大多数是一个字对一个音。只有满足这些条件的歌曲才能便于幼儿传唱，帮助幼儿获得歌唱的成就感。

此外，托班幼儿尤其喜欢“载歌载舞”，即用动作来辅助歌唱、辅助思考。教师要充分珍惜幼儿的这种“禀赋”，积极为其创设音乐游戏与表演的情境。虽然幼儿对音乐的表现力是有限的，但他们的想象力是无限的，其内心的表现欲望也是无穷的。幼儿的自由发挥使其生理上对舒适愉快的需求和心理上希望被接纳的情感得到了满足。如果教师能够运用音乐营造这样一种充满信任、平等与爱的环境，那么陌生、焦虑的情绪必然会在幼儿的内心渐渐散去，取而代之的是爱、依恋与和谐。

四、让故事中的经典音乐安抚幼儿

幼儿喜欢听故事，并会在故事中寻找与自身经验相似的原型，以获得情感上的寄托。托班幼儿尤其喜欢听关于亲情的故事，故事中的“妈妈”会使他们的心灵获得极大的抚慰。如《小兔乖乖》就是托班幼儿最喜欢听的故事，每次讲这个故事时，不管他们原先在干什么，都会立刻安静下来，瞪大双眼，静候故事的发展，足见故事的魅力不可抵挡，其中的经典音乐更是让人印象深刻。托班幼儿最能被这些朗朗上口、饱含感情，又能唤起其生活经验的音乐所吸引。精彩的故事配合温馨的音乐，无形中能够让幼儿感受到家的温暖与甜蜜。教师要善于挖掘其中的教育契机与教育元素，将最美好的东西呈现给幼儿，让其感受其中的魅力，同时得到心灵的安慰。

五、在游戏中彰显音乐的魅力

游戏是幼儿园的基本活动，在轻松自由的游戏活动中，幼儿会产生积极的情绪体验，宣泄和避免消极的情绪。而要让幼儿在游戏中体验到轻松自在和无拘无束，就需要教师创设一个适宜幼儿年龄特点的游戏环境[3]，特别对托班幼儿来说，教师创设的游戏应加入亲情、温馨及与幼儿现实生活紧密相连的元素，如平行娃娃家、电话吧，可以让幼儿自由表达的小舞台等。音乐在这些活动中都发挥着重要的作用。

首先，教师可以在游戏中适当地插入轻柔、优美、欢快的背景音乐。音乐是一种无国界的情感艺术，它可以陶冶情操、净化心灵、启迪智慧，还可以给幼儿一个想象的空间，让幼儿在有音符流淌的环境中自发地感受美。各种艺术形式之间是相通的，游戏的背景音乐既能使幼儿的心灵在不知不觉中受到洗涤，而且能够激发幼儿游戏的灵感，增强其游戏的秩序感，并产生更多的游戏创意，最终达到快乐游戏、快乐生活的目的。比如在《神奇的大自然》主题游戏中，教师播放了代表大自然各种声音的音乐，其清澈优美、空灵纯净，很快吸引了托班幼儿的注意，使他们自主地参与到游戏中来，沉浸在游戏的世界里。

其次，教师可以给幼儿搭建一个音乐表演的平台，如《宝宝秀场》《小舞台》等，并为其提供表演用的道具，如各种服饰、音乐、打击乐器等。在这样的场景下，给幼儿自由表达的空间，教师应选择幼儿熟悉的儿童歌曲，也可以添加一些有明显特征和风格的音乐，同时教师可以鼓励幼儿自己选择服饰、乐器，创编动作，并组织小观众观看表演，让幼儿充分感受音乐带来的快乐。

再次，教师可以引导幼儿在游戏中用音乐的语言表达内心的情感，如在“电话吧”中互相唱一唱《打电话》的歌曲；当幼儿哄娃娃睡觉时，哼一哼《摇篮曲》，这些歌谣听起来亲切自然，直白易懂，幼儿特别喜欢唱。带有角色表演性质的游戏配合温馨的唱词，能够对托班幼儿的内心起到很好的安抚作用。

总之，托班幼儿入园适应是一个相对曲折和反复的过程，需要家园相互配合。当幼儿在园感受到温暖、关爱时，家长可以及时给予强化，帮助其回味在幼儿园的快乐时光，重温幼儿感兴趣的歌谣或其他音乐形式，以加强幼儿与幼儿园的情感联结，共同帮助幼儿度过入园适应期。

参考文献：

[1] 许卓娅．幼儿园音乐教育［M］．北京：人民教育出版社，2003：12.
[2] 王振宇．学前儿童发展心理学［M］．北京：人民教育出版社，2004：39.
[3] 邱学青．学前儿童游戏［M］．南京：江苏教育出版社，2003：57.

（资料来源：苏守凤．2012．运用音乐活动提高托班幼儿入园适应性的策略［J］．学前教育研究，（10）．）

同步训练

1．论述教育研究论文的基本特点和三个要素是什么。

2．教育研究论文的基本结构是什么？从期刊、杂志中阅读一篇教育研究论文，结合论文进行分析。

3．下列案例是学前教育专业学生撰写的论文提纲。分析存在的问题有哪些，如何改正。

题目：注重幼儿绿色环保教育

前言：大自然对于我们人类一无所求，而人类只有在大自然的荫蔽下才得以生存。随着科学技术的发展，环境问题日益严重，环保教育意义深远。

摘要：环境保护是我国的一项基本国策。从幼儿园开始对幼儿进行环保教育，有助于幼儿从小树立环保意识，获得保护环境的技能，为幼儿的成长打下良好的基础，并且通过引导幼儿感知人类与环境的关系，可以使他们进一步了解环保的重要意义。利用形式多样的环保活动，开启幼儿绿色梦想的闸门，让幼儿进行生态体验，感悟绿色生命，从而帮助幼儿主动获取环保生态知识。

关键词：注重　环保教育　提高　环保意识

本论：

一、对幼儿进行环保教育的重大意义进行论述

二、对幼儿进行环保教育的具体措施

1）创设优美环境，营造环境教育氛围。环境包括自然环境和社会环境，使幼儿了解大自然，熟悉大自然，感受人类与动植物和谐存在的美好，激起对美好环境生活的

憧憬。

2）运用各种形式，开展环保教育活动，包括①注重实践，在观察中发展幼儿对环境保护的认识。②寓教于玩，运用游戏增强幼儿环保意识。③通过形象直观的教育手段，让幼儿感受到环保教育。④开展环境社会活动，增强幼儿环保意识。

三、对教师环保教育意识和环保素质的要求

四、对家长环保意识的要求

4．结合教育见习，从实践中选题，列出教育研究论文的提纲，撰写一篇教育研究论文。

第十一章

毕业论文

学习目标

1. 了解撰写毕业论文的意义，明确撰写毕业论文的重要性。
2. 掌握毕业论文的特点，明确撰写毕业论文时常见的问题。
3. 了解撰写论文提纲的意义、种类。
4. 明确毕业论文的结构安排和材料的选用，会合理安排论文的结构和材料。
5. 了解毕业论文答辩的一般程序及技巧，提高论文答辩的质量

知识结构图

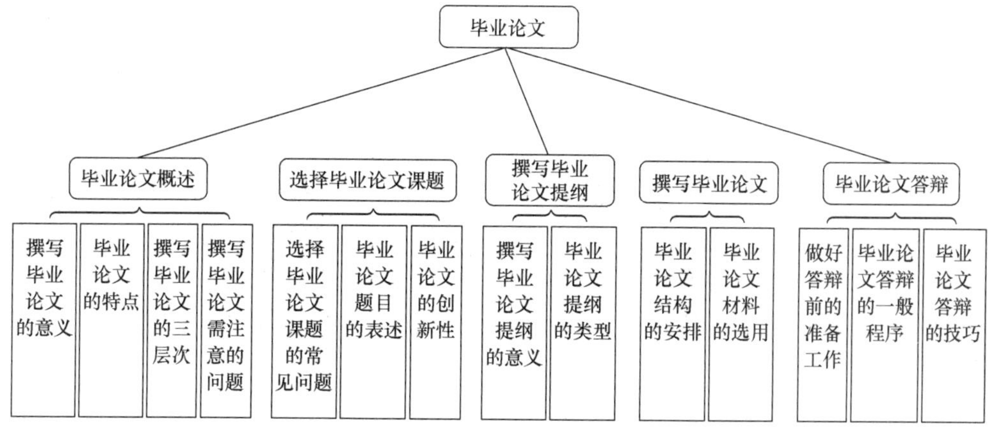

撰写毕业论文是学前教育专业学生在校学习期间的一个重要教学环节，是培养和提高学生实践能力的重要组成部分，是作为一名合格幼儿教师所必须具备的专业能力，是学生学业成绩的重要组成部分，有助于提高学生的科研能力。本章将对在撰写毕业论文和进行论文答辩时应注意的问题进行具体阐述。

第一节 毕业论文概述

一、撰写毕业论文的意义

《幼儿园教师专业标准（试行）》指出："针对保教工作中的现实需要与问题，进行探索和研究。"幼儿教师做研究，有利于提高教育实践活动质量，有利于改善自身的生存状态，体验成功的快乐。对于即将毕业的学生而言，在教师的指导下，学习开展一个小课题研究，撰写一篇有价值的毕业论文，能够为自己将来从事研究奠定基础。具体来看，撰写毕业论文的意义体现在以下方面。

（一）撰写毕业论文能够综合考核学生的学习效果

尽管学生撰写毕业论文安排在学校的最后一学年，但是准备一篇论文需要好长时间，因为这需要有一定的专业知识方面的准备，需要了解、把握当前幼儿园课程改革方面的知识与信息，需要掌握一定的教育学、心理学、卫生学、教育活动设计、教育政策法规等方面的知识，需要有一定的判断、分析、论证能力，所以，从事研究的基本能力培养需要贯穿于整个大学的专业学习和平时实践中。"大学生的课堂学习，表面看是对老师授课内容的吸收和理解，实际上这种知识的传播与消费之中就隐含着某类问题意识的产生过程，聚少成多，毕业论文的选题多肇源于此。"①因此，毕业论文是综合运用所学的专业知识来解决问题，具有整合专业知识、检验学习效果的目的，这也是对学校教育教学质量的一次全面考核与检验。

案例 11-1

"幼儿园小学化倾向"一直是社会关注的焦点问题。"当前幼儿园小学化倾向的表现是什么""为什么要禁止'幼儿园小学化倾向'""怎样解决这一问题"等需要从幼儿的心理特点、教育理念、教育方法、教育艺术、《幼儿园教育指导纲要（试行）》、《幼儿园工作规程》等相应的教育理论与政策法规等方面进行分析，运用科学的教育研究方法，科学阐述"幼儿园小学化倾向"的内涵及其对幼儿的身心发展造成的一定危害，在此基础上提出制止这一行为现象的策略。

（二）撰写毕业论文有利于提高学生解决幼儿园教育实际问题的能力

研究的目的是什么？是运用所学的专业知识科学地解决教育实践中发生的问题，有利于提高幼儿园的教育质量。毕业生撰写毕业论文的过程，是一个研究的过程，也是运用大学期间所学的基础理论和专业知识，在教师指导下，独立地探讨或解决学前教育现实中发生的某一问题的过程。这一问题，是在幼儿园的见习、实习、社会调研中所看到

① 贺根民. 2009. 师范生的毕业论文选题与创新思维［J］. 钦州学院学报，(4).

的、所体验到的、所感悟到的。科学地解决这些富有普遍意义的、价值性强的问题，一方面能够巩固自己已经学过的知识和充实新的专业知识，另一方面能将所学习的理论知识与具体实践相结合，提高实践能力和水平。

案例 11-2

“幼儿教师在教学中如何恰当地运用体态语？”“如何进行有效地师幼互动？”“教师的提问怎样做才是有效的？”“幼儿教师应该如何保护自己的嗓子？”“绘本能否运用到科学活动中？”“绘本能否运用到美术活动中？”这些是毕业生在见习、实习中感到困惑的问题。贴近幼儿教师实际，在教师的指导下从事研究，提出科学地解决问题的策略，能够激起学生研究的热情与动力，使他们能够达到“跳一跳摘到桃子”的效果。

（三）撰写毕业论文为成为一名“研究型教师”做准备

联合国儿童问题特别会议指出：“当今在世界范围内，没有任何一个问题比全球儿童的未来更紧迫、更具代表性”。学前教育面对的是 3～6、7 岁的儿童，他们好奇、好问、好动、好模仿、好游戏，有其自身独特的特点，促进每一个幼儿的健康发展是幼儿教师应尽的义务。但是由于学前教育工作本身的复杂性和创造性，要提高教育质量，作为教师而言，仅仅重复以往的工作，充当教书匠的角色显然是不行的。所以毕业生要认真分析自己在工作中遇到的问题，认真审视自己的教育实践，有责任对自己的行为进行反思，以使自己的教育实践做法更理性、更科学。自己在撰写毕业论文的过程中，研究意识会不断增强，所学过的教育教学研究方法得到进一步理解和巩固，观察能力、自我反思和批判的能力也会在实践中不断提高。“‘教书匠’与‘研究型教师’只是一步之遥。而这一步就是注重学习与研究与不注重学习与研究的区别。”①

舒尔曼认为：“专业人员必须培养从经验中学习和对自己的实践加以思考的能力。”毕业生撰写毕业论文经过了“实践中观察现状—分析问题—解决问题—表述研究成果”的一般过程，经过了对外学习、对内思考的过程，经历了一个研究的过程。这个研究的过程，将为成为一名研究型的教师奠定基础，有利于促使自己向更高层次的方向发展。

二、毕业论文的特点

从事一个小课题研究，撰写毕业论文，除了具有从事科学研究的一般特点外，还具有自身被指导性和习作性的特征。

（一）科学性

毕业生撰写毕业论文，科学地解决现实中存在的问题，需要持科学的态度、运用科学的理论知识、采用科学的研究方法、科学地分析现象、提出科学的研究策略。毕业生撰写论文，需要拥有科学严谨、认真、实事求是的科学精神，不编造数据、不夸大、不缩小，

① 徐世贵，刘恒贺．2011．教师怎样做小课题研究［M］．重庆：西南师范大学出版社．

用实实在在的事实、案例来说话，来发现、揭示普遍规律或特殊规律。

（二）创新性

创新性体现在，对自己研究的问题有自己的观点、自己新的看法；对别人已经研究过的问题有新的突破；或者从新的角度进行思考。如有的毕业生提出“应重视幼儿整理习惯的养成”课题研究，有的毕业生提出“将图画书阅读与音乐活动的有机整合”的课题，以前很少有人研究过，因此，提出这样的观点具有一定的创新性。有的毕业生撰写了《幼儿自信心的培养》课题，如果仅仅重复别人已经得出的观点，而没有提出新的看法，这样的研究就没有创新性。

（三）价值性

幼儿教师做研究，不同于理论研究者从事的研究。他们研究的是幼儿园工作实践中实实在在发生的问题，属于“草根式”的研究。幼儿教师从事的研究有利于改进教育实践，提高学前教育质量，促进幼儿的健康发展，因此具有较强的实践价值。如“怎样让幼儿教师的赞美更有艺术”“利用优秀的文学作品促进幼儿道德的养成”“幼儿歌唱活动中教师指导的适宜性研究”等课题，对于解决现实中的问题、有效提高教育效果具有较强的现实意义。

（四）可行性

研究既要考虑专业知识基础、研究领域、自己的特长等主观方面的因素，也要考虑所处的环境、时机、条件等客观因素。对于学前教育专业的学生而言，其自身的经历和专业特点决定了研究课题不可能太深、太难，而是以幼儿园发生的事情、出现的现象为内容来撰写研究论文。毕业生如果撰写如《中国二十世纪幼儿社会教育研究问题审视》《学前教育均衡问题研究》《中国幼儿教师师资状况分析》这样的题目，由于自己的知识水平有限，就很难驾驭这样的课题，也不能有效地完成研究。

（五）被指导性

毕业论文是在导师指导下完成的研究成果。由于学生缺少专业知识和撰写技巧，从选题到题目的确定、从提纲的撰写到语言的表述、从文章的修改到最后的定稿，都需要认真听取导师的意见，主动与指导教师进行沟通交流。在导师的安排下，列好提纲、做好计划、选好素材、撰写论文，从中也培养了学生查找资料、学会思考、学会动手、学会分析问题的能力，这也是向指导教师进行学习的过程。在与指导教师进行思维的碰撞、思想交流的过程中，时常会产生新的发展与兴奋点，从而使自己的科研能力不断地提高与完善。

（六）习作性

学前教育专业学生撰写毕业论文，不同于专业人员撰写毕业论文。专业人员撰写的论文，一般反映的是本专业领域的最新研究成果，而毕业生撰写毕业论文，需要进一步运用和深化所学的专业知识，初步掌握科学研究的基本程序和方法，是培养科研能力的有效途径。

三、撰写毕业论文的三层次

（一）提出问题

撰写毕业论文是为了研究当前某一问题的现状、改进教育实践，因此应强调论文的实践性和应用性，体现应用价值和现实可操作性的特点。毕业论文要结合自己的专业特点和实习感悟，贴近学生的亲身实践和个人思考，有自己的亲身感受，这样的研究，其价值才会较大。

（二）分析问题

运用所学的知识分析当前的现状和存在的问题，在此基础上，提出解决问题的对策。分析问题的时候要注意：①文章内容与题目一致；②观点与文章内容一致；③分析的时候扣住与本论文紧密相关的问题，紧扣主题，条理性强。

（三）解决问题

解决问题主要指提出解决问题的方法、策略。解决问题的方法、策略要科学，需要建立一定的教育理论知识、政策知识和实践材料的基础之上。教育理论知识包括教育家的一些教育理念、教育观点、教育名言等；教育政策知识包括《幼儿园教师专业标准（试行）》《3～6岁儿童学习与发展指南》《幼儿园教育指导纲要（试行）》等文件；实践材料包括当前幼儿园中的一些做法，有先进的做法与存在的不足，这些都有利于解决现实中存在的问题。

案例 11-3

有个毕业生在实习中发现问题："有一部分幼儿，在幼儿园与自己的家人分别时，总会告诉爸爸妈妈或爷爷奶奶："记得第一个来接我，""妈妈，第一个来接我好吗？"甚至有的幼儿，只要伸出一个手指头，爸爸妈妈就会明白：要第一个来接孩子。这种现象在小班、中班、大班三个年龄班都有。为什么会出现这种现象呢？

这位毕业生通过对家长、教师、幼儿进行访谈，分析了存在这种现象的原因：幼儿刚刚入园时的不适应、幼儿的情感依恋、幼儿喜欢处处争第一的竞争意识、幼儿教师对个别幼儿爱的缺失等，继而从"减轻幼儿的分离焦虑、合理看待幼儿竞争、了解幼儿个性、摸清适应症结"等方面提出了解决这一问题的策略，运用到实践中，收到了较好的效果。

四、撰写毕业论文需注意的问题

（一）写作态度严谨

毕业生撰写毕业论文的过程，是一个小课题研究的过程。研究的时候，需要具有严谨求实的科学态度，脚踏实地、细致的工作作风，谦虚好学、团结协作的团队精神等，这些在实际工作中起着非常重要的作用。撰写论文的时候，做到准确、真实、逻辑严谨，每一份材料的选用、每一个观点的表述、每一个字词的表述都要认真揣摩，避免语句颠倒、词不达意、错字漏字、语法错误。在撰写论文的过程中，学生学会查找资料、学会分析问题，提出科学解决问题的策略，自己必然处于主动地位，有利于激发学生主动学习的良好意识。值得注意的是，毕业生撰写毕业论文的时候，不能抄袭，不能“拿”别人的成果，把别人的文章、著作东抄西摘，这种抄袭、剽窃的行为是要不得的。

（二）注意平时知识的积累

进行教育研究，不仅要拥有研究的意识，掌握教育教学研究的基本方法，还要有发现问题、搜集资料、分析问题、分析资料、自我反思和批判的能力。这些基本研究素养并不是天生具备的，也并不是学习一门课程就能够掌握的，而是需要在学习与实践中逐步培养。撰写毕业论文需要一定的知识储备和科学分析能力，而知识和能力有一个积累的过程，如果在布置毕业论文的时候开始考虑，就已经不早了。所以要及早为撰写毕业论文做准备，在每次的学生见习、实习中，就要与幼儿园的教师、园长进行交流，仔细观察幼儿园教育的现状，分析存在的问题，运用所学过的理论知识解决幼儿园中存在的问题。

（三）学习与思考有机结合

学生初次撰写毕业论文，常常出现无从下手、不知所措的现象，这属于正常情况。其主要原因是学生专业知识、实践经验不足，因此，向他人、优秀的研究成果学习显得尤为重要。学习的目的是了解论文撰写的过程、步骤、结构，了解前人与当前对某个问题研究的主要成果、所持的观点与见解等，这是撰写论文的前提。学习是思考的基础，在读书、研究中，离不开自己对这一问题的思考，思考的目的是自己对这个问题所进行的创造性探讨，体现出自己的观点、自己的行为、自己的见解。在阅读资料和到幼儿园见习实习时，有时会产生一些新的想法，一些新的发现，对于这些灵感不要轻易放弃，因为它很可能是对某一问题研究积累的理性升华，应及时记录下来，进行合理分析，捕捉教育课题，探索从中学到的内容，从而继续研究。

第二节 选择毕业论文课题

选题是撰写毕业论文的第一步，是论文写作的开始。选题本身就是一门学问，它直接关系到学生科研能力的培养与提高。选题的时候，要结合专业的特点，根据自己在幼儿园实习的经验与体会，选择在幼儿园中、幼儿教师工作中遇到的问题，体现实践性的特点，而不能脱离幼儿园的实际工作。选题的时候，既要体现前瞻性的特点，还要讲究策略，使论题贴近自己的实际能力。

一、选择毕业论文课题的常见问题

（一）无从下手，不知道研究什么

学生可在教育活动实践中选择课题、阅读文献中选择课题、与专家、同事交流中选

择课题、在理论与实践的结合处选择课题、在各类申报课题指南中选择课题等。毕业生需要有问题意识，处处留意生活，善于做生活中的有心人，善于发现生活中的问题。

（二）将研究课题等同于毕业论文题目，将研究课题作为毕业论文的题目

有的题目研究范围涵盖面过大、过宽、过难，超出了自身的研究能力，以至于在论述的时候蜻蜓点水，浅尝辄止，不能将问题做到深入挖掘。

例如，有的毕业生找到了关于学前教育研究的一些课题指南，提出了《以社区为依托发展早期教育的研究》《幼儿园安全管理的研究》《幼儿想象力发展的支持性策略研究》课题，这样的课题研究范围过大，需要研究人员的团队合作，对于毕业生来说，研究起来比较困难。

（三）选择课题陈旧，缺少创新

有的选题不够新颖，有的选题重复他人的观点，没有自己的独立见解，写不出新意。有的在研究过程中流于空洞的议论，缺乏深入的剖析，总是停留于一些老生常谈的话题上，不能提出新看法、新见解、新观点。为了毕业论文选题能选出亮点，学生应在实习、见习时特别关注实践教学中存在的问题，有一双能够发现问题的眼睛，并且在平时学习中不断阅读、积累，才能跳出已有研究的框架，构建自己的研究特色。

二、毕业论文题目的表述

题目是毕业论文的眼睛，论文题目决定着研究的方向和内容，它直接影响到阅读者的第一印象，从而影响到对毕业论文质量的价值评价。当前毕业生在题目表述中存在以下问题。

（一）论文题目表述不够严谨

教学理论中有些概念是容易混淆的，在表述时就不能将之等同起来。如语言表达能力与语言表达技能不同、歌唱活动与歌唱教学不同、生活活动与进餐活动不同等，这些概念在表述的时候应该注意。

（二）题目不够具体、明确

这个问题表现在不能明确地分辨研究的内容与视角是什么。如有的毕业生确定了《培养幼儿的良好习惯》课题，习惯包含的内容是非常多的，有饮食习惯、卫生习惯、学习习惯等，到底研究哪方面的习惯呢？从哪个角度切入，来培养幼儿良好的习惯呢？这里表述不够明确。有的毕业生确定了《幼儿同伴关系与幼儿社会性发展的研究》课题，这个题目包含的内容很多，不是做一个研究就能解决问题，这样的表述也不够恰当。

（三）题目不够新颖、简洁

题目过于平铺直叙体现不出文章的亮点；题目过于冗长，易出现意思不清的现象。如有的毕业生确定了《幼儿教师应注意自己的语言》课题，根据提供的材料，在教师的指导下，后来改为《教师，请您“口”下留情》这样的表述更新颖；有的毕业生确定了《幼儿园区域活动的组织应体现有效性的特点》课题，在教师的指导下，后来改成了《幼

儿园区域活动如何更有效》，这样的研究针对性强，更简洁。

（四）副标题与题目不一致

有的毕业生确定了研究课题《倾听孩子的心声——提高家长的保教能力》，这里的题目是“倾听孩子的心声”研究对象是教师，而副标题“提高家长的保教能力”研究对象是家长，两者构成了矛盾冲突，出现不一致的现象。因此，在进行表述的时候，毕业生需要仔细斟酌字词的含义，将概念表述清楚。

三、毕业论文的创新性

毕业论文写作是一种创造性劳动，那么，如何体现文章的创新性？

（一）查阅文献资料要全面

研究前，阅读大量的文献资料，查看文章的观点内容是什么，在综合分析已有科研成果的基础上，找出目前的薄弱环节和空白，根据自己的能力与兴趣从中选择一个问题，确定为自己的选题方向。在研究过程中，及时查阅文献资料，将研究概念解释准确、研究内容表述清楚，确保研究的科学性。

（二）在实践中发现问题

幼儿园中的实践是创新的起源地，利用见习实习，深入幼儿园中，认真观察，与教师交流、与家长交流、与幼儿交流中，及时发现新的问题，产生新的想法，获取创新的灵感和解决问题的方法路径。

（三）注意平时知识的积累

没有积累，没有知识经验，就不会有创新。比如看了文献以后，对于一些好的观点、一些好的做法及时记录下来，将在生活中发现的闪光点、灵感及时记录下来，时间长了，知识储备丰厚了，自然会产生自己的观点。

第三节 撰写毕业论文提纲

教师在指导毕业论文中，经常遇到这样的现象。确定好课题后，有的同学拿起笔来开始撰写文章，经过一番“辛苦”后，写完了满满的几页纸，得意洋洋地把文章交给指导老师。指导老师看后，指出了许多的问题，比如文章撰写思路不够清晰、结构不合适、引用的观点材料不够典型等，这让毕业生感到苦恼。为此，需要重新选择材料、重新规划文章的内容，把文章撰写的思路整理清楚后，才开始撰写文章，这需要撰写论文提纲。

一、撰写毕业论文提纲的意义

撰写论文提纲是写论文之前必经的一个环节。从写作程序上讲，它是作者动笔行文前的必要准备，从提纲本身来讲它是作者构思谋篇的具体体现，在论文写作中有非常重要的意义。为了增加论文的质量，需要事先列好论文的提纲，确定好论文的基本框架与思路。

（一）毕业论文提纲能够体现作者的总体思路

论文的思路是什么？论文是按照怎样的顺序来撰写的？每一段落的观点是什么？引用的材料有哪些？阅读提纲后，对于这些问题，便可一目了然。

（二）毕业论文提纲有利于检查论文的条理是否清晰，前后逻辑结构是否合理

有的毕业生确定了《幼儿园集体教学中教师提问的现状和改进策略》，在列提纲的时候，列举了集体教学中教师提问的现状分析、改进问题的策略、存在问题的原因这三个方面，显然，存在着各部分之间逻辑性不强的问题。我们可以改成集体教学中教师提问的现状分析、存在问题的原因、改进问题的策略这三个方面，这样的表述才符合“发现问题—分析问题—解决问题”的逻辑顺序。

（三）毕业论文提纲有利于指导教师了解论文的整体框架，提高论文的质量

应单就论文的结构方面而言，提纲的完成就意味着论文结构的基本确立。对于论述不清的结构与内容应及时调整，避免大返工。

二、毕业论文提纲的类型

毕业论文提要是内容提纲的雏形，各提纲要紧紧服务于文章的主题，不能偏离了论文的名称，各提纲之间是有联系的，具有逻辑关系。

1）从详略程度看，论文提纲分为简单提纲和详细提纲。简单提纲是高度概括的，只列举每一部分的要点，如何展开则不涉及。详细提纲则把论文的主要论点、每一部分的观点、选用的材料较为详细地列举出来，提纲上也要列得较为详细，以便体现总论点和分论点的有机结合，把论点讲深、讲透，进一步明确论文的研究内容、研究角度、要解决的问题、自己的观点等。当然，在写作过程中，根据研究的内容与现象，再好的详细纲目也会有些变化，这是正常现象。对于撰写毕业论文的大学生而言，建议撰写论文的详细提纲，这样，指导老师对于文章思路就可获得一个清晰的认识。

2）从表述方式看，论文提纲分为标题式提纲、段落式提纲、句子式提纲、图表式提纲。这种分类方式，与前面讲的内容是一致的，这里不再详细赘述（详见第十章第二节）。下列案例属于详细提纲，也属于段落式提纲。

案例 11-4

《在集体教学活动中构建积极有效的师幼互动》论文提纲

一、什么是积极有效的师幼互动

师生互动是教师与学生由于教与学的关系所形成的相互影响和作用的过程。“积

极”是指师幼在互动过程中表现出的主动意识和生动活泼的信息交流与情感沟通状态；“有效”是指师幼互动过程能消除幼儿盲目的消极互动，启迪幼儿主动发起有价值的互动，从而使活动有价值地开展。

二、为什么在集体教学活动中构建积极有效的师幼互动

1）积极有效的师幼互动体现了科学的教育观和儿童观，成为幼儿园教育的基本表现形态，得到教育工作者的关注。

2）审视当前幼儿园的师幼互动，仍存在着一些问题，如互动过程被教师高度控制、互动方式单一、没有顾及个别差异等，这在一定程度上影响到师幼互动的质量，影响着教育活动的开展。

三、怎样在集体教学活动中构建积极有效的师幼互动

（一）积极有效的师幼互动，要突出幼儿的主体地位

1）案例分析，发现存在的问题：缺失幼儿的主体地位。

2）教师不仅仅是教育者和管理者，同时也是幼儿发展的支持者、合作者、引导者，鼓励幼儿积极探索，鼓励幼儿向教师主动发表见解，耐心倾听幼儿的内心感受，尊重幼儿的合理看法，增进教师与幼儿之间的互动行为，真正达到师幼的双向沟通。

（二）积极有效的师幼互动，要关注幼儿的情感互动

1）案例分析，发现存在的问题：忽视了教师的情感支持和交流的作用。

2）教师做幼儿情感的支持者，容易走入幼儿的内心世界。注意一个温柔的眼神、一个会意的微笑、一句暖心的话语、一个赞许的姿态、一个体贴入微的动作，能够使幼儿在心理上产生一种说不出的愉悦。

（三）积极有效的师幼互动，要体现多元化的特点

1）案例分析，发现存在的问题：师幼互动的方式单一。

2）做到既有教师与全体幼儿的互动，也有教师与小组、教师与个体的互动；既有言语互动，也有非言语互动；既有教师向幼儿个人或群体发起互动，教师积极有效地回应幼儿发起的互动，也包括幼儿个人积极有效地向教师发起互动，或积极有效地回应教师向其发起的互动；应该将它们有机结合起来。

第四节 撰写毕业论文

毕业论文离不开主题、结构和材料。其中主题是论文的灵魂，结构是论文的骨骼，资料是论文的血肉。主题贯穿于整篇文章中，构建合理的结构和选择适宜的材料对于撰写毕业论文来说也是非常重要的。

一、毕业论文结构的安排

对于结构的作用,《史学论文写作》一书有着言简意赅的说明:“如果说论文的论点解决的是‘言之有理’的问题,论据解决的是‘言之有据’的问题,那么论文的结构则是‘言之有序’的问题。”①结构是为内容服务的,论文结构的构建必须充分考虑到文章的主题、内容。

(一)树立全局观念

从整体出发,确定每一部分在论文中所占的地位和作用,看看各部分的比例分配是否恰当、篇幅的长短是否适合每一部分、能否为中心论点服务、论文的外部结构是否合理,做到文章结构完整、首尾呼应,切忌结构松散、支离破碎。如果有的论文开头部分的内容写了很多,但涉及重点的部分,却显得很单薄,对于核心问题根本没有做深入的思考,这样会显得有些头重脚轻,值得注意。

(二)考虑各部分之间的逻辑关系

有的毕业生撰写的论文,论点和论据没有必然联系,只限于反复地阐述论点,而缺乏切实有力的论据;有的材料一大堆,但是各部分之间没有形成有机的逻辑关系,这样的毕业论文都是不合乎要求的,也是没有说服力的。毕业生撰写论文的时候,论文各部分的前后逻辑关系安排得要合理恰当,符合由浅入深的原则,体现文章的科学性。

(三)每一部分的论点紧扣标题

一是从不同的方面或角度对标题进行论述时要紧扣标题,即我们常说的分论点要紧紧围绕标题。二是论据与论点相符。论据中的内容要反映论点,运用的数据、案例要与论点密切相关,论点要用论据得到充分地证明。三是论据和论点之间须有内在的必然联系,这样得出的结论才是合理的。如果仅仅把自己的主观意愿和想象加在论点上,而不管所用的论据能否反映这个观点,则是不合理的。

二、毕业论文材料的选用

我们经常听到一句话“巧妇难为无米之炊”,撰写毕业论文离不开论文材料。材料的收集与使用,是毕业论文写作的基础。学生不仅要在撰写论文前阅读文献材料,而且在论文的撰写中也要不断查阅文献。

(一)选择材料的意义

1. 材料是选题的依据

选择什么课题,离不开文献资料。通过阅读相关的文献,我们就能够把握住当前学前教育关注的焦点问题有哪些?热点问题有哪些?难点问题有哪些?通过寻找现实材料,能够发现问题和提出问题,探寻出事物的内部联系,找到解决问题的好思路。

---

① 黄惠运. 2003. 史学论文的写作[M]. 北京:中国科学文化出版社.

案例 11-5

认识“长方形”

教师引导幼儿用小棒围成一个长方形，幼儿围成的情况是：有的幼儿让四条边出现了“缝隙”，有的幼儿竟然摆成了正方形。教师默然视之，笑了笑说：“摆得多好呀！多有创意呀！我尊重你的做法”。

分析：尊重幼儿并不意味着漠视错误。由于数学具有较强的严密性，所以在强调尊重幼儿、尊重幼儿独特体验的时候，我们也不能忘记数学学习活动本身所特有的特点。教学中，教师应该进行有效的价值引导，及时纠正幼儿出现的错误，引领幼儿回归到正确的知识轨道上来。这个现实材料反映出“正确把握教师的价值引领”的观点，根据提供的材料，确定相应的课题。

2. 材料是支持观点的基础

要说明某一个问题，往往离不开理论的支持、现实做法和数据的支持，需要有充分的材料来加以说明论证。要寻找支撑自己某个观点的材料，一方面需要阅读大量的文献资料，并对资料进行分析；另一方面，需要从现实中寻找材料，使自己的论文体现出较高的质量。没有材料即使有一些好的思想和新颖观点也不能很好地表现出来，因此，从这一点来看，材料是支持观点的基础。

案例 11-6

认识“正方体”与“长方体”

为了让幼儿比较正方体与长方体的区别，教师分别准备了六个面都是正方形的正方体和六个面都是长方形的长方体，然后让幼儿用尺子操作，比较两者的不同。幼儿很快得出长方体的六个面都是长方形，正方体的六个面都是正方形的结论。以后在交流中，幼儿仍然这么说。把“当有两个面是正方形，其余四个面是长方形时，也是长方体”的情况给漏掉了。

分析：操作材料是教育的载体，是帮助幼儿主动地构建数学知识，诱发幼儿主动进行探索学习的媒介。此案例中教师开展的这项活动是一项探索性的操作活动，目的是让幼儿通过自己对实物或图片进行摆弄、操作、尝试、探究，来发现正方体与长方体的不同，提高幼儿探索问题的能力。但是教师提供给幼儿的教具，并不能涵盖所要讲的正方体与长方体区别的所有内容，结果只能让幼儿通过操作，体验出答案中的一部分，不免给幼儿造成了很大的知识错误。这个案例反映出“提供的材料要体现数学概念属性的主要特征”的观点。

（二）选择合适的材料

首先对材料进行阅读与分析，通过辨析选择出有用的资料。选用的材料要突出全面、典型、新颖的特点。

“全面”指的是占有的材料力求全面，通过多种渠道采用多种方法收集资料，尽可能全面和详尽。马克思说过：“研究必须充分地占有材料，分析它的各种发展形式，探求这些形式的内在联系”。特别是论文中的重要观点需要强有力的论据来支撑，如果在论证重要观点时使用的论据偏少的话，反映出来的观点则不具有普遍性。

“典型”指的是所选取的材料能够反映客观事物的本质和共性，触及问题的实质，说服力强。选择代表性强的案例，能够起到以一当十的作用，对于观点的说服力才强。用在论文里的材料要少而精，千万不要罗列材料、堆砌材料。这就需要毕业生多看一些权威期刊的文章，了解其中的内容与观点。

“新颖”指的是所选取的材料能够反映最新的研究动态、最新的观点、最新的看法、最新的研究结果，这就需要毕业生在学习和生活中学会细心观察和捕捉新的信息、新的资料、新的问题、新的成果。由于教育信息发展得较快，所以，毕业生在收集材料的时候，不仅要收集近几年来人们对这一问题的看法和观点，还要注意收集现在的研究成果，特别是目前在这一问题上的研究进展情况。掌握这样的材料，能够对文章的观点起很好的支持作用。

第五节 毕业论文答辩

毕业论文答辩是撰写毕业论文的最后一个环节。它既是检验学生专业知识掌握的状况的手段，又是反映学生思维状况、语言表达、独立思考、系统分析等状况的重要途径。毕业论文答辩也需要一定的技巧。

一、做好答辩前的准备工作

论文答辩，需要将自己的设计思想和独特做法展现给答辩老师，让答辩教师了解自己的思路、看法，提出一些问题供毕业生回答，是学前教育专业学生需要掌握的一项技巧。毕业论文答辩前要进行充分的准备和针对性的自我训练，以提高论文答辩的质量。答辩前，要熟悉论文中涉及的基础理论、数据资料、论文的观点、材料的选择、创新的地方等内容，认真思考：评委可能会提问哪些问题？我应该怎样回答？必要的时候，准备好书面自述材料或演示文稿。做好充分的准备，一方面有效缓解自己的紧张情绪，另一方面，有利于提高自己的自信心。

此外，要准备好必要的资料和文具用品。这些资料包括论文的底稿和主要参考资料，目的是对于教师的提问，如果一时记不起来，可以稍微翻阅一下有关资料，避免出现答不上来的尴尬和慌乱。准备的文具有笔和笔记本等，目的是把答辩老师提出的问题记录下来，做到一边记录、一边思考，可以使思考的过程变得很自然。同时，把答辩老师提出的有价值的意见、见解记录下来，对于修改论文和以后撰写毕业论文有很大的指导和借鉴意义。

二、毕业论文答辩的一般程序

1）学生必须在论文答辩之前，将指导教师指导过的毕业论文交给答辩委员会，答辩老师在认真研读毕业论文的基础上，提出要提问的问题，以备在答辩会上提问。

2）答辩会上，一般先让学生用 15 分钟左右的时间简要分析阐述论文的标题、选题的原因、论文的主要论点、论据和写作体会。

3）答辩老师提问问题。有的学校要求学生独立准备 15～20 分钟后，再来当场回答。有的学校要求答辩老师一次性提出三四个问题，学生在听清楚记下来后，当场按顺序逐一作出回答。在学生回答问题时，教师可以适时地采取追问、插问的方式，了解学生撰写论文的一些情况。

4）学生逐一回答完所有问题后退场。答辩委员会教师集体根据论文质量和答辩情况，商定答辩的结果，拟定答辩的成绩和评语。

5）改进论文的效果。有的学校，答辩教师不当面公布学生的答辩成绩，而是将学生的答辩情况和答辩成绩提交到系部。有的学校，由答辩老师当面向学生就论文和答辩过程中的情况加以小结，指出其优点、不足之处，并加以必要的补充和指点，同时当面向学生宣布通过或不通过。至于论文的成绩，一般不当场宣布。

三、毕业论文答辩的技巧

（一）认真倾听提问

答辩老师提问题时，学生要集中注意力认真聆听，及时将问题简要地记在本子上，如果对答辩教师的问题不了解或者遇到自己不清楚的问题时，可以请提问老师做些解释，或者把自己对问题的理解说出来，问清楚问题的意思是什么，等得到肯定的答复后再作回答。答辩教师将问题提问完毕后，毕业生要仔细推敲答辩老师所提问题的本质是什么，自己应该怎样回答，稍微思考一下，再来回答，切忌未弄清题意就慌慌张张地匆忙作答。

（二）回答问题要简明、层次分明

毕业生要在较短的时间内将问题的答案流畅而充满自信地讲述出来，不要犹豫。回答问题时，应注意：①抓住本质，层次分明，逻辑性强，不要东拉西扯，使人听后不知所讲的内容是什么。②客观、全面、实事求是。③语言准确、流畅、吐字清楚、声音适中。④语速适中，有急有缓，有轻有重，不能像连珠炮似的轰向听众。如果语速越来越快的话，导致答辩委员会成员听不清楚，会影响答辩成绩。⑤目光经常瞟向答辩委员会成员及在场的同学们，用目光与听众进行心灵的交流，使听众对你的论文产生兴趣。⑥适当运用体态语辅助答辩，使答辩效果更好。特别是手势语言的恰当运用会显得自信、有力。⑦重视时间的掌握。对时间的控制要有力度，到该截止的时间立即结束，这样，做到心中有数。

如果对于答辩教师提出的问题，自己不能回答得很全面的时候，可以尝试回答这个问题，将自己的想法实事求是地向答辩教师讲清楚，同时阐述自己对这个问题还没有搞清楚，表示今后一定认真研究这个问题，切记不要强词夺理。适当的时候，可以倾听答辩老师对于这一问题的看法。这也是毕业生向答辩老师和专家学习、交流、请求、讨教的好机会。

（三）答辩后，认真总结经验

毕业论文答辩之后，毕业生要将本次答辩的情况认真分析，总结自己在论文写作中、在答辩过程中存在的问题与经验教训，思考还有哪些应该注意的问题，以便在以后的研究课题中进行借鉴使用。同时，认真思考答辩老师提出的问题和意见，及时修改自己的论文，提高自己的论文质量，有利于自己在知识上、能力上有所提高。因为指导教师的点评往往会给学生“柳暗花明又一村”的感觉，不免使自己的思路更加开阔，为提高自己论文的质量奠定基础。此外，在整个答辩过程中，毕业生要尊重答辩教师，言行举止要讲文明、有礼貌，虚心听取答辩教师的意见，这也是向他们学习的一个机会。

同步训练

1．论述撰写毕业论文的意义和特点是什么。

2．论述撰写毕业论文的结构和材料应该注意哪些问题。

3．阅读一篇毕业论文，分析结构的安排和材料的运用情况，分析可以学习借鉴的地方及如何进一步优化的策略。

4．查阅资料，分析毕业论文答辩的技巧有哪些。

5．撰写毕业论文，做好答辩工作。

参 考 文 献

陈向明．2000．质的研究方法与社会科学研究［M］．北京：教育科学出版社．

胡育．2005．学前教育科研方法指导［M］．上海：上海教育出版社．

黄意舒．1996．儿童行为观察法与应用［M］．台湾：心理出版社．

霍力岩，姜珊珊．李敏谊．2011．学前教育研究方法［M］．北京：高等教育出版社．

李臣之．2010．教师做科研：过程、方法与保障［M］．深圳：海天出版社．

宁虹．2002．“教师成为研究者”的理解与可行性途径．比较教育研究，(1)．

裴娣娜．1999．教育科学研究方法［M］．沈阳：辽宁大学出版社．

全国教育科学规划领导小组办公室．2007．教育科研大家谈［M］．北京：教育科学出版社．

沈毅，崔允漷．2008．课堂观察：走向专业的听评课［M］．上海：华东师范大学出版社．

史爱芬．2013．幼儿园教师教育科学研究常识与规范［M］．天津：天津教育出版社．

陶保平．2006．学前教育科研方法［M］．上海：华东师范大学出版社．

王坚红．1991．学前儿童发展与教育科学研究方法［M］．北京：人民教育出版社．

杨世诚，李培胜，隋立国．2011．学前教育科研方法［M］．2 版．北京：科学出版社．

英格里德・查鲁福，卡仁・沃斯．2005．与幼儿一起探索自然［M］．张澜，熊庆华，译．南京：南京师范大学出版社．

张宝臣，李志军．2007．学前教育科学研究方法［M］．上海：复旦大学出版社．

张红霞．2009．教育科学研究方法［M］．北京：教育科学出版社．

张民生，金宝成．2002．现代教师：走进教育科研［M］．北京：教育科学出版社．

张燕，邢利娅．2014．学前教育科学研究方法［M］．2 版．北京：北京师范大学出版社．

周希冰．2012．学前教育科学研究［M］．2 版．北京：高等教育出版社．